Die formelle Aktionärspublizität

Europäische Hochschulschriften

Publications Universitaires Européennes
European University Studies

Reihe II
Rechtswissenschaft

Série II Series II
Droit
Law

Bd./Vol. 5274

PETER LANG
Frankfurt am Main · Berlin · Bern · Bruxelles · New York · Oxford · Wien

Daniel Brzoza

Die formelle Aktionärspublizität

PETER LANG
Internationaler Verlag der Wissenschaften

Bibliografische Information der Deutschen Nationalbibliothek
Die Deutsche Nationalbibliothek verzeichnet diese Publikation in der Deutschen Nationalbibliografie; detaillierte bibliografische Daten sind im Internet über http://dnb.d-nb.de abrufbar.

Zugl.: Düsseldorf, Univ., Diss., 2011

Gedruckt auf alterungsbeständigem, säurefreiem Papier.

D 61
ISSN 0531-7312
ISBN 978-3-631-63102-7

www.peterlang.de

Meinen Eltern Brigitte und Gerd
und meinem Bruder Christian

Vorwort

Diese Arbeit lag im Sommersemester 2011 der Fakultät für Rechtswissenschaften der Heinrich-Heine Universität Düsseldorf als Dissertation vor.

Prof. Dr. Noack danke ich für die Betreuung dieser Arbeit sowie Prof. Dr. Busche für die Erstattung des Zweitgutachtens. Besonderen Dank schulde ich zudem Herrn Dr. Zetzsche LL.M. (Toronto), der dieses Thema angeregt hat, wodurch mein Interesse an dieser sehr spezielle Thematik erst entstanden ist.

Ein weiterer besonderer Dank gilt meinen Eltern, die mich während des Studiums und der Promotion unterstützt haben. Ihre Unterstützung hat diese Arbeit erst ermöglicht.

Düsseldorf, 30. September 2011
Daniel Brzoza

Inhaltsverzeichnis

Abkürzungsverzeichnis

Abb.	Abbildung
AblEG	Amtsblatt der Europäischen Gemeinschaften
Abs.	Absatz, Absätze
AG	Aktiengesellschaft, Amtsgericht, Die Aktiengesellschaft (Zeitschrift)
AktG	Aktiengesetz vom 06. September 1965 (BGBl. I S. 1089), zuletzt geändert durch Gesetz vom 31. Juli 2009 (BGBl. I S. 2509)
(Aktionärsrechte) RL 2007/36/EG	*Siehe RL 2007/36/EG*
Akz.	Aktenzeichen
AMF	Autorité Des Marchés Financiers
AP	Associated Press
Art.	Artikel
ARUG	Gesetzes zur Umsetzung der Aktionärsrichtlinie vom 30. Juli 2009 (BGBl. I S. 2479)
Aufl.	Auflage
BaFin	Bundesanstalt für Finanzdienstleistungsaufsicht
BB	Betriebs-Berater (Zeitschrift)
BGBl.	(deutsches) Bundesgesetzblatt; Bundesgesetzblatt für die Republik Österreich
BGH	Bundesgerichtshof
BGHZ	Entscheidungen des Bundesgerichtshofes in Zivilsachen
BK	Bonner Kommentar zum Grundgesetz
BLK	Bund-Länder-Kommission für Datenverarbeitung und Rationalisierung in der Justiz
BMF	Bundesministerium der Finanzen
BÖAG	Börsen AG
BörsG	Börsengesetz vom 16. Juli 2007, zuletzt geändert durch Gesetz vom 20. März 2009 (BGBl. I S. 607)
BörseG	(österreichisches) Börsegesetz
BörsZulV	Verordnung über die Zulassung von Wertpapieren zum regulierten Markt an einer Wertpapierbörse (Börsenzulassungs-Verordnung – BörsZulV) in der Fassung der Bekanntmachung vom 9. September 1998 (BGBl. I, S. 2832), zuletzt geändert durch Gesetz vom 21. Dezember 2007 (BGBl. I S. 3089).
BR-Drucks.	Drucksache des Bundesrates
BT-Drucks.	Drucksache des Bundestages
CAC 40	Cotation Assistée en Continu (fortlaufende Notierung) –

	Index an der Pariser Börse
CESR	The Committee of European Securities Regulators
CR	Computer und Recht (Zeitschrift)
D	Deutschland
DB	Der Betrieb (Zeitschrift)
DCGK	Deutscher Corporate Governance Kodex in der Fassung vom 26. Mai 2010
ders.	Derselbe
dies.	Dieselbe, dieselben
Diss.	Dissertation
DGAP	Deutsche Gesellschaft für Ad-hoc-Publizität
DM	Deutsche Mark
dpa	Deutsche Presse-Agentur
DStR	Deutsches Steuerrecht (Zeitschrift)
DTR	Disclosure Rules and Transparency Rules (FSA)
EG	Europäische Gemeinschaft
EHUG	Gesetz über elektronische Handelsregister und Genossenschaftsregister sowie das Unternehmensregister vom 10. November 2006 (BGBl. I S. 2553)
ERJuKoG	Gesetz über elektronische Register und Justizkosten in der Telekommunikation vom 10. Dezember 2001 (BGBl. I S. 3422)
ERS	Exchange Reporting System
ERVV	Verordnung über den elektronischen Rechtsverkehr und elektronische Verfahren (E-Rechtsverkehrsverordnung – ERVV) vom 15. Dezember 2006 (GVBl. S. 1084)
EU	Europäische Union
EuGH	Europäischer Gerichtshof
EUR	Euro
EuZW	Europäische Zeitschrift für Wirtschaftsrecht
EWR	Abkommen über den Europäischen Wirtschaftsraum
EWS	Europäisches Wirtschafts- & Steuerrecht (Zeitschrift)
F	Frankreich
FamFG	Gesetz über das Verfahren in Familiensachen und in den Angelegenheiten der Gerichtsbarkeit vom 17. Dezember 2008 (BGBl. I S. 2586), zuletzt geändert durch Art. 2 des Gesetzes vom 31. Juli 2009 (BGBl. I S. 2512)
FGG	Gesetz über die Angelegenheiten der freiwilligen Gerichtsbarkeit vom 17. Mai 1898 (RGBl. S. 189) in der Fassung der Bekanntmachung vom 20. Mai 1898 (RGBl. S. 771), zum 31. August 2008 außer Kraft (vgl. BGBl. I S. 2586)
FMA	österreichische Finanzmarktaufsicht

Fn	Fußnote
FS	Festschrift
FSA	Financial Services Authority
FWB	Börsenordnung für die Frankfurter Wertpapierbörse (Stand: 01. Juli 2010)
GB	Great Britain
GBAG	Gelsenkirchener Bergwerks-Aktien-Gesellschaft
GBP	Great Britain Pound
GG	Grundgesetz für die Bundesrepublik Deutschland vom 23. Mai 1949; zuletzt geändert durch das Gesetz vom 29. Juli 2009 (BGBl. I S. 2248)
GmbHR	GmbH-Rundschau (Zeitschrift)
GoingPublic	Going Public Magazin (Zeitschrift)
GRUR	Gewerblicher Rechtsschutz und Urheberrecht (Zeitschrift)
Habil.	Habilitation
Halbs.	Halbsatz, Halbsätze
HGB	Handelsgesetzbuch vom 10. Mai 1897 (RGBl. S. 219), zuletzt geändert durch Gesetz vom 31. Juli 2009 (BGBl. I S. 2512)
HRegGebV	Verordnung über Gebühren in Handels-, Partnerschafts- und Genossenschaftsregistergebührenverordnung vom 30. September 2004 (BGBl. I S. 2562), zuletzt geändert durch Verordnung vom 28. Dezember 2007 (BGBl. I S. 3283)
Hrsg.	Herausgeber
HRV	Verordnung über die Einrichtung und Führung des Handelsregister – Handelsregisterverordnung vom 12. August 1937 (RMBl. S. 515), zuletzt geändert durch Gesetz vom 11. August 2009 (BGBl. I S. 2713)
i.d.F.	in der Fassung
IFSRA	Irish Financial Services Regulatory Authority
InsO	Insolvenzordnung vom 05. Oktober 1994 (BGBl. I S. 2866), zuletzt geändert durch Gesetz vom 29. Juli 2009 (BGBl. I. S. 2355)
InsOÄndG	Gesetz zur Änderung der Insolvenzordnung und anderer Gesetze vom 26.10.2001 (BGBl. I S. 2710)
InsOBekV	Verordnung zu öffentlichen Bekanntmachungen in Insolvenzverfahren im Internet vom 12. Februar 2002 (BGBl. I S. 677), zuletzt geändert durch Gesetz vom 13. April 2007 (BGBl. I S. 509)
InvG	Investmentgesetz vom 15.12.2003 (BGBl. I S. 2676), zuletzt geändert durch Art. 10 G v. 8.4.2010 (BGBl. I S. 386)
i.V.m.	in Verbindung mit
JMBl.	Justizministerialblatt

KGaA	Kommanditgesellschaft auf Aktien
KOM	Kommissionsdokumente
K&R	Kommunikation und Recht (Zeitschrift)
Lfg.	Lieferung
LG	Landgericht
lit.	Littera
Mio.	Million, Millionen
m.w.N.	mit weiteren Nachweisen
NaStraG	Gesetz zur Namensaktie und zur Erleichterung der Stimmrechtsausübung vom 18. Januar 2001 (BGBl. I S. 123)
NJW	Neue Juristische Wochenschrift (Zeitschrift)
NJW-RR	Neue Juristische Wochenschrift Rechtsprechungs-Report (Zeitschrift)
Nr.	Nummer
NZG	Neue Zeitschrift für Gesellschaftsrecht
OLG	Oberlandesgericht
OVG	Oberverwaltungsgericht
PIP	Primary Information Providers
Q&A	Questions and Answers
RGBl.	Reichsgesetzblatt
RL 2004/109/EG	Richtlinie 2004/109/EG des Europäischen Parlaments und des Rates vom 15. Dezember 2004 zur Harmonisierung der Transparenzanforderungen in Bezug auf Informationen über Emittenten, deren Wertpapiere zum Handel auf einem geregelten Markt zugelassen sind, und zur Änderung der Richtlinie 2001/34/EG
RL 2007/14/EG	Richtlinie 2007/14/EG der Kommission vom 8. März 2007 mit Durchführungsbestimmungen zu bestimmten Vorschriften der Richtlinie 2004/109/EG zur Harmonisierung der Transparenzanforderungen in Bezug auf Informationen über Emittenten, deren Wertpapiere zum Handel an einem geregelten Markt zugelassen sind
RL 2007/36/EG	Richtlinie 2007/36/EG des Europäischen Parlaments und des Rates vom 11. Juli 2007 über die Ausübung bestimmter Rechte von Aktionären in börsennotieren Gesellschaften
RMBl.	Reichsmitteilungsblatt
Rn	Randnummer
S.	Satz, Sätze, Seite
SE	Societas Europaea
SEAG	Gesetz zur Ausführung der Verordnung (EG) Nr. 2157/2001 des Rates vom 08. Oktober 2001 über das Statut der Europäischen Gesellschaft (SE) (SE-Ausführungsgesetz – SEAG)

	vom 22. Dezember 2004 (BGBl. I 2004 S. 3675), zuletzt geändert durch Gesetz vom 30. Juli 2009 (BGBl. I. S. 2479).
SLIM	Simpler Legislation for the Internal Market
SpruchG	Spruchverfahrensgesetz vom 12. Juni 2003 (BGBl. I S. 838), das zuletzt durch Gesetz vom 17. Dezember 2008 (BGBl. I. S. 2586)
sog.	So genannt, so genannte, so genannter
StuB	Steuern und Bilanzen (Zeitschrift)
(Transparenz-) RL 2004/109/EG	*siehe RL 2004/109/EG*
TUG	Transparenzrichtlinie-Umsetzungsgesetz vom 05. Januar 2007 (BGBl. I S. 10)
u.a.	Unter anderem
UmwG	Umwandlungsgesetz vom 28. Oktober 1994 (BGBl. I S. 3210), zuletzt geändert durch Gesetz vom 24. September 2009 (BGBl. I S. 3145)
URV	Verordnung über das Unternehmensregister (Unternehmensregisterverordnung – URV) vom 26. Februar 2007 (BGBl. I S. 217)
u.U.	Unter Umständen
VerkProspektG	Wertpapier-Verkaufsprospektgesetz (Verkaufsprospektgesetz – VerkaufsprospektG) vom 9. September 1998 (BGBl. I S. 2701), zuletzt geändert durch Gesetz vom 16. Juli 2007 (BGBl. I S. 1330)
vgl.	Vergleiche
VMV	Veröffentlichungs- und Meldeverordnung der FMA (BGBl. II 2008/113)
vwd	Vereinigte Wirtschaftsdienste GmbH
WFT	(niederländisches) „Wet op het financieel toezicht" Gesetz
WpAIV	Verordnung zur Konkretisierung von Anzeige-, Mitteilungs- und Veröffentlichungspflichten sowie der Pflicht zur Führung von Insiderverzeichnissen nach dem Wertpapierhandelsgesetz (Wertpapierhandelsanzeige- und Insiderverzeichnisverordnung) vom 13. Dezember 2004, zuletzt geändert durch Gesetz vom 12. August 2008 (BGBl. I S. 1666)
WpHG	Gesetz über den Wertpapierhandel (Wertpapierhandelsgesetz) vom 26. Juli 1994, zuletzt geändert durch Gesetz vom 14. Juni 2010 (BGBl. I S. 786)
WM	Zeitschrift für Wirtschaft- und Bankrecht
WpPG	Gesetz über die Erstellung, Billigung und Veröffentlichung des Prospekts, der beim öffentlichen Angebot von Wertpapieren oder bei der Zulassung von Wertpapieren zum Han-

	del an einem organisierten Markt zu veröffentlichen ist (Wertpapierprospektgesetz) vom 22. Juni 2005, zuletzt geändert durch Gesetz vom 19. Dezember 2008 (BGBl. I S. 2794)
WpÜG	Wertpapiererwerbs- und Übernahmegesetz vom 20. Dezember 2001 (BGBl. I S. 3822), zuletzt geändert durch Gesetz vom 30. Juli 2009 (BGBl. I S. 2479)
WpÜGBMV	Verordnung über den Zeitpunkt sowie den Inhalt und die Form der Mitteilung und der Veröffentlichung der Entscheidung einer Zielgesellschaft nach § 1 Abs. 5 Satz 1 und 2 des Wertpapiererwerbs- und Übernahmegesetzes (WpÜG-Beaufsichtigungsmitteilungsverordnung) vom 13. Oktober 2006 (BGBl. I S. 1699)
WRP	Wettbewerb in Recht und Praxis (Zeitschrift)
ZBB	Zeitschrift für Bankrecht und Bankwirtschaft
ZGR	Zeitschrift für Unternehmens- und Gesellschaftsrecht
ZIP	Zeitschrift für Wirtschaftsrecht
zit.	Zitiert

D'Arcy, Anne / Meyer, Andreas	Neue Anforderungen an die Zwischenberichterstattung durch die Transparenzrichtlinie, in: Der Konzern 2005, 151
Assmann, Heinz-Dieter	Die Regelung der Primärmärkte für Kapitalanlagen mittels Publizität im Recht der Europäischen Gemeinschaft, in: AG 1993, 549
Ders.	Das neue deutsche Insiderrecht, in: ZGR 1994, 494
Ders.	Rechtsanwendungsprobleme des Insiderrechts, in: AG 1997, 50
Assmann, Heinz-Dieter / Lenz, Jürgen / Ritz, Corinna	Verkaufsprospektgesetz, Verkaufsprospekt-Verordnung, Verkaufsprospektgebühren-Verordnung, Kommentar, Köln, 2001 (zit.: Assmann/Lenz/Ritz-*Bearbeiter* § VerkProspG Rn)
Assmann, Heinz-Dieter / Pötzsch, Thorsten / Schneider, Uwe H.	Wertpapiererwerbs- und Übernahmegesetz, Kommentar, Köln, 2005 (zit.: Assmann/Pötzsch/Schneider-*Bearbeiter* § WpÜG Rn)
Assmann, Heinz-Dieter / Schneider, Uwe H. (Hrsg.)	Wertpapierhandelsgesetz, Kommentar, 5. Aufl., Köln, 2009 (zit.: Assmann/Schneider-*Bearbeiter* § Rn)
Bachmann, Gregor	Kapitalmarktpublizität und informationelle Gleichbehandlung, in: *Grundmann, Stefan, u.a. (Hrsg.)* Unternehmensrecht zu Beginn des 21. Jahrhunderts, Festschrift für Eberhard Schwark zum 70. Geburtstag, München, 2009 (zit.: *Bachmann* FS Schwark S.)
Baeck, Ulrich / Deutsch, Markus	Arbeitszeitgesetz, Kommentar, 2. Aufl., München, 2004 (zit.: *Baeck/Deutsch* § ArbZG Rn)
Baums, Theodor (Hrsg.)	Bericht der Regierungskommission Corporate Governance: Unternehmensführung, Unternehmenskontrolle, Modernisierung des Aktienrechts, Köln, 2001 (zit.: *Baums (Hrsg.)* Bericht der Regierungskommission Corporate Governance Rn)
Becker, Florian	Die Regulierung von Ratingagenturen, in: DB 2010, 941
Behrens, Thomas	Informationsnutzen im Aktienmarkt, Berlin, Bern, Frankfurt am Main, New York, Paris, Wien, 1997 (zit.: *Behrens* Informationsnutzen im Aktienmarkt S.)
Bergmann, Margarethe	Das elektronische Handelsregister – Zur Anwendung der Software RegisSTAR in Nordrhein-Westfalen; in: K&R 2003, 228

Beurskens, Michael	Online Abfrage von Handelsregisterdaten – Entwurf eines Gesetzes über elektronische Register und Justizkosten für Telekommunikation (ERJuKoG), in: StuB 2001, 987
Ders.	Das Unternehmensregister, in: *Noack, Ulrich (Hrsg.)* Das neue Gesetz über elektronische Handels- und Unternehmensregister – EHUG, Köln, 2007, S. 98ff. (zit.: *Beurskens* EHUG S.)
Bibliographisches Institut & F.A. Brockhaus AG	Der Brockhaus in einem Band, 10. Aufl., Mannheim, 2005 (zit.: *Brockhaus* in einem Band, Stichwort)
Bönig, Oliver	Investor Relations 2.0, Finanzkommunikation vor neuen Herausforderungen, in: GoingPublic 06/10 S. 32
Bosse, Christian	Wesentliche Neuregelungen ab 2007 aufgrund des Transparenzrichtlinie-Umsetzungsgesetzes für börsennotierte Unternehmen – Änderung der Veröffentlichungs-, Melde- und Rechnungslegungspflichten, in: DB 2007, 39
Braun, Eberhard (Hrsg.)	Insolvenzordnung (InsO), Kommentar, 4. Aufl., München, 2010 (zit.: Braun-*Bearbeiter* § InsO Rn)
Brecht, Dinah	Das Pflichtenprogramm börsennotierter Aktiengesellschaften im Europäischen Gemeinschaftsrecht, Entwicklung, Systematik und Perspektiven, Diss., München, 2004 (zit.: *Brecht* Das Pflichtenprogramm börsennotierter Aktiengesellschaften S.)
Bredow, Günther M.; Vogel, Hans-Gert	Unternehmenssanierung und Restrukturierung von Anleihen – Welche Verbesserungen bringt das neue Schuldverschreibungsrecht?, in: ZBB 2008, 221
Brellochs, Michael	Publizität und Haftung von Aktiengesellschaften im System des Europäischen Kapitalmarktrechts, Diss., München, 2005 (zit.: *Brellochs* Publizität und Haftung von Aktiengesellschaften S.)
Büche, Christian	Die Pflicht zur Ad-hoc-Publizität als Baustein eines integeren Finanzmarktes, Die Vorgaben der Marktmissbrauchs-Richtlinie und ihre Umsetzung in § 15 WpHG, Diss., Baden-Baden, 2005 (zit.: *Büche* Die Pflicht zur Ad-hoc-Publizität S.)
Buck-Heeb, Petra	Kapitalmarktrecht, 2. Aufl., Heidelberg, München, Landsberg, Berlin, 2007 (zit.: *Buck-Heeb* Kapitalmarktrecht Rn)

Bundesanstalt für Finanzdienstleistungsaufsicht	Jahresbericht der Bundesanstalt für Finanzdienstleistungsaufsicht 2008 (zit.: BaFin Jahresbericht 2008 S.)
Dies.	Jahresbericht der Bundesanstalt für Finanzdienstleistungsaufsicht 2009 (zit.: BaFin Jahresbericht 2009 S.)
Bungert, Johannes	Mein spannendstes Projekt – Wie läuft das eigentlich im Big Business, wenn eine Tochtergesellschaft verkauft wird?, abrufbar unter: http://www.audimax.de /blog/blogartikel/article/38/wer-bietet-m-1.html?no_ cache=1&cHash=f8041bedfa (zit.: *Bungert* Audimax Blogartikel)
Buntenbroich, David	Verlässlichkeit der öffentlichen Bekanntmachung gemäß § 9 InsO (www.insolvenzbekanntmachung-en.de), in: NZI 2009, 370
Burgard, Ulrich	Die Offenlegung von Beteiligungen, Abhängigkeits- und Konzernlagen bei der Aktiengesellschaft, Diss., Berlin, 1990 (zit.: *Burgard* Die Offenlegung von Beteiligungen S.)
Bürgers, Tobias / Körber, Torsten	Heidelberger Kommentar zum Aktienrecht, Heidelberg, 2008 (zit.: Bürgers/Körber-*Bearbeiter* § Rn)
von Caemmerer, Ernst	Publizitätsinteressen der Öffentlichkeit und Gesellschaftsrecht, in: *Barz, Carl Hans, u.a. (Hrsg.)* Das Frankfurter Publizitätsgespräch – Vorträge und Diskussionen der gleichnamigen Tagung in Königstein/Ts. am 13. und 14. April 1962, Frankfurt am Main, 1962 (zit.: *Minz*, in: *Barz, u.a.* Das Frankfurter Publizitätsgespräch S.)
Canaris, Claus-Wilhelm / Habersack, Mathias / Schäfer, Carsten	Staub, Handelsgesetzbuch, Großkommentar, Erster Band, Einleitung, §§ 1 – 47b, 5. Aufl., Berlin, 2009 (zit.: Staub-*Bearbeiter* § Rn)
Canaris, Claus-Wilhelm / Schilling, Wolfgang / Ulmer, Peter (Hrsg.)	Handelsgesetzbuch – Großkommentar, 4. Aufl., Berlin, New York, 1995 (zit.: Großkommentar- *Bearbeiter* HGB, 4. Aufl., 1995, § Rn)
Caspari, Karl-Burkhard	Anlegerschutz in Deutschland im Lichte der Brüsseler Richtlinien, in: *Grundmann, Stefan / Schwintowski, Hans-Peter / Singer, Reinhard / Weber, Martin (Hrsg.)* Anleger- und Funktionsschutz durch Kapitalmarktrecht – Symposium und Seminar zum 65. Geburtstag von Eberhard Schwark, Berlin, 2006, S. 7ff. (zit.: *Caspari*,

in: *Grundmann, u.a. (Hrsg.)* Anleger- und Funktionsschutz S.)

CESR CESR's revised draft Technical Advice on Possible Implementing Measures of the Transparency Directive, in: CESR 05~267

Ders. CESR's Final Technical Advice on Possible Implementing Measures of the Transparency Directive, in: CESR 05~407

Ders. Feedback Statement, Consultations on documents 04~511, 04~512c and 05~267 for CESR's Technical Advice on Implementing Measures of the Transparency Directive, in: CESR 05~408

Ders. Summary of responses to Questionnaire on Transposition of the Transparency Directive, in: CESR 08~514b

Ders. Questionnaire, Transposition of the Transparency Directive, in: CESR 08~514b annex I

Ders. Annex II : Individual answers by CESR Members, in: CESR 08~514b annex II

Christ, Susanne / Müller-Helle, Adrian Veröffentlichungspflichten nach dem neuen EHUG, Pflichten – Verfahren – Haftung, Freiburg, Berlin, München, Würzburg, 2007 (zit.: Christ/Müller-Helle-*Bearbeiter* Veröffentlichungspflichten nach dem neuen EHUG S.)

Clausnitzer, Jochen / Blatt, Andreas Das neue elektronische Handels- und Unternehmensregister, Ein Überblick über die wichtigsten Veränderungen aus Sicht der Wirtschaft, in: GmbHR 2006, 1303

Claussen, Carsten Peter Insiderhandelsverbot und Ad hoc-Publizität, Praktikerhinweise und –empfehlungen für Emittenten, Anleger, Banken, Wertpapierdienstleister und ihre Berater, Köln, 1996 (zit.: *Claussen* Insiderhandelsverbot und Ad hoc-Publizität S.)

Dauner-Lieb, Barbara Siegeszug der Technokraten? – Der Kampf der Bits und Bytes gegen das Papier bei Börseninformationen am Beispiel von Art. 17 des Entwurfes der Transparenzrichtlinie, in: DStR 2004, 361

Dauner-Lieb, Barbara / Linke, Bernd Digital gleich optional?! – Der Regierungsentwurf des Gesetzes über elektronische Handelsregister und Genossenschaftsregister sowie das Unternehmens-register (EHUG), in: DB 2006, 767

Dauses, Manfred A. Handbuch des EU-Wirtschaftsrechts, Loseblattsammlung (zit.: Dauses-*Bearbeiter*, Stand der Bearbeitung, Kap Rn)

Decker, Andreas Ad-hoc-Publizität bei öffentlichen Übernahmen, Das Verhältnis der Ad-hoc-Publizitätspflichten aus § 15 WpHG und § 10 WpÜG, Diss., Hamburg, 2008 (zit.: *Decker* Ad-hoc-Publizität bei öffentlichen Übernahmen S.)

Diehl, Ulrike / Loistl, Otto / Rehkugler, Heinz Effiziente Kapitalmarktkommunikation, Stuttgart, 1998 (zit.: *Diehl/Loistl/Rehkugler* Effiziente Kapitalmarktkommunikation S.)

Dolzer, Rudolf / Waldhoff, Christian / Graßhof, Karin (Hrsg.) Bonner Kommentar zum Grundgesetz, Loseblattsammlung (zit.: BK-Bearbeiter [Stand] Art. Rn)

Donald, David C. Die Entwicklung der US-amerikanischen Corporate Governance nach Enron, in: WM 2003, 705

Dreier, Horst (Hrsg.) Grundgesetz-Kommentar, Band 1, Art. 1 – 19, 2. Aufl., Tübingen, 2004 (zit.: Dreier-*Bearbeiter* Art. Rn)

Dreyling, Georg / Schäfer, Frank A. Insiderrecht und Ad-hoc-Publizität, Praxis und Entwicklungstendenzen, Köln, 2001 (zit.: *Dreyling/ Schäfer* Insiderrecht und Ad-hoc-Publizität S.)

Drinhausen, Florian / Keinath, Astrid Referentenentwurf eines Gesetzes zur Umsetzung der Aktionärsrichtlinie (ARUG) – Ein Beitrag zur Modernisierung der Hauptversammlung, in: BB 2008, 1238

Eichner, Moritz Peter Insiderrecht und Ad-hoc-Publizität nach dem Anlegerschutzverbesserungsgesetz, Diss., Baden-Baden, 2009 (zit.: *Eichner* Insiderrecht und Ad-hoc-Publizität S.)

Europäische Wirtschaftsgemeinschaft – Kommission Der Aufbau eines Europäischen Kapitalmarktes, Bericht einer von der EWG-Kommission eingesetzten Sachverständigengruppe (sog. Segré-Bericht), Brüssel, 1966 (zit.: *EWG-Kommission* Der Aufbau eines Europäischen Kapitalmarktes (sog. Segré-Bericht Kap. S.)

F.A. Brockhaus GmbH Brockhaus, Enzyklopädie in 30 Bänden, Band 19, MOSC – NORDD, 21. Aufl., Leipzig, Mannheim, 2006 (zit.: *Brockhaus* in 30 Bänden, Stichwort)

Fischer Weltalmanach Redaktion Der Fischer Weltalmanach 2010, Zahlen, Daten, Fakten, Frankfurt am Main, 2009 (zit.: *Fischer* Weltalmanach S.)

Fischer-Appelt, Dorothee Implementation of the Transparency Directive – room for variations across the EEA, in: Capital Markets Law Journal 2007, 133

Fleischer, Holger Organpublizität im Aktien-, Bilanz- und Kapitalmarktrecht, in: NZG 2006, 561

Ders. Investor Relations und informationelle Gleichbehandlung im Aktien-, Konzern- und Kapitalmarktrecht, in: ZGR 2009, 505

Fleischhauer, Jens / Preuß, Nicola (Hrsg.) Handelsregisterrecht – Verfahren – Anmeldungsmuster – Erläuterungen, 2. Aufl., Berlin, 2010 (zit.: HR-*Bearbeiter* Kap Rn)

Fuchs, Andreas (Hrsg.) Wertpapierhandelsgesetz (WpHG), Kommentar, München, 2009 (zit.: Fuchs-*Bearbeiter* § WpHG Rn)

Fürhoff, Jens / Wölk, Armin Aktuelle Fragen zur Ad-hoc-Publizität, in: WM 1997, 449

Geibel, Stephan / Süßmann, Rainer Wertpapiererwerbs- und übernahmegesetz (WpÜG), Kommentar, 2. Aufl., München, 2008 (zit.: Geibel/Süßmann-*Bearbeiter* § WpÜG Rn)

Gernoth, Jan P. Das deutsche Handelsregister – telekommunikative Steinzeit im Zeichen des europäischen Wettbewerbs, in: BB 2004, 837

Göres, Ulrich L. Kapitalmarktrechtliche Pflichten nach dem Transarenzrichtlinie-Umsetzungsgesetz (TUG), in: Der Konzern 2007, 15

Görke, Oliver / Foshag, Ute EU-Transparenzrichtlinie: Alles klar?, Anforderungen an die Veröffentlichung von Informationen über Emittenten, deren Wertpapiere zum Handel an einem geregelten Markt in der EU zugelassen sind, in: BankPraktiker 2006, 152

Götze, Cornelius Das jährliche Dokument nach § 10 WpPG – eine Bestandsaufnahme, in: NZG 2007, 570

Grashoff, Dietrich Kommentar zu LG Köln, Urteil vom 08. Oktober 2008, Akz.: 28 O 302/08, in: BB 2009, 211 [212]

Grobecker, Wolfgang Beachtenswertes zur Hauptversammlungssaison, in: NZG 2010, 165

Groß, Wolfgang Kapitalmarktrecht, Kommentar zum Börsengesetz, zur Börsenzulassungs-Verordnung, zum Wertpapierprospektgesetz und zum Verkaufsprospektgesetz, 4. Aufl., München, 2009 (zit.: *Groß* § *[Gesetzesangabe]* Rn)

Grüger, Tobias W. Verstoß gegen Lock-up Vereinbarungen – Sanktionslose Veräußerung (Versilbern) des Aktienbesitzes durch Alt-aktionäre entgegen einer Stillhaltevereinbarung?, in: BKR 2008, 101

Gustavus, Eckhart Empfiehlt sich ein zentrales und ADV-unterstütztes Handelsregister in der Bundesrepublik?, in: BB 1979, 1175

Ders. Handelsregister – quo vadis?, in: GmbHR 1987, 253

Ders. Handelsregister-Datenbank – Pro und Contra, in: GmbHR 1990, 197

Haarmann, Wilhelm / Schüppen, Matthias (Hrsg.) Frankfurter Kommentar zum Wertpapiererwerbs- und Übernahmegesetz, Öffentliche Übernahmeangebote (WpÜG) und Ausschluss von Minderheitsaktionären (§§ 327a – f AktG), 3. Aufl., Frankfurt am Main, 2008 (zit.: FK-*Bearbeiter* § Rn)

Habersack, Mathias / Mülbert, Peter O. / Schlitt, Michael (Hrsg.) Handbuch der Kapitalmarktinformation, München, 2008 (zit.: *Bearbeiter,* in: *Habersack u.a.* Handbuch der Kapitalmarktinformation § Rn)

Heneweer, Rainer Das elektronische Handelsregister – Ein erster Schritt zum vollelektronischen Rechtsverkehr?, in: DB-Status-Recht 2008, 48

Heun, Stefanie Neue Meldepflichten für börsennotierte Unternehmen, in: die bank 12/2006, 26

Hirte, Heribert Kommerzielle Nutzung des Handelsregisters, in: CR 1990, 631

Hirte, Heribert / Möllers, Thomas M.J. Kölner Kommentar zum WpHG, 2. Aufl., Köln, Berlin, München, 2010 (zit.: KK-*Bearbeiter* § WpHG Rn)

Höhlein, Thomas Das Transparenzrichtlinie-Umsetzungsgesetz, in: BaFinJournal Heft 01/07 S. 9

Hofstätter, Peter R. Die Öffentlichkeit als Adressat der Publizität, in: *Barz, Carl Hans, u.a. (Hrsg.)* Das Frankfurter Publizitätsgespräch – Vorträge und Diskussionen der gleichnamigen Tagung in Königstein/Ts. am 13. und 14. April 1962, Frankfurt am Main, 1962 (zit.: *Hofstätter*, in: *Barz, u.a.* Das Frankfurter Publizitätsgespräch S.)

Holzborn, Timo (Hrsg.) WpPG – Wertpapierprospektgesetz mit EU-Prospektverordnung und weiterführenden Vorschriften, Kommentar, Berlin, 2008 (zit.: Holzborn-*Bearbeiter* WpPG § Rn)

Hopt, Klaus / Merkt, Hanno Handelsgesetzbuch mit GmbH & Co., Handelsklauseln, Bank- und Börsenrecht, Transportrecht (ohne Seerecht), 33. Aufl., München, 2008 (zit.: Baumbach/Hopt-*Bearbeiter* § Rn)

Horn, Christian Änderungen bei der Vorbereitung und Durchführung der Hauptversammlung nach dem Referentenentwurf zum ARUG, in: ZIP 2008, 1558

Hüffer, Uwe Aktiengesetz, 9. Aufl., München, 2010 (zit.: *Hüffer* § Rn)

van Hulle, Karel Aktuelle Entwicklungen im europäischen Gesellschaftsrecht, in: EWS 2000, 521

Hundhausen, Carl Die Bedeutung der Publizität unter besonderer Berücksichtigung der historischen Bedeutung, in: *Barz, Carl Hans, u.a. (Hrsg.)* Das Frankfurter Publizitätsgespräch – Vorträge und Diskussionen der gleichnamigen Tagung in Königstein/Ts. am 13. und 14. April 1962, Frankfurt am Main, 1962 (zit.: *Hundhausen*, in: *Barz, u.a.* Das Frankfurter Publizitätsgespräch S.)

Hutter, Stephan/ Kaulamo, Katja Das Transparenzrichtlinie-Umsetzungsgesetz: Änderungen der anlassabhängigen Publizität, in: NJW 2007, 550

Keller, Ulrich Die öffentliche Bekanntmachung im Insolvenzverfahren, in: ZIP 2003, 149

Kirchhof, Hans-Peter / Lwowski, Hans-Jürgen / Stürner, Rolf (Hrsg.) Münchener Kommentar zur Insolvenzordnung, Band 1, §§ 1-102 InsO, InsVV, 2. Aufl., München, 2007 (zit.: MüKo-*Bearbeiter*)

Kiss, Patrick IR-Gezwitscher, Twitter als Kommunikationskanal für Investor Relations, in: GoingPublic 12/09 S. 34.

Von Klitzing, Joachim Die Ad-hoc-Publizität, Zwischen europäischer Vorgabe und nationaler Umsetzung und zwischen Kapitalmarktrecht und Gesellschaftsrecht, Diss., Köln, Berlin, Bonn, München, 1999 (zit.: *von Klitzing* Die Ad-hoc-Publizität S.)

Kögel, Steffen Die Bekanntmachung von Handelsregistereintragungen: Relikt aus dem vorvergangenen Jahrhundert, in: BB 2004, 844

Koller, Ingo / Roth, Wulf-Henning / Morck, Winfried Handelsgesetzbuch, Kommentar, 6. Aufl., München, 2007 (zit.: Koller/Roth/Morck-*Bearbeiter* § Rn)

Kropff, Bruno / Semler, Johannes (Hrsg.) Münchener Kommentar zum Aktiengesetz, Band 6, §§ 179 – 221, 2. Aufl., München, 2005 (zit.: MüKo-*Bearbeiter* § Rn)

Kümpel, Siegfried / Hammen, Horst / Ekkenga, Jens Kapitalmarktrecht – Handbuch für die Praxis – Systematische Sammlung der Gesetze, Verordnungen, behördliche Verlautbarungen sowie Einführungen und Kurzerläuterungen, Loseblatthandbuch (zit.: Kümpel/Hammen/Ekkenga-*Bearbeiter* KMR Handbuch für die Praxis)

Kullmann, Walburga / Sester, Peter Das Wertpapierprospektgesetz (WpPG) – Zentrale Punkte des neuen Regimes für Wertpapieremissionen, in: WM 2005, 1068

Kuthe, Thorsten / Rückert, Susanne / Sickinger, Mirko Compliance-Handbuch Kapitalmarktrecht, Publizitäts- und Verhaltenspflichten für Aktiengesellschaften, 2. Aufl., Frankfurt am Main, 2008 (zit.: Kuthe/Rückert/ Sickinger-*Bearbeiter* Kap. Rn)

Lettl, Tobias Die wettbewerbswidrige Ad hoc-Mitteilung, in: ZGR 2003, 853

Leyens, Patrick C. / Magnus, Ulrich England, in: *Hopt, Klaus J. / Voigt, Hans-Christoph (Hrsg.)* Prospekt- und Kapitalmarktinformationshaftung, Recht und Reform in der Europäischen Union, der Schweiz und den USA, Tübingen, 2005 (zit.: *Bearbeiter*, in: *Hopt/Voigt (Hrsg.)* Prospekt- und Kapitalmarktinformationshaftung S.)

Liebscher, Thomas / Scharff, Bettina Das Gesetz über elektronische Handelsregister und Genossenschaftsregister sowie das Unternehmensregister, in: NJW 2006, 3745

Liedtke, Rainer N M Rothschild & Sons – Kommunikationswege im europäischen Bankenwesen im 19. Jahrhundert, Habil., Köln, Weimar, Wien, 2006 (zit.: *Liedtke* Rothschild S.)

Loddenkemper, Heinz-Joseph Transparenz im öffentlichen und privaten Wirtschaftsrecht, Eine Untersuchung zu ihrer Bedeutung anhand ausgewählter Beispiele aus dem Bank-, Börsen und Medienrecht, Diss., Baden-Baden, 1998 (zit.: *Loddenkemper* Transparenz S.)

Lommatzsch, Jutta Vorbereitung der HV durch Mitteilungen und Weisungen nach §§ 125, 128 AktG n.F., in: NZG 2001, 1017

Lutter, Marcus / Scheffler, Eberhard / Schneider, Uwe H. (Hrsg.) Handbuch der Konzernfinanzierung, Köln, 1998 (zit.: *Bearbeiter*, in: *Lutter/Scheffler/Schneider* Handbuch der Konzernfinanzierung Rn)

Lutter, Marcus / Winter, Martin (Hrsg.) Umwandlungsgesetz Kommentar, Band I, §§ 1 – 137, 3. Aufl., Köln, 2004 (zit.: Lutter/Winter-*Bearbeiter* § Rn)

Magnus, Ulrich	Irland, in: *Hopt, Klaus J. / Voigt, Hans-Christoph (Hrsg.)* Prospekt- und Kapitalmarktinformationshaftung, Recht und Reform in der Europäischen Union, der Schweiz und den USA, Tübingen, 2005 (zit.: *Bearbeiter*, in: *Hopt/Voigt (Hrsg.)* Prospekt- und Kapitalmarktinformationshaftung S.)
Märzheuser, Michael / Gutzy, Jochen	Ad-hoc-Dienstleister in Deutschland, Studien der Märzheuser/Gutzy Wirtschaftsmedienberatung, München, Berlin, Heft 1/2004, abrufbar unter: www.wirtschaftsberatung.de/download/60/studie_adhocdienstleister.pdf (zit.: *Märzheuser/Gutzy* Ad-hoc-Dienstleister in Deutschland S.)
Meier-Schatz, Christian J.	Wirtschaftsrecht und Unternehmenspublizität, Zur wirtschaftsrechtlichen Regulierung von Unternehmen mittels Publizitätsnormen, dargestellt anhand veröffentlichungspflichtiger finanzieller und gesellschaftsbezogener Rechnungslegungen, Habil., Zürich, 1989 (zit.: *Meier-Schatz* Wirtschaftsrecht und Unternehmenspublizität S.)
Merkner, Andreas / Sustmann, Marco	Insiderrecht und Ad-Hoc-Publizität – Das Anlegerschutzverbesserungsgesetz “in der Fassung durch den Emittentenleitfaden der BaFin”, in: NZG 2005, 729
Merkt, Hanno	Unternehmenspublizität – Offenlegung von Unternehmensdaten als Korrelat der Marktteilnahme, Habil., Tübingen, 2001 (zit.: *Merkt* Unternehmenspublizität S.)
Meyding, Bernhard / Bödeker, Annette	Gesetzentwurf über elektronische Handelsregister und Genossenschaftsregister sowie das Unternehmensregister (EHUG-E) – Willkommen im Online-Zeitalter!, in: BB 2006, 1009
Michael, Lothar / Morlok, Martin	Grundrechte, Baden-Baden, 2008 (zit.: *Michael/Morlok* Grundrechte Rn)
Minz, Willy	Mittler der Publizität, in: *Barz, Carl Hans, u.a. (Hrsg.)* Das Frankfurter Publizitätsgespräch – Vorträge und Diskussionen der gleichnamigen Tagung in Königstein/Ts. am 13. und 14. April 1962, Frankfurt am Main, 1962 (zit.: *Minz*, in: *Barz, u.a.* Das Frankfurter Publizitätsgespräch S.)
Möllers, Thomas M. J.	Anlegerschutz durch Aktien- und Kapitalmarktrecht – Harmonisierungsmöglichkeiten nach geltendem und künftigem Recht, in: ZGR 1997, 334
Ders.	Das europäische Kapitalmarktrecht im Umbruch, Ein Zwischenbericht zu den kapitalmarktrechtlichen Infor-

mationspflichten unter rechtsvergleichender Perspektive, in: ZBB 2003, 390

Ders. Auf dem Weg zu einer neuen europäischen Finanzmarktaufsichtsstruktur, Ein systematischer Vergleich der Rating-VO (EG) Nr. 1060/2009 mit der geplanten ESMA-VO, in: NZG 2010, 285.

Möllers, Thomas M.J. / Ganten, Ted Die Wohlverhaltensrichtlinie des BAWe im Lichte der neuen Fassung des WpHG, Eine kritische Bestandsaufnahme, in: ZGR 1998, 773

Möllers, Thomas M.J. / Rotter, Klaus Ad-hoc-Publizität, Handbuch der Rechte und Pflichten von börsennotierten Unternehmen und Kapitalanlegern, München, 2003 (zit.: *Bearbeiter*, in: Möllers/Rotter § Rn)

Mülbert, Peter O. / Steup, Steffen Das zweispurige Regime der Regelpublizität nach Inkrafttreten des TUG – Nachbesserungsbedarf aus Sicht der EU- und nationalen Recht, in: NZG 2007, 761

Müller, Eva-Maria Auf Schleichwegen doch noch zu einem privaten Handelsregister?, in: CR 1992, 71

Müller, Lars Neue Anforderungen an die Finanzkommunikation, Social-Media-IR lebt von Schnelligkeit, Dialog und Partizipation, in: GoingPublic 06/10 S. 46

Müller-Michaels, Olaf Vorsicht bei Roadshows, Werbemaßnahmen im Zusammenhang mit IPOs: Rechtliche Gesichtspunkte, in: GoingPublic 05/2010 S. 8

Mutter, Stefan Auskunftsansprüche des Aktionärs in der HV, Die Spruchpraxis der Gerichte von A-Z, Köln, 2002 (zit.: *Mutter* Auskunftsansprüche des Aktionärs in der HV S.)

Neye, Hans-Werner SLIM – Schlankheitskur für EU-Gesellschaftsrecht, in: ZIP 1999, 1944

Nießen, Tobias Die Harmonisierung der kapitalmarktrechtlichen Transparenzregeln durch das TUG, in: NZG 2007, 41

Ders. Geänderte Transparenzanforderungen im Wertpapierhandelsgesetz, in: NJW-Spezial 2007, 75

Noack, Ulrich Moderne Kommunikationsformen vor den Toren des Unternehmensrechts, in: ZGR 1998, 592

Ders. Online-Hauptversammlung – Stand der Dinge und wichtige Reformvorschläge, in: NZG 2001, 1057

Ders. Der elektronische Bundesanzeiger im Aktienrecht – Ein Überblick, in: BB 2002, 2025

Ders. Infobase für Unternehmensdaten – Gegenwart und Zukunft der Medien für Unternehmenspublizität, Köln, 2003 (zit.: *Noack* Infobase für Unternehmensdaten S.)

Ders. Elektronische Publizität im Aktien- und Kapitalmarktrecht in Deutschland und Europa – Medien für Unternehmensinformationen im Wandel, in: AG 2003, 537

Ders. Hauptversammlung der Aktiengesellschaft und moderne Kommunikationstechnik – aktuelle Bestandsaufnahme und Ausblick, in: NZG 2003, 241

Ders. Amtliche Unternehmenspublizität und digitale Medien, in: *Habersack, Hüffer et al. (Hrsg.)*, 2003, – Festschrift für Peter Ulmer, Berlin, 2003

Ders. Elektronische Unternehmenspublizität in Deutschland und Europa – zur Umsetzung der Publizitäts- und der Transparenzrichtlinie, Arbeitspapiere zum Deutschen und Internationalen Zivil- und Wirtschaftsrecht, Stand: 01. Oktober 2004, abrufbar unter: http://www.jura.uni-duesseldorf.de/dozenten/noack/azw/texte_old/azw_2004_10_01.pdf (zit.: *Noack* Elektronische Unternehmenspublizität S.)

Ders. Überlegungen zu Grundlinien eines Gesetzes über Elektronische Handelsregister und Unternehmensregister, in: notar 2005, 14

Ders. Das EHUG ist beschlossen – elektronische Handels- und Unternehmensregister ab 2007, in: NZG 2006, 801

Ders. Die Publizitätswirkungen des Handelsregisters (§§ 11, 15 HGB) nach dem EHUG, in: *Wackerbarth, Ulrich (Hrsg.)* Festschrift für Ulrich Eisenhardt, München, 2007, S. 475 (zit.: *Noack* FS Eisenhardt S.)

Ders. Das Gesetz über das elektronische Handelsregister und Genossenschaftsregister sowie das Unternehmensregister – EHUG, in: *Noack, Ulrich (Hrsg.)* Das neue Gesetz über elektronische Handels- und Unternehmensregister – EHUG, Köln, 2007, S. 21ff. (zit.: *Noack* EHUG S.)

Ders. Neue Publizitätspflichten und Publizitätsmedien für Unternehmen eine Bestandsaufnahme nach EHUG und TUG, in: WM 2007, 377

Ders. Auskunft aus dem Handelsregister – Theorie und Praxis, in: DB-StatusRecht 2008, 49

Ders. Briefwahl und Online-Teilnahme an der Hauptversammlung: der neue § 118 AktG, in: WM 2009, 2289 *von Nussbaum, Konrad* Neue Wege zur Online-Hauptversammlung durch das ARUG, in: GWR 2009, 215

Paschos, Nikolaos / Goslar, Sebastian Der Referentenentwurf des Gesetzes zur Umsetzung der Aktionärsrichtlinie (ARUG) aus Sicht der Praxis, in: AG 2008, 605

Dies. Der Regierungsentwurf des Gesetzes zur Umsetzung der Aktionärsrichtlinie (ARUG), in: AG 2009, 14

Paulus, Christoph G. Herausforderungen für das Wirtschaftsrecht durch Neue Medien, in: *von Hoeren, Thomas / Spindler, Gerald / Holznagel, Bernd / Gounalakis, Georgios / Burkert, Herbert (Hrsg.)* Unternehmensrecht und Internet, Neue Medien im Aktien-, Börsen-, Steuer- und Arbeitsrecht, München, 2001 (zit.: *Paulus*, in: *Noack/Spindler* Unternehmensrecht und Internet S.)

Pavlova, Venelina N. Anlassbezogene Informationspflichten der Emittenten nach dem Wertpapierhandelsgesetz, Diss., Baden-Baden, 2008 (zit.: *Pavlova* Anlassbezogene Informationspflichten S.)

Pirner, Barbara / Lebherz, Axel Wie nach dem Transparenzrichtlinie-Umsetzungsgesetz publiziert werden muss, in: AG 2007, 19

Pötzsch, Thorsten / Möller, Andreas Das künftige Übernahmerecht – Der Diskussionsentwurf des Bundesministeriums der Finanzen zu einem Gesetz zur Regelung von Unternehmensübernahmen und der Gemeinsame Standpunkt des Rates zur europäischen Übernahmerichtlinie, in: WM 2000, Sonderbeilage Nr. 2

Posegga, Volker Anlegerschutz bleibt durch ex-post-Transparenz bei Directors‘ Dealings auf der Strecke, in: BKR 2002, 1061

Preising, Florian EU-einheitliche Umsetzungspraxis, Vergleich des Umsetzungsstatus von EU-Richtlinie in den Mitgliedsstaaten am Beispiel der Transparenzrichtlinie, DIRK Forschungsreihe, Band 10, Wolfratshausen, 2008 (zit.: *Preising* EU-einheitliche Umsetzungspraxis S.)

Puttfarken, Hans-Jürgen / Schrader, Anne Frankreich, in: *Hopt, Klaus J. / Voigt, Hans-Christoph (Hrsg.)* Prospekt- und Kapitalmarktinformationshaftung, Recht und Reform in der Europäischen Union, der Schweiz und den USA, Tübingen, 2005 (zit.: *Bearbeiter*, in: *Hopt/Voigt (Hrsg.)* Prospekt- und Kapitalmarktinformationshaftung S.)

Ratschow, Eckart Die Aktionärsrechte-Richtlinie – neue Regeln für börsennotierte Gesellschaften, in: DStR 2007, 1402

Richardi, Reinhard (Hrsg.) Betriebsverfassungsgesetz mit Wahlordnung, Kommentar, 12. Aufl., München, 2010 (zit.: Richardi- *Bearbeiter* § BetrVG Rn)

Riegger, Bodo / Rieg, Jürgen Änderungen bei den Veröffentlichungspflichten nach Abschluss eines Spruchverfahrens durch das TUG, in: ZIP 2007, 1148

Ries, Peter Das EHUG: Ein Jahr danach – ein voller Erfolg?, in: DB-StatusRecht 2008, 47

Ringe, Wolf-Georg Die Neuregelung des Internationalen Kapitalmarktpublizitätsrechts durch die Neufassung der Transparenz-richtlinie, in: AG 2007, 809

Ringleb, Hendrik-Michael / Kremer, Thomas / Lutter, Marcus / von Werder, Axel Kommentar zum Deutschen Corporate Governance Kodex, Kodex-Kommentar, 2. Aufl., München, 2005 (zit.: Ringleb/u.a.-*Bearbeiter* DCGK-Kommentar § Rn)

Rittner, Fritz Wirtschaftsrecht, Ein Lehrbuch, 2. Aufl., Heidelberg, 1987 (zit.: *Rittner* § Rn)

Rodewald, Jörg / Unger, Ulrike Zusätzliche Transparenz für die europäischen Kapitalmärkte – die Umsetzung der EU-Transparenzrichtlinie in Deutschland, in: BB 2006, 1917

von Rosen, Rüdiger / Gerke, Wolfgang Kodex für anlegergerechte Kapitalmarktkommunikation, Mai 2001 (zit.: *von Rosen/Gerke* Kodex für anlegergerechte Kapitalmarktinformation S.)

Sauter, Maike Offene Fragen zum Referentenentwurf eines Gesetzes zur Umsetzung der Aktionärsrichtlinie, in: ZIP 2008, 1706

Schemman, Till / Solveen, Dirk Das elektronische Handelsregister im Echtbetrieb – Wirksamkeit und Vision, in: ZIP 2001, 1518

Schilling, Tim Informationen zum Kapitalmarkt im Internet – Rechtsbeziehungen und Haftungsfragen, Diss., Hamburg, 2002 (zit.: *Schilling* Informationen zum Kapitalmarkt im Internet S.)

Schlauß, Stefan Über 90% Publizität – nachhaltiger Wandel der Offenle-gungskultur, in: DB 2010, 153

Schlitt, Michael / Schäfer, Susanne Auswirkungen des Prospektrichtlinie-Umsetzungsgesetzes auf Aktien- und Equity-linked Emissionen, in: AG 2005, 498

Dies. Auswirkungen der Umsetzung der Transparenzrichtlinie und der Finanzmarktrichtlinie auf Aktien- und Equity-Linked-Emissionen, in: AG 2007, 227

Schmerbach, Ulrich / Wegener, Burghard Insolvenzrechtsänderungsgesetz 2006, in: ZInsO 2006, 400

Schmidt, Andreas (Hrsg.) Hamburger Kommentar zum Insolvenzrecht – InsO, EuInsVO, Art. 102 EGInsO, InsVV, VbrInsVV, Inso-BekV, Insolvenzstrafrecht, Münster, 2007 (zit.: HK-*Bearbeiter* § *[Gesetzesangabe]* Rn)

Schmidt-Kessel, Martin Das Gemeinschaftsrecht des Handelsregisters, in: GPR 2006, 6

Schmolke, Klaus Ulrich Der Lamfalussy-Prozess im Europäischen Kapitalmarkt-recht – eine Zwischenbilanz, in: NZG 2005, 912

Schneider, Dieter Wider Insiderhandelsverbot und die Informationseffizienz des Kapitalmarkts, in: DB 1993, 1429

Scholz, Oliver Die Einführung elektronischer Handelsregister im Europarecht, in: EuZW 2004, 172

Scholze-Stubenrecht, Werner (Red. Bearb.) Duden, das große Wörterbuch der deutschen Sprache, Band 6, Lein – Peko, 3. Aufl., Leibzig, Mannheim, Wien, Zürich, 1999 (zit.: *Scholze-Stubenrecht* Duden, das große Wörterbuch der deutschen Sprache, Stichwort)

Schütte, Silvia / Wagner, Oliver Anlegerschutz durch Information, in: die bank 8/2004, 26

Schwarz, Günter Christian Kapitalmarktrecht – Ein Überblick; in: DStR 2003, 1930

Seibert, Ulrich Die Bekanntmachung von Handelsregistereinträgen in Europa, in: *von Hoeren, Thomas / Spindler, Gerald / Holznagel, Bernd / Gounalakis, Georgios / Burkert, Herbert (Hrsg.)* Unternehmensrecht und Internet, Neue Medien im Aktien-, Börsen-, Steuer- und Arbeitsrecht, München, 2001 (zit.: *Seibert*, in: *Noack/Spindler* Unternehmensrecht und Internet S.)

Ders. Das "TransPuG" – Gesetz zur weiteren Reform des Aktien- und Bilanzrechts, zu Transparenz und Publizität (Transparenz- und Publizitätsgesetz) - Diskussion im Gesetzgebungsverfahren und endgültige Fassung, in: NZG 2002, 608

Ders. Der Referentenentwurf eines Gesetzes zur Umsetzung der Aktionärsrichtlinie (ARUG), in: ZIP 2008, 906

Seibert, Ulrich / Florstedt, Tim Der Regierungsentwurf des ARUG – Inhalt und wesentliche Änderungen gegenüber dem Referentenentwurf, in: ZIP 2008, 2145

Seibt, Christoph H. Finanzanalysten im Blickfeld von Aktien- und Kapitalmarktrecht, in: ZGR 2006, 501

Starck, Christian (Hrsg.) Das Bonner Grundgesetz, Kommentar, Band 1, Präambel, Artikel 1 bis 19, 4. Auflage, München, 1999 (zit.: Mangoldt/Klein-*Bearbeiter* Art. Rn)

Ders. Bonner Kommentar zum Grundgesetz, Loseblattsammlung (zit.: BK-*Bearbeiter*, Lfg., Stand, Art. Rn)

Starck, Christian Bilanzpublizität und Datenschutz, in: DStR 2008, 2035

Spindler, Gerald Abschied vom Papier? Das Gesetz über elektronische Handelsregister und Genossenschaftsregister sowie das Unternehmensregister, in: WM 2006, 109

Spindler, Gerald / Kramski, Endrik Der elektronische Bundesanzeiger als zwingendes Gesellschaftsblatt für Pflichtbekanntmachungen der GmbH, in: NZG 2005, 746

Stubenrath, Michael / Löbig, Michael Zur Notwendigkeit von Rechnungslegungsstandards für die Internet-Berichterstattung, in: DB 2002, 1333

Uhlenbruck, Wilhelm / Hirte, Heribet / Vallender, Heinz (Hrsg.) Insolvenzordnung, Kommentar, 13. Aufl., München, 2010 (zit.: Uhlenbruck/Hirte/Vallender-*Bearbeiter* § InsO Rn)

Waldens, Stefan Grenzüberschreitendes Cash-Pooling im Spannungsfeld sich ändernder Rahmenbedingungen – Eine ertragsteuerliche Analyse, in: IstR 2003, 497

Wieneke, Laurenz Anlegerschutz in Deutschland im Lichte der Brüsseler Richtlinien, in: *Grundmann, Stefan / Schwintowski, Hans-Peter / Singer, Reinhard / Weber, Martin* (Hrsg.) Anleger- und Funktionsschutz durch Kapitalmarktrecht – Symposium und Seminar zum 65. Geburtstag von Eberhard Schwark, Berlin, 2006, S. 37ff. (zit.: *Wieneke*, in: *Grundmann, u.a. [Hrsg.]* Anleger- und Funktionsschutz S.)

Willer, Heinz Registerrecht im Wandel, in: *Noack* (Hrsg.) Das neue Gesetz über elektronische Handels- und Unternehmensregister – EHUG, Köln, 2007, S. 45ff. (zit.: *Willer*, in: EHUG S.)

Wilm, Daniel Beobachtungen der Hauptversammlungssaison 2010, in: DB 2010, 1686

Wilms, Jan / Roth, Jan Die Anwendbarkeit des Rechts auf informationelle Selbstbestimmung auf juristische Personen i.S. von Art. 19 III GG, in: JuS 2004, 577

Wimmer, Klaus (Hrsg.) FK-InsO, Frankfurter Kommentar zur Insolvenzordnung, 5. Aufl., Köln, 2009 (zit.: FK-*Bearbeiter* § InsO Rn)

Windbichler, Christine Handelsrechtliche Publizität durch private Datenverbreiter, in: CR 1988, 447

Wittich, Georg — Erfahrungen mit der Ad hoc-Publizität in Deutschland, in: AG 1997, 1

Wölk, Armin — Ad hoc-Publizität – Erfahrungen aus der Sicht des Bundesaufsichtsamts für den Wertpapierhandel, in: AG 1997, 73

Zentraler Kreditausschuss — Stellungnahme zum Regierungsentwurf eines Gesetzes zur Umsetzung der EU-Transparenzrichtlinie (TUG) vom 8. September 2006, abrufbar unter: http://www.bankenverband.de/downloads/022007/sp0609-bi-tug.pdf

Zetzsche, Dirk — Aktionärsinformation in der börsennotierten Aktiengesellschaft, Diss., 2006 (zit.: *Zetzsche* Aktionärsinformation S.)

Ders. — Die neue Aktionärsrechte-Richtlinie: Auf dem Weg zur Virtuellen Hauptversammlung, in: NZG 2007, 686

Ders. — Die nächste „kleine Aktienrechtsreform“: Der Referentenentwurf eines Gesetzes zur Umsetzung der Aktionärsrechterichtlinie (ARUG); in: Der Konzern 2008, 321

Zöllner, Wolfgang — Zur Problematik der aktienrechtlichen Anfechtungsklage, in: AG 2000, 145

Ders. — Vereinheitlichung der Informationswege bei Aktiengesellschaften?, in: NZG 2003, 354

Kapitel A.
Einleitung

Für Kapitalmarktteilnehmer ist der Erhalt von Unternehmensinformationen enorm wichtig[1]. Die Wichtigkeit von solchen schnellen und günstigen geschäftsrelevanten Informationen zum Abbau von Informationsasymmetrien hat die Geschichte schon oft gezeigt[2]. Ein prominentes Beispiel hierfür ist die Entwicklung der Unternehmen[3] der Familie Rothschild. Im 19. Jahrhundert war es sehr schwierig[4] und kostenintensiv[5], schnell[6] und zuverlässig geschäftsrelevante Informationen zu beschaffen. Die Familie Rothschild baute daher ein europäisches Informationsnetzwerk mit außereuropäischen korrespondierenden Agenturen auf[7]. Hierbei tauschten unter anderem die fünf Brüder nahezu täglich private und geschäftliche Korrespondenz aus. Schnell erweiterte sie das Netzwerk auch auf außerfamiliäre Personen[8]. Dieses Netzwerk war nicht nur mit demjenigen von Wettbewerbern, sondern auch mit dem von Staaten vergleichbar. Erst in der zweiten Hälfte des 19. Jahrhunderts mit der Einführung von Telegrafendiensten verlor dieses Netzwerk seine Bedeutung[9].

---

1 Vgl. *Becker* DB 2010, 941; *Meier-Schatz* Wirtschaftsrecht und Unternehmenspublizität S. 100ff.; *Pirner/Lebherz* AG 2007, 19 m.w.N.; *von Rosen/Gerke* Kodex für anlegergerechte Kapitalmarktinformation S. 9; *Zöllner* AG 2000, 144 [152]; *ders.*, in: *Noack/Spindler* Unternehmensrecht und Internet S. 69. Mit der wirtschaftlichen Bedeutung dieser Informationen beschäftigt sich insbesondere die sog. Informationsökonomie (vgl. hierzu beispielsweise *Behrens* Informationsnutzen im Aktienmarkt S. 1ff.). Zur Verbesserung der Aktionärsinformation auch *Seibert* ZIP 2008, 906.

2 Zur geschichtlichen Entwicklung der Publizität vergleiche beispielsweise *Merkt* Unternehmenspublizität S. 92ff.

3 Hierzu gehören die Londoner Bank N M Rothschild & Sons (1809 – heute), die Frankfurter Bank Mayer Amschel Rothschild & Söhne (Ende 18. Jahrhundert – 1901), De Rothschild Fréres & Cie, Paris (1810 – heute), S. M. Rothschild & Söhne, Wien (1821 – 1938) und die Neapler Filiale der Frankfurter Bank (1821 – 1861) (*Liedtke* Rothschild S. 2).

4 U.a. wurden Briefe über zwei Wege gesendet, um die sichere Ankunft der Information zu gewährleisten (*Liedtke* Rothschild S. 72).

5 Nachrichten konnten zunächst nur per Post, Estafette und Kurier überbracht werden. Ein Kurier kostete für die Strecke von Frankfurt nach Paris 1.000 Franken, umgerechnet ca. 40 GBP; die Post 200 Franken (*Liedtke* Rothschild S. 63 + 75). 1831 wurden allein über 1/3 der Unterhaltskosten des Frankfurter Hauses für Kuriere ausgegeben (*Liedtke* Rothschild S. 65).

6 *Siehe* hierzu *Liedtke* Rothschild S. 69ff.

7 *Liedtke* Rothschild S. 36, 43, 46, 52.

8 Detaillierte Auflistung in: *Liedtke* Rothschild, beispielsweise S. 43 – 46.

9 Dies stellte James de Rothschild ausdrücklich in seinen Briefen aus den Jahren 1850 und 1851 fest (Zitate abgedruckt in: *Liedtke* Rothschild S. 84).

Mithilfe des Netzwerkes erhielt die Familie Rothschild Information oft deutlich vor anderen Marktteilnehmern. Durch diesen Zeit- und Informationsvorsprung[10] konnten sie Marktbewegungen vor ihren Wettbewerbern herausarbeiten und gewinnbringend nutzen. Das Vermögen der Rothschild basiert daher teilweise auf diesem Informationsvorsprung[11].
Auch aktuell ist einer der wichtigsten Grundpfeiler des Kapitalmarkts die Publizität von Unternehmensinformationen[12]. Nur wenn die Marktteilnehmer das Gefühl haben, dass andere Teilnehmer nicht vorab informiert werden und mit einem Informationsvorsprung handeln, werden sie dem Markt vertrauen und dort investieren[13]. Genau dies ist sowohl dem deutschen, als auch dem europäischen Gesetzgeber bewusst[14]. Mit einer Vielzahl von Richtlinien, Gesetzen und Verordnungen versuchten sie einen transparenten Kapitalmarkt zu schaffen. Gerade die aktuelle Entwicklung versucht durch neue Formen der Kommunikation die Beziehungen zwischen dem Unternehmen einerseits und der Investoren und Aktionären – der Aktiengesellschaft, Kommanditgesellschaft auf Aktien oder Societas Europaea – (im folgenden „Aktionäre“) andererseits zu erleichtern[15]. Alle diese Gesellschaftsformen haben (potentielle) Aktionäre[16]. Da die Normen zur Kommanditgesellschaft auf Aktien [17] und zur Societas Europaea[18] auf die Vor-

---

10 *Liedtke* Rothschild S. 84.

11 Vgl. zu Kauf- und Verkaufsentscheidungen aufgrund von Wissensvorsprüngen die kritischen Gedanken von *Schneider* DB 1993, 1429.

12 *Becker* DB 2010, 941; *Brellochs* Publizität und Haftung von Aktiengesellschaften S. 1; *Büche* Die Pflicht zur Ad-hoc-Publizität S. 32f.; *Wittich* AG 1997, 1. Zu beachten ist, dass nach *Noack* ZGR 1998, 592 [603] Unternehmensinformationen nach Wirtschaftsnachrichten einer der am meisten nachgefragten Gegenstände sind.

13 Vgl. *von Rosen/Gerke* Kodex für anlegergerechte Kapitalmarktinformation S. 9. Eine solche Problematik ergab sich beispielsweise als die Neffen von *Friedrich Karl Flick*, *Gert-Rudolf* und *Christian Flick* trotz entgegenstehender öffentlicher Dementis eine Beteiligung in Höhe von 40 Prozent an der Feldmühle Nobel AG heimlich erwarben und somit einen erhöhten Kaufpreis vermieden (siehe hierzu *Burgard* Die Offenlegung von Beteiligungen S. 18ff. mit weiteren Beispielen).

14 Dies verdeutlicht beispielsweise die durch das ARUG umgesetzte (Aktionärsrechte-) RL 2007/36/EG (ABlEG. Nr. L 184 S. 17), die die Verbesserung der Aktionärsinformation bei börsennotierten Gesellschaften bezweckte (siehe hierzu u.a. Erwägungsgrund Nr. 2 dieser Richtlinie).

15 *Noack/Spindler* Unternehmensrecht und Internet S. V.

16 In dieser Bearbeitung wird im Folgenden nur noch von Aktionär bzw. Aktionären gesprochen. Hierunter fallen im Sinne dieser Bearbeitung jedoch auch die potentiellen Aktionäre. Diese werden jedoch im Folgenden nicht mehr ausdrücklich erwähnt.

17 Bzgl. der sog. Kommanditaktionäre vgl. § 278 Abs. 1 und 3 AktG.

18 Vgl. Art. 5 der Verordnung (EG) Nr. 2157/2001 des Rates vom 8. Oktober 2001 über das Statut der Europäischen Gesellschaft (SE) [ABl. L 294 vom 10.11. 2001 S. 1 zuletzt geändert durch die Verordnung (EG) Nr. 1791/2006 vom 20. November 2006 (ABl. L 363

schriften der Aktiengesellschaft verweisen, beschränkt sich diese Bearbeitung zum einfacheren Lesen nur auf die Erwähnung der Aktiengesellschaft und derer Aktionäre. Die Ausführungen sind auf die Kommanditgesellschaft auf Aktien und Societas Europaea grundsätzlich übertragbar. Auch erfolgt innerhalb dieser Bearbeitung keine Differenzierung zwischen der Größe der Aktiengesellschaften und der Frage, ob diese Aktiengesellschaften börsennotiert sind, da die Veröffentlichungswege grundsätzlich jeweils ähnlich sind und sich nur der Umfang der zu veröffentlichen Informationen unterscheidet.

Mit In-Kraft-treten des Transparenzrichtlinieumsetzungsgesetzes (TUG) möchte der Gesetzgeber entsprechend dem europäischen Gedanken der (Transparenz-) RL 2004/109/EG einen Wettbewerb zwischen den einzelnen Bekanntmachungsmedien innerhalb der Publizität erschaffen. Ob es sich hierbei um eine geniale Lösung oder einen nicht tragfähigen Kompromiss handelt, ist eine der Fragen, die im Folgenden zu untersuchen sind. Hierbei wird allerdings nur die Transparenz für einen Aktionär betrachtet. Die Transparenz anderer Wertpapiere wird in dieser Bearbeitung nicht behandelt.

Nach der Klärung der grundsätzlichen Begriffe in *Kap. B.* werden in *Kap. C.* und *D.* die einzelnen Veröffentlichungswege ausführlich betrachtet, um anschließend in *Kap. F.* das ganze System zu bewerten. In *Kap. G.* wird hierauf aufbauend ein Ausblick auf eine zukünftige sinnvolle Entwicklung der Publizität gewagt. Hierbei beschränkt sich – dem Titel entsprechend – diese Bearbeitung auf die formelle Publizität. *Noack* folgend wird unter der formellen Publizität *„der Transport der Information zum Publikum“*[19] verstanden. Somit sind ausschließlich die Rechtsfolgen umfasst. Diese Bearbeitung ist daher in *Kap. D.* auch nach den verschiedenen Medien sortiert. Die Auflistung der Medien erfolgt hierbei nicht nach ihrer Bedeutung[20] sondern nach der historischen Entwicklung. Bereits 1980 stellte *Hopt* fest, dass der Veröffentlichungsweg mindestens genauso wichtig ist wie der zu veröffentlichende Inhalt[21]. Ohne eine sinnvolle Rechtsfolge ist eine effektive Durchsetzung des Tatbestandes nicht möglich. Gerade die technologische Entwicklung der beiden letzten Jahrzehnte[22] hat im Bereich

---

S. 1)]; für die SE mit monistischem System gelten noch die Einschränkungen des § 20 SEAG.

19 *Noack* AG 2003, 537; *ders.* Elektronische Unternehmenspublizität S. 4; *ders.* notar 2005, 14; *ders.* EHUG S. 21 [22]. Vergleiche zu diesem Begriff ebenfalls *Meyding/Bödeker* BB 2006, 1009.

20 Eine solche Beurteilung ist nicht realisierbar.

21 *Hopt* ZGR 1980, 225 [251]. Ähnlich u.a. *Assmann* AG 1993, 549, *Burgard* Die Offenlegung von Beteiligungen S. 41 und *Müller* CR 1992, 71 [75].

22 *Noack* EHUG S. 21 [22]; *Noack/Spindler* Unternehmensrecht und Internet S. VI. Vgl. zum Verständnis der Veröffentlichungsmöglichkeiten zum Anfang der 90er Jahre u.a. Dauses-*Weber* [1993] F. III. Rn 61. *Spindler/Kramski* NZG 2005, 746 [747] m.w.N. spricht in diesem Zusammenhang von einer *„elektronischen Revolution“*.

der Rechtsfolge für viele neue Möglichkeiten gesorgt. Hieraus ergibt sich auch die immense aktuelle Bedeutung dieses Themas. Der deutschen Unternehmenspublizität wurde u.a. Ende 1997 ein erheblicher Nachbesserungsbedarf auf der Konsultationskonferenz der EU-Kommission zur Weiterentwicklung des Gesellschaftsrechts bescheinigt[23]. Ob dies aktuell auch noch für die formelle Publizität gilt, wird diese Bearbeitung zeigen.

---

23 *Beurskens*, in: EHUG S. 98. Einen entsprechenden Vortrag hat *Noack* dort gehalten (abgedruckt in: ZGR 1998, 592 (insbesondere die S. 602ff. sind hierbei zu beachten).

Kapitel B.
Formelle Publizität

Der Begriff Publizität wird häufig verwendet, jedoch erfolgt gesetzlich keine Definition dieses Begriffes. Das Verständnis dieses Begriffes ist grundsätzlich somit zunächst unklar[24].

I. Abgrenzung zur Mitteilung

Neben der Veröffentlichung sehen verschiedene Vorschriften[25] die Mitteilung an die BaFin, Börsen[26] oder die Gesellschaft vor. Mitteilungen richten sich an einen vorher bestimmbaren Personenkreis[27], damit diese ihre entsprechenden (Kontroll-) Funktionen wahrnehmen können[28]. Die Mitteilung ist keine Bekanntmachung. Durch die Bekanntmachung oder Veröffentlichung wird im Gegensatz zur Mitteilung ein unbestimmter, sehr weiter Personenkreis informiert[29]. Umso größer die Aktionärsanzahl der Aktiengesellschaft ist, umso bedeutender wird die Bekanntmachung[30]. Aus diesem ungenauen Adressatenkreis resultierten auch die Probleme, die innerhalb dieser Bearbeitung behandelt werden. Mitteilungen und Bekanntmachungen sind jedoch nur Mittel zur Herstellung der Publizität. Diese Mittel umschreiben die Publizität letztendlich nicht.

II. Abgrenzung der Begriffe

Wichtig ist jedoch die Abgrenzung des Publizitätsbegriffs zu den Begriffen „Transparenz“[31] und „Veröffentlichung“, da diese Begriffe in der Regel synonym verwendet werden und ein klares Verständnis mangels Begriffsabgrenzung unmöglich wird.

---

24 *Hundhausen*, in: *Barz, u.a.* Das Frankfurter Publizitätsgespräch S. 17 [26].

25 Beispielsweise §§ 3c, 5a WpAIV, §§ 13a, 21, 37v WpHG.

26 Die Frankfurter Börse hat ein eigenes Mitteilungssystem. Dies ist das Exchange Reporting System (ERS). Mehrere service-provider bieten auch die Übermittlung mittels dieses speziellen Systems als Dienstleistung an.

27 Beispielsweise § 125 Abs. 1 S. 1 AktG begründet eine Mitteilungspflicht gegenüber bestimmten Kreditinstituten und Vereinigungen von Aktionären; § 128 Abs. 1 AktG gegenüber den Aktionären.

28 *Büche* Die Pflicht zur Ad-hoc-Publizität S. 126; *Claussen* Insiderhandelsverbot und Ad hoc-Publizität S. 86; *Nießen* NJW-Spezial 2007, 75.

29 BT-Drucks. 12/6679 S. 46. Vgl. hierzu ebenfalls Braun-*Bußhardt* § 9 InsO Rn 2, der festhält, dass gerade die Bekanntmachung die Personen erreichen soll, an die eine Einzelzustellung nicht erfolgt. Ebenso FK-*Schmerbach* § 9 InsO Rn 3. Ähnlich auch *Kögel* BB 2004, 844.

30 *Noack* ZGR 1998, 592 [595].

31 *Loddenkemper* Transparenz S. 21ff. beschäftigte sich ausführlich mit dem Transparenzbegriff. Eine Abgrenzung zum Publizitätsbegriff erfolgt jedoch nicht.

1. Abgrenzung

Diese Problematik verdeutlicht insbesondere die Regierungsbegründung[32] zum Gesetz zur Kontrolle und Transparenz im Unternehmensbereich vom 27. April 1998[33]. Hier werden die beiden Begriffe „Publizität“ und „Transparenz“ verwendet, jedoch unterbleibt eine Abgrenzung. Vielmehr werden diese Begriffe nebeneinander verwendet[34]. Eine zutreffende und grundlegende Abgrenzung dieser Begriffe unternimmt *Merkt*[35]. Hiernach wird Transparenz als die Durchschaubarkeit von Entscheidungsabläufen verstanden[36]. Die Transparenz ist somit der Oberbegriff. Publizität hingegen ist nur eines von mehreren Mitteln zum Erreichen dieser Transparenz, welches einerseits den Vorgang des Veröffentlichens, als auch andererseits den Zustand der Bekanntheit umschreibt[37]. Ein weiteres Mittel zum Erreichen von Transparenz ist beispielsweise die vertragliche Auskunft[38].

Eine Unterscheidung in regelmäßige und anlassbezogene Publizität oder eine Differenzierung nach Emittenten-, Beteiligungs- und Organpublizität[39] ist möglich, für die Bearbeitung der Rechtsfolgen innerhalb dieser Bearbeitung aber irrelevant.

---

32 BT-Drucks. 13/9712 S. 24.

33 BGBl. I S. 786.

34 *Merkt* Unternehmenspublizität S. 11 Fn 63.

35 *Merkt* Unternehmenspublizität S. 11ff.

36 *Merkt* Unternehmenspublizität S. 11 unter Hinweis auf *Loddenkemper* Transparenz S. 22ff.

37 *Merkt* Unternehmenspublizität S. 6 und 13.

38 *Merkt* Unternehmenspublizität S. 12f. Zur vertraglichen Unternehmenspublizität vgl. die Ausführungen in *Meier-Schatz* Wirtschaftsrecht und Unternehmenspublizität S. 255ff.

39 So grundlegend *Fleischer* NZG 2006, 561.

2. Abb. 1: Die Säulen der Publizität

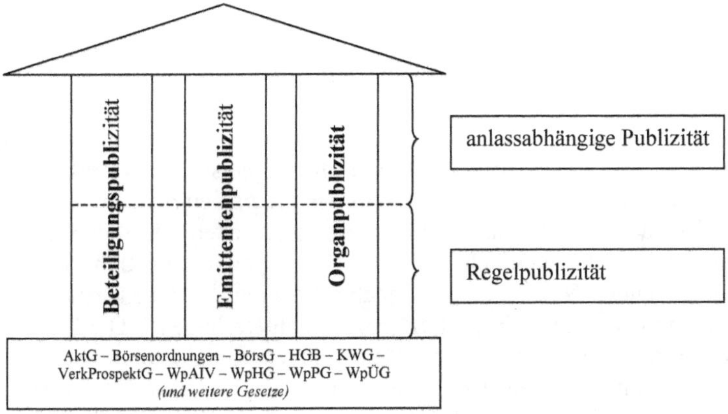

3. Sinn und Zweck der Transparenz

Wie bereits in der Einleitung gezeigt ist die Transparenz für das Funktionieren eines Kapitalmarktes entscheidend. Gerade für auf den Kapitalmärkten gehandelte Aktien möchten die Marktteilnehmer Hintergrundinformationen haben, um Handeln zu können. Dieses Handeln erfolgt nur aufgrund des Vertrauens der Marktteilnehmer in den Kapitalmarkt[40]. Die Transparenz, insbesondere in der Form der Aktionärspublizität, schafft dieses Vertrauen. Durch die Aktionärspublizität erlangen die Marktteilnehmer Informationen, die für die Bewertung und Akzeptanz des Unternehmens entscheidend sind[41].

4. Verlauf der weiteren Bearbeitung

Im Folgenden wird nicht die gesamte Transparenz des Kapitalmarktes, sondern nur die formelle Aktionärspublizität als besonders wichtiger Aspekt der Kapitalmarkttransparenz dargestellt. Inwieweit durch individuelle Verträge eine Transparenz neben der gesetzlichen Publizität geschaffen werden kann, ohne dass die gesetzlichen Vorschriften verletzt werden können, ist ein sehr umfangreiches Thema, welches im Folgenden nicht dargestellt werden soll. Vielmehr wird die gesetzlich vorgeschriebene Publizität und als Ausschnitt die freiwillige Publizität der DAX-30-Unternehmen betrachtet. Die formelle Publizität beschränkt sich hierbei auf die Art und Weise der Veröffentlichung. Dies kann

---

40 *Meier-Schatz* Wirtschaftsrecht und Unternehmenspublizität S. 217f.; Ringleb/u.a.-*Ringleb* DCGK-Kommentar § 6.1 Rn 1202; Ringleb/u.a.-*von Werder* DCGK-Kommentar Präambel Rn 88. Vgl. hierzu auch *Schneider* DB 1993, 1429 [1430].

41 Ringleb/u.a.-*Ringleb* DCGK-Kommentar § 6.1 Rn 1202. Ähnlich *Seibt* ZGR 2006, 501 [505].

letztendlich als die Rechtsfolge einer Publizitätsvorschrift verstanden werden, während im Rahmen der materiellen Publizität die Tatbestandsmerkmale – und somit die Frage welche Information(en) zu veröffentlichen sind (Veröffentlichungsinhalt) – zu betrachten wären. Diese Differenzierung ist sehr wichtig. Beide Aspekte sind für eine effektive Publizität entscheidend[42]. Daher überrascht es umso mehr, dass die meisten Quellen sich überwiegend nur mit der materiellen Publizität und so gut wie gar nicht bzw. oft auch nicht mit der formellen Publizität beschäftigen[43]. Obwohl oft beispielsweise das Problem aufgeworfen wird, wie gemäß § 3a WpAIV mittels Medien europaweit zu veröffentlichen ist, werden Lösungsansätze hierzu nur sehr selten diskutiert. Erklärt werden kann dies wahrscheinlich mit der historischen Entwicklung des Kapitalmarktrechts. Dieses Rechtsgebiet ist noch relativ jung[44]. Die entsprechenden Gesetze wurden erst innerhalb der letzten Jahrzehnte erlassen[45]. Die Dogmatik der Kapitalmarktpublizität muss durch die Rechtswissenschaften erst noch umfassend aufgearbeitet werden. Der Schwerpunkt der bisherigen Aufarbeitung lag auf der Tatbestandsseite. Die Rechtsfolgen, also die Art und Weise der Veröffentlichung bzw. der Publizität, sind bisher insgesamt nur selten betrachtet worden[46]. Diese Lücke soll durch diese Bearbeitung u.a. geschlossen werden.

Plakativ kann die Publizität mit einem Fahrzeug im Zusammenhang mit der Bedeutung der Publizität verglichen werden. Die materielle Publizität ist der Motor und bringt somit die entscheidende Leistung. Die formelle Publizität ist mit den Reifen an dem Fahrzeug vergleichbar. Es handelt sich jeweils um das Verbindungsstück zwischen Gesellschaft und Aktionär bzw. Fahrzeug und Boden. Beide Bereiche müssen gut funktionieren, denn die materielle Publizität oder der Motor können Schwächen der formellen Publizität oder der Reifen nur sehr schwer ausgleichen. Falls ein solcher Ausgleich trotzdem möglich wäre, würde er jedoch zu einer sehr schlechten Kosten-Nutzen-Relation führen. Daher ist die formelle Publizität ebenso wichtig wie die materielle Publizität[47]. Diese Bedeutung der formellen Publizität sollte unbedingt beachtet werden.

---

42 *Assmann* AG 1993, 549; *Burgard* Die Offenlegung von Beteiligungen S. 41; *Märzheuser/Gutzy* Ad-hoc-Dienstleister in Deutschland S. 2; *Müller* CR 1992, 71 [75].

43 So auch *Märzheuser/Gutzy* Ad-hoc-Dienstleister in Deutschland S. 1.

44 Vgl. beispielsweise Rittner § 29 Rn 57, der 1987 festhält, dass ein umfangreiches Kapitalmarktrecht in Deutschland noch nicht entwickelt war.

45 Beispielsweise: InvG vom 15. Dezember 2003; WpHG vom 26. Juni 1994; WpPG vom 22. Juni 2005; WpÜG vom 20. Dezember 2001.

46 So auch *Noack* EHUG S. 21f., der jedoch statt von Tatbestand und Rechtsfolge von materieller und formeller Publizität spricht.

47 So auch *Burgard* Die Offenlegung von Beteiligungen S. 41 und *Dauner-Lieb* DStR 2004, 361 [365].

III. Auswirkungen des Grundgesetzes

Vor einer Betrachtung der konkreten Ausgestaltung der Publizität sollte kurz das Grundgesetz und dessen mögliche Auswirkungen auf die Publizität überprüft werden. In Betracht kommen hier insbesondere die Art. 2 Abs. 1 i.V.m. Art. 1 Abs. 1 i.V.m. Art. 19 Abs. 3 GG in Form des Rechts auf informationelle Selbstbestimmung. Dieses Recht ist eine konkretisierende Ausprägung des allgemeinen Persönlichkeitsrechts aus Art. 2 Abs. 1 i.V.m. Art. 1 Abs. 1 GG. Es gewährleistet die Befugnis des Einzelnen, grundsätzlich selbst zu entscheiden, wann und innerhalb welcher Grenzen persönliche Lebenssachverhalte offenbart und wie die so erlangten Daten weiter verwendet werden[48].

1. Anwendbarkeit bei einer Aktiengesellschaft

Nach Art. 19 Abs. 3 GG gelten die Grundrechte auch für inländische juristische Personen, soweit sie ihrem Wesen nach auf diese anwendbar sind. Zur Beurteilung, ob eine juristische Person inländisch ist, wird auf den effektiven Verwaltungssitz des Unternehmens abgestellt[49]. Früher war es umstritten, ob das Recht auf informationelle Selbstbestimmung gemäß Art. 19 Abs. 3 GG dem Wesen nach auch auf inländische juristische Personen anwendbar ist. Inzwischen ist diese Problematik geklärt. Eine Anwendbarkeit wird bejaht[50].

Ausländische juristische Personen, also Gesellschaften, die ihren effektiven Sitz im Ausland haben, hingegen unterfallen grundsätzlich nicht dem Grundrechtsschutz über Art. 19 Abs. 3 GG[51]. Ausnahmen gelten hier nur für Prozessrechte und juristische Personen, die ihren Sitz im Europäischen Gebiet haben[52]. Kurz nach In-Kraft-treten des Grundgesetzes wurde von Teilen der Literatur noch eine Lücke im Art. 19 Abs. 3 GG gesehen, die durch eine Analogie geschlossen werden müsste, sodass ausländische juristische Personen doch unter Art. 19

---

48 BVerfG Entscheidung vom 15. Dezember 1983, Akz.: BvR 209/83 BVerfGE 65, 1 [43] = DÖV 1984, 161 = NJW 1984, 419; BVerfGE Urteil vom 01. Juli 1976, Akz.: III ZR 187/73, BGHZ 67, 100 [143] = JZ 1977, 35 = MDR 1977, 125 = NJW 1976, 2303; BVerfG Entscheidung vom 11. Juni 1991, Akz.: 1 BvR 239/90, BVerfGE 84, 192 [194] = NJW 1991, 2411; BVerfGE Urteil vom 24. Oktober 1985, Akz.: IX ZR 91/84, BGHZ 96, 171 [181] = DB 1986, 216 = EWiR 1986, 61 = NJW 1986, 576 = WM 1986, 46; BVerfG Urteil vom 02. März 2006, Akz.: 2 BvR 2099/04, BVerfGE115, 166 [188] = BeckRS 2006, 21417 = DVBl 2006, 503 = EuGRZ 2006, 72 = K&R 2006, 178 = MMR 2006, 217 = NJW 2006, 976 = NStZ2006, 641 = NVwZ 2006, 679 L = wistra 2006, 217; BK-*Lorenz*, 133. Aktualisierung, Stand: April 2008, Art. 2 Abs. 1 GG Rn 330; *Michael/Morlok* Grundrechte Rn 426; *Wilms/Roth* JuS 2004, 577.

49 BK-*von Mutuis*, Lfg. 34, Stand: April 1975 Art. 19 Abs. 3 Rn 54; Dreier-*Dreier* Art. 19 Abs. 3 Rn 31 m.w.N.

50 BVerfGE 118, 168 [203]; BK-*Lorenz*, 133. Aktualisierung, Stand: April 2008, Art. 2 Abs. 1 GG Rn 385; *Wilms/Roth* JuS 2004, 577 [580].

51 BK-*von Mutuis*, Lfg. 34, Stand: April 1975 Art. 19 Abs. 3 Rn 50.

52 Dreier-*Dreier* Art. 19 Abs. 3 Rn 35.

Abs. 3 GG fallen. Dies wird inzwischen jedoch allgemein – mit dem oben genannten Ausnahmen – abgelehnt. Als Begründung hierfür führt u.a. *von Mutius* an, dass „*gewichtige wirtschafts- und außenhandelspolitische Erwägung*[en dieser Ansicht] *zugrunde* [liegen], *dass es einerseits nicht ohne Risiken wäre, ausländische Organisationen, die sich weitgehend inländischer Kontrolle entziehen und statt dessen politischen Einflüssen ihres Heimatstaates unterliegen, ohne Verbürgung der Gegenseitigkeit subjektive Rechte mit Verfassungsrang zu gewähren*“[53].

2. Recht auf informationelle Selbstbestimmung

a. Regelungsgehalt

Das Recht auf informationelle Selbstbestimmung begründet die Befugnis des einzelnen, grundsätzlich selbst zu entschieden, wann und innerhalb welcher Grenzen persönliche Lebenssachverhalte offenbart werden[54]. Von diesem Recht sind allerdings nur solche Informationen erfasst, die eine materialisierte Form als Daten darstellen[55]. Diese Befugnis ist notwendig, damit der Betroffene die Richtigkeit und Verwendung des aus den verbreiteten Informationen möglicherweise zusammengefügten vollständigen Persönlichkeitsbildes ausreichend kontrollieren kann[56].

b. Eingriff

Durch die gesetzlichen Publizitätsvorschriften wird in das Recht der Unternehmen auf informationelle Selbstbestimmung eingegriffen[57]. Durch die Publizitätsvorschriften bestimmt nicht die Aktiengesellschaft, welche Informationen sie bekannt gibt, sondern der Gesetzgeber gibt dies vor.

c. Rechtfertigung

Allerdings muss das Recht auf informationelle Selbstbestimmung eingeschränkt werden, um den legitimen Informationsbedarf in Staat und Gesellschaft Rechnung zu tragen[58]. Eingriffe bedürfen nach Art. 2 Abs. 1 GG einer verfassungsgemäßen gesetzlichen Grundlage, d.h. insbesondere die Bestimmtheit, Normen-

---

53 BK-*von Mutuis*, Lfg. 34, Stand: April 1975 Art. 19 Abs. 3 Rn 50.

54 BVerfGE 65, 1 [42] m.w.N.

55 BK-*Lorenz*, 133. Aktualisierung, Stand: April 2008, Art. 2 Abs. 1 GG Rn 332.

56 BVerfGE 65, 1 [42].

57 Ähnlich *Grashoff* BB 2009, 211 [212] und *Starck* DStR 2008, 2035 [2036f.]. Einen Eingriff voraussichtlich ablehnend: LG Köln Urteil vom 08. Oktober 2008, Akz.: 280 302/08, BB 2009, 211 = K&R 2009, 136 und Vgl. hierzu auch *Merkt* Unternehmenspublizität S. 428.

58 BK-*Lorenz*, 133. Aktualisierung, Stand: April 2008, Art. 2 Abs. 1 GG Rn 336.

klarheit und Verhältnismäßigkeit ist zu wahren[59]. Demnach sollte immer hinterfragt werden, ob es nicht einen weniger belastenden und ebenso wirksamen Weg gibt[60]. Aktionäre von Aktiengesellschaften sind durch die Haftungsbegrenzung privilegiert. Kehrseite dieser Privilegierung ist das Ausfallrisiko, das den Gläubigern durch diese begrenzte Haftung entsteht. Durch Publizitätsvorschriften erhalten jedoch die einzelnen Gläubiger die Möglichkeit die wirtschaftlichen Verhältnisse der Aktiengesellschaft und somit auch die oben genannten Ausfallrisiken beurteilen zu können[61]. Die Publizität ist somit als Schutzmechanismus aufgrund der Haftungsbeschränkung zum Schutz der Gläubiger und der übrigen Teilnehmer am Wirtschaftleben notwendig[62].
Demzufolge ist das Recht auf informationelle Selbstbestimmung auf inländische Aktiengesellschaften anwendbar. Für eine Rechtfertigung genügt eine gesetzliche Grundlage[63]. Die Publizitätsvorschriften stellen solche Grundlagen dar.

3. Zwischenergebnis

Demzufolge muss grundsätzlich das Recht auf informationelle Selbstbestimmung gemäß Art. 1 Abs. 1 i.V.m. Art. 1 Abs. 1 GG beachtet werden. Allerdings ergeben sich praktisch keine Bedenken, da die Publizitätspflichten sich aus gesetzlichen Vorschriften ergeben, die zu einer Rechtfertigung nötig wären. Daher sind Auswirkungen des Grundgesetzes im Rahmen dieser Bearbeitung nicht zu beachten.

IV. Publizitätsgrundsätze

Will man die Publizitätsgrundsätze[64] betrachten, so ist eine Differenzierung zwischen der deutschen und europäischen Ebene nötig. Zwar sind diese Ebenen u.a.

---

59 BK-*Lorenz*, 133. Aktualisierung, Stand: April 2008, Art. 2 Abs. 1 GG Rn 339. BVerfGE 65, 1 [44] arbeitet heraus, dass insbesondere die Verhältnismäßigkeit entscheidend ist.

60 Mangoldt/Klein-*Starck* Art. 2 Abs. 1 Rn 112.

61 Hierzu siehe *Meier-Schatz* Wirtschaftsrecht und Unternehmenspublizität S. 251ff.

62 BayObLG, Beschluss vom 24. November 1994, Akz.: 3Z BR 180/94, BB 1995, 353 = DB 1995, 316 = DStR 1995, 895 = LSK 1995, 040379 = NJW-RR 1995, 798; OLG Köln, Beschluss vom 08. März 1991, Akz.: 2 Wx 1/91, BB 1991, 1748 = DStR 1991, 1356 = GmbHR 1991, 423 = LSK 1992, 220062 = NJW-RR 1992, 486; LG Köln, Urteil vom 08. Oktober 2008, Akz.: 28 O 302/08, BB 2009, 211 = K&R 2009, 136; EuGH, Urteil vom 04. Dezember 1997, Akz.: Rs. C-97/96, NJW 1998, 129 [Rn 17] = EWS 1998, 59 = JZ 1998, 193 = LSK 1998, 030237= NZG 1998, 116 = Slg. I 1997, 6843. Vgl. hierzu auch *Burgard* Die Offenlegung von Beteiligungen S. 39f. m.w.N., *Schmidt-Kessel* GPR 2006, 6 [8]; *Starck* DStR 2008, 2035 [2037]. Vgl. hierzu auch *Meier-Schatz* Wirtschaftsrecht und Unternehmenspublizität S. 99ff. und *Merkt* Unternehmenspublizität S. 92ff.

63 *Michael/Morlok* Grundrechte Rn 426.

64 Teilweise werden einige dieser Grundsätze auch als Grundsätze der Investor Relations angesehen (vgl. *Kiss* GoingPublic 12/09 S. 34).

durch das die (Transparenz-) RL 2004/109/EG miteinander verbunden, jedoch lassen sich bis jetzt unterschiedliche Tendenzen aufgrund der historischen Entwicklung der jeweiligen Ebenen feststellen. Viele der in dieser Bearbeitung aufgezeigten Probleme werden erst verständlich, wenn man die unterschiedlichen Grundsätze der verschiedenen Ebenen berücksichtigt.

1. Sinn und Zweck der Publizität

Bereits oben in der Darstellung der Rechtfertigung des Grundrechtseingriffes wird deutlich, dass die Publizität eine Kontrolle bezweckt und somit als die notwendige Infrastruktur eines Kapitalmarktes angesehen werden kann[65]. Durch diese Publizität wird letztendlich die staatliche Aufsicht, welche eine Alternative zur Publizität darstellt, ersetzt[66].

2. Nationale Grundsätze

Für den Kapitalmarkt werden immer die beiden Regelungsziele Funktionsfähigkeit und Anlegerschutz genannt[67]. Hierbei wird die Funktionsfähigkeit in die institutionelle, operationelle und allokative, der Anlegerschutz in den kollektiven und individuellen untergliedert. Die Publizität unterfällt hierbei schwerpunktmäßig den Regelungszielen operationelle und allokativer Funktionsfähigkeit und kollektiver Anlegerschutz, die untrennbar zusammen fallen[68]. Mit diesen Grundsätzen lässt sich allerdings nur die Notwendigkeit der Publizität und ansatzweise die generelle Ausformung der Publizität erklären. Für die konkrete Ausformung der Veröffentlichungsmedien sind bis jetzt ausdrücklich noch keine zusammenhängenden Grundsätze in der deutschen Literatur entwickelt worden[69]. Diese Lücke soll zunächst im Folgenden geschlossen werden, bevor die einzelnen Medien und die entsprechenden rechtlichen Rahmenbedingungen dar-

---

65 *Kögel* BB 2004, 844 benennt die Informationen über Unternehmen als das Fundament eines offenen Marktes. *Caspari*, in: *Grundmann, u.a. [Hrsg.]* Anleger- und Funktionsschutz, S. 7 [9]. beschreibt die Transparenz als eine der zwei Maximen für den Anlegerschutz. Ebenso *Wieneke*, in: *Grundmann, u.a. [Hrsg.]* Anleger- und Funktionsschutz, S. 37 [51ff.], der von einem Grundsatz der informationellen Gleichbehandlung spricht.

66 *Assmann* AG 1993, 549 [551]; *von Caemmerer*, in: *Barz, u.a.* Das Frankfurter Publizitätsgespräch S. 141 [165]; *Meier-Schatz* Wirtschaftsrecht und Unternehmenspublizität S. 103; *Merkt* Unternehmenspublizität S. 490.

67 *Brellochs* Publizität und Haftung von Aktiengesellschaften S. 14; *Buck-Heeb* Kapitalmarktrecht Rn 7ff.; Kümpel/Hammen/Ekkenga-*Kümpel* KMR Handbuch für die Praxis Lfg. 5/04 Nr. 050 Rn 29.

68 *Buck-Heeb* Kapitalmarktrecht Rn 13.

69 *Caspari*, in: *Grundmann, u.a. [Hrsg.]* Anleger- und Funktionsschutz, S. 7 beschränkt sich auf die Maximen des Anlegerschutzes. *Fleischer* ZGR 2009, 505 behandelt nur die gleichmäßige Information. *Diehl/Loistl/Rehkugler* Effiziente Kapitalmarktkommunikation S. 20ff. gehen 1998 – entsprechend der früheren Rechtslage – noch davon aus, dass nur eine Bereichsöffentlichkeit informiert werden muss.

gestellt werden. Oft wird die Stärkung des Vertrauens der Aktionäre als Ziel genannt[70]. Dieses Vertrauen ist jedoch kein Grundsatz, sondern vielmehr ein von den Grundsätzen umfasstes Ziel[71]. Im weiteren Verlauf der Bearbeitung ist es wichtig zu vergleichen, inwieweit die tatsächlichen Veröffentlichungswege den theoretischen Grundsätzen entsprechen. Aufgrund der technologischen Entwicklung in der letzten Zeit ist es den verschiedenen Aktionären möglich, zwischen den einzelnen nationalen Kapitalmärkten zu wählen. Hierdurch stehen die Kapitalmärkte in einem Wettbewerb zueinander. Nur der Kapitalmarkt, der die Anforderungen der Aktionäre im Bereich Transparenz und insbesondere innerhalb der Aktionärspublizität erfüllt, hat letztendlich seine Wettbewerbsfähigkeit gewahrt und vermeidet Informationsdefizite und Informationsasymmetrien[72].

a. Grundsatz der einfachen Verwertbarkeit der Information

Ein wichtiger Aspekt ist die einfache Verwertbarkeit der Information[73]. Hierzu zählen die beiden Bestandteile einfaches Auffinden der Informationsquellen und einfaches Nutzen dieser Quellen[74].

aa. Einfaches Auffinden der Informationsquellen

Für den Aktionär ist es sehr wichtig, zu wissen, aus welchen Quellen er welche Informationen erhalten kann. Eine Überprüfung sämtlicher existierender Quellen ist einerseits für den Aktionär nicht wünschenswert und andererseits auch nicht möglich[75]. Ebenso möchten die Gesellschaften wissen, wo sie zu veröffentlichen haben[76].

---

70 *Schwarz* DStR 2003, 1930.

71 Ähnlich *Caspari*, in: *Grundmann, u.a. [Hrsg.]* Anleger- und Funktionsschutz, S. 7 [9].

72 *Caspari*, in: *Grundmann, u.a. [Hrsg.]* Anleger- und Funktionsschutz, S. 7 [13]. Ähnlich *Becker* DB 2010, 941. Dies problematisierend: *Behrens* Informationsnutzen im Aktienmarkt S. 45ff.

73 Vgl. hierzu *Meier-Schatz* Wirtschaftsrecht und Unternehmenspublizität S. 190ff.und *Seibt* ZGR 2006, 501 [505], die beide problematisieren, dass jeder Aktionär einen unterschiedlichen Ausbildungsstand hat, sodass jeder Aktionär unterschiedlich in der Lage ist, Information schnell und richtig zu analysieren. So auch *Büche* Die Pflicht zur Adhoc-Publizität S. 233, der darüber hinaus auf Verständnisprobleme aufgrund der (Fach-) Sprache hinweist.

74 Vgl. hierzu den 5. Erwägungsgrund der Empfehlung der *Europäische Kommission* 2007/657/EG. Ebenso *Noack* EHUG S. 21 [25]. Ähnlich *Diehl/Loistl/Rehkugler* Effiziente Kapitalmarktkommunikation S. 17 und *Pavlova* Anlassbezogene Informationspflichten S. 76.

75 So zur insolvenzrechtlichen Bekanntmachung im Sinne von § 9 InsO: BGH Urteil vom 15. April 2010, Akz.: IX ZR 62/09, abgedruckt in: NZI 2010, 480 [481] = DB 2010, 1121 = NJW 2010, 1806 = NZG 2010, 626 = WM 2010, 940 = ZInsO 2010, 912.

76 *Noack* AG 2003, 537 [539].

bb. Einfaches Nutzen der Informationsquellen

Nur durch Marktteilnehmer verwertbare Unternehmensinformationen können durch den Markt verarbeitet werden. Wird hingegen eine komplexe, verschachtelte oder unübersichtliche Darstellung geboten, so besteht die Gefahr, dass viele Marktteilnehmer auf diese Information verzichten werden[77]. Daher müssen Informationen in einer klaren, leicht analysierbaren und verständlichen Form den Aktionären zur Verfügung gestellt werden[78].

In diesem Zusammenhang sollte man das Problem des information overflow bzw. der Informationsüberflutung beachten[79]. *Merkt* beschreibt dieses Problem als natürliche Gegenreaktion, in der das Bedürfnis nach Deregulierung und Reduktion zur Geltung kommt[80]. Auch *Hofstätter* hat bereits 1962 auf diese Problematik hingewiesen. Er hielt es für praktisch nicht möglich, dass ein Aktionär sich über alle Aktiengesellschaften, in die er investieren könnte, laufend informiert, insbesondere da die „*kaum noch durchschaubare*[n] *Regelwerk*[e] *großer Unternehmen selbst von Fachleuten nicht verstanden werde*[n]“[81]. Nach seiner Ansicht führt eine solche quantitative Menge an Informationen, die der Aktionär aufgrund dieses Umfanges nicht mehr verarbeiten kann, entweder zu einer Verwirrung oder zu einer unrepräsentativen Selektivität des Empfängers[82]. Beides würde einer effektiven Publizität widersprechen. Jedoch ist diese Problematik grundsätzlich ein Problem des Tatbestandes und somit der materiellen Publizität. Nur hier kann letztendlich eine Reduzierung der zu veröffentlichenden Informationen auf das Wesentliche erfolgen, wobei es zweifelsfrei sehr schwer sein wird, dieses Wesentliche zu bestimmen. Im Tatbestand wird letztendlich nor-

---

77 *Hofstätter*, in: *Barz, u.a.* Das Frankfurter Publizitätsgespräch S. 74 [78]. Für den elektronischen Bundesanzeiger beispielsweise fordert MüKo-*Peifer* § 186 Rn 46 weitere Recherchemöglichkeiten wie eine datumsunabhängige Suchmöglichkeit nach Unternehmensbezeichnungen.

78 Vg. Diesbezüglich zum Wertpapierprospekt: § 5 Abs. 1 S. 1 WpPG. So bereits *EWG-Kommission* Der Aufbau eines Europäischen Kapitalmarktes (sog. Segré-Bericht) Kap. 11 Nr. 7). Auch die Regierungskommission Corporate Governance fordert benutzerfreundliche Systeme (vgl. *Baums (Hrsg.)* Bericht der Regierungskommission Corporate Governance, Rn 252). Ebenso *Brecht* Das Pflichtenprogramm börsennotierter Aktiengesellschaften S. 44 mit dem Hinweis auf den zweiten allgemeinen Grundsatz des Wohlverhaltenskodex.

79 *Merkt* Unternehmenspublizität S. 209; *Stubenrath/Löbig* DB 2002, 1333 [1338].

80 *Merkt* Unternehmenspublizität S. 3.

81 *Hofstätter*, in: *Barz, u.a.* Das Frankfurter Publizitätsgespräch S. 74 [76]. Ebenso *Möllers* ZGR 1997, 334 [345], der zu einem gewissen Teil gesellschaftsrechtliche Verhaltensgebote- und –verbote der Veröffentlichung von Informationen vorzieht. Zudem kritisiert *Schneider* DB 1993, 1429 [1430] die „*illusionäre Vorstellungen über einen bestausgebildeten und streng rational handelnden Gläubiger, Aktionär, Arbeitnehmer und Wirtschaftsjournalisten*“.

82 *Hofstätter*, in: *Barz, u.a.* Das Frankfurter Publizitätsgespräch S. 74 [78].

miert, welche Informationen in welchem Umfang zu publizieren sind. Ein möglicher Grundsatz der vollständigen Information[83] ist daher im Rahmen der formellen Publizität nicht relevant. Die Rechtsfolge hat bei dem Umfang der Informationen grundsätzlich keine Auswirkung. Ausnahmsweise könnte eine solche Auswirkung angenommen werden, wenn aufgrund einer Vielzahl von Informationswegen der Aktionär erst die Informationen anlesen und gegebenenfalls vergleichen muss, um festzustellen, dass es sich um dieselbe Information handelt. Diese Problematik wird ausführlich noch unter *Kap. D. XIII. 4. A. a. aa.* weiter ausgeführt.

Auch sollte zum einfachen Auffinden eine kontinuierliche Medienwahl erfolgen. Der Aktionär würde gerne einem Medium vertrauen, in dem bisher bereits die Informationen veröffentlicht worden sind.

b. Grundsatz der seriösen Informationsquelle

Wichtig ist weiterhin, dass der Aktionär der Informationsquelle vertrauen kann[84]. Nur wenn eine Informationsquelle als seriös eingestuft wird, wird der Aktionär bereit sein, aufgrund dieser Information zu investieren. Dies bedeutet, dass nur solche Informationen sich anschließend im Marktpreis widerspiegeln können.

aa. Technische Seriosität

Hierzu gehört einerseits die Zuverlässigkeit des entsprechenden Bekanntmachungsmediums. Die Zuverlässigkeit bedeutet hierbei den grundsätzlich reibungslosen technischen Ablauf der Bekanntmachung[85]. Technische Probleme können zu einem Vertrauensverlust und somit zu mangelnder Seriosität eines Bekanntmachungsmediums führen.

---

83 Vgl. hierzu beispielsweise *Assmann* AG 1993, 549 [550].

84 So auch *Kiss* GoingPublic 12/09 S. 34 [35], der diesen Grundsatz als *„Ehrlichkeit und Glaubwürdigkeit“* umschreibt. HR-*Preuß* Kap. A. Rn 3 (S. 32) spricht von verlässlicher Information (jedoch beschränkt auf das Handelsregister). Ähnlich *Dauner-Lieb* DStR 2004, 361 [362f.], *Dauner-Lieb/Linke* DB 2006, 767 [768] und *Pavlova* Anlassbezogene Informationspflichten S. 76.

85 Ähnlich *Spindler* WM 2006, 109 [113].Auch *Stubenrath/Löbig* DB 2002, 1333 [1337] verweisen darauf, dass das elektronische Medium einen vergleichbaren Zugriff auf die Informationen wie eine postalisch übermitteltes Dokument gewährleisten müssen. Sie fordern darüber hinaus auch einen dauerhaften Zugriff auf die entsprechenden Informationen.

bb. Inhaltliche Seriosität

Zudem sollte die einmal veröffentlichte Information nicht mehr veränderbar sein[86]. Hierdurch wäre die Vollständigkeit der Angaben gewahrt und die Manipulationsmöglichkeiten ausgeschlossen[87]. Würde man Modifikationen oder Veränderungen zulassen, würde letztendlich für den Aktionär eine Überwachungspflicht über die bereits veröffentlichten Informationen entstehen. Dies widerspricht vom Grundsatz her dem Sinn und Zweck der Veröffentlichung und insbesondere der Bekanntmachung, die gerade dazu geschaffen wurde, auf informationelle Änderungen hinzuweisen. Zum Teil wird die Korrektur von Rechtschreibfehlern und offensichtlich kleinen Fehlern als zulässig erachtet. Dies sollte jedoch verneint werden. Einerseits wäre eine Abgrenzung zwischen kleinen und großen Fehlern schwierig und würde zu einer Rechtsunsicherheit führen. Andererseits sollte die Information für alle Aktionäre gleich sein[88]. Dem würde eine zunächst fehlerhafte Information, die für Aktionäre, die sich später informieren, fehlerfrei ist, widersprechen. Sind die Fehler offensichtlich, wird jeder Aktionär sie erkennen. Sind die Fehler hingegen schwerwiegend, so ist sowieso eine korrigierende Veröffentlichung seitens der Aktiengesellschaft notwendig. Die Änderung von offensichtlichen Fehlern ist daher abzulehnen[89]. Vielmehr muss auf jede Änderung klar hingewiesen werden, d.h. stillschweigend darf das Unternehmen keine Informationen ändern; es bedarf vielmehr einer expliziten Richtigstellung[90].

Zudem will der Aktionär Gewissheit[91] darüber haben, wer die entsprechende Information veröffentlicht hat, um beurteilen zu können, inwieweit die Information verwertbar ist.

c. Grundsatz der informationellen Gleichbehandlung[92]

Des Weiteren ist wichtig, dass alle Marktteilnehmer grundsätzlich gleichzeitig[93] und gleich informiert werden[94]. Eine selektive Informationsweitergabe wäre der

---

86 Dieser Grundsatz ist für die Prospektpublizität in Art. 29 Abs. 1 Nr. 2 EU-ProspV normiert. Vgl. hierzu auch *Spindler* WM 2006, 109 [113].

87 *Dauner-Lieb* DStR 2004, 361 [363]; Holzborn-*Görke/Preuße* WpPG Art. 29 EU-ProspV Rn 3 m.w.N.

88 Siehe hierzu den folgenden Grundsatz der informationellen Gleichbehandlung (*Kap. B. IV. 1. D.*).

89 Im Ergebnis so auch *Stubenrath/Löbig* DB 2002, 1333 [1339].

90 *Stubenrath/Löbig* DB 2002, 1333 [1339].

91 Vgl. hierzu §§ 13ff. der Empfehlung der *Europäische Kommission* 2007/657/EG. Ebenso *Pavlova* Anlassbezogene Informationspflichten S. 76.

92 *Caspari*, in: *Grundmann, u.a. [Hrsg.]* Anleger- und Funktionsschutz, S. 7ff. bezeichnet diesen Grundsatz als „*Fairness*", der die zweite Maxime des Anlegerschutz ist. *Buck-Heeb* Kapitalmarktrecht Rn 11 scheinbar ebenfalls.

entgegengesetzte Grundsatz. Entscheidendes Kriterium für eine gleichmäßige Publizität ist das Fehlen von Täuschung und Irreführung[95]. Es ist die Aufgabe des Aktionärs zu entscheiden, ob eine Information für ihn relevant ist. Dies darf nicht von der Aktiengesellschaft übernommen werden[96].

aa. Grundsätzliche Aussage

Gesetzlich ist dieser Grundsatz noch nicht zentral normiert. Jedoch sind für einzelne Aspekte entsprechende Gleichbehandlungsgebote in den §§ 53a, 93 Abs. 1 S. 3, 131 Abs. 4 AktG, §§ 13 Abs. 1 S. 1, 14 Abs. 1 Nr. 2, 30a Abs. 1 Nr. 1 WpHG, § 15 Abs. 5 WpPG, § 3 Abs. 1 WpÜG, Ziff. 6.3 S. 2 DCGK bereits normiert worden. Hierbei geht Ziff. 6.3 S. 2 DCGK am weitesten.

bb. Rechtspolitischer Streit

Die Gleichmäßigkeit als Publizitätsgrundsatz ist sehr umstritten.

(1.) Kritiker

Eine gleichmäßige Information aller Aktionäre steht nach Ansicht der kritischen Stimmen vielen praktischen Vorgängen entgegen. Praktisch kann nach dieser Ansicht nie eine Chancengleichheit bei der Nutzung der Informationen gewährleistet werden[97]. Zum Teil wird die Forderung nach einer solchen Gleichmäßigkeit als „Utopie“[98] oder „Schimäre“[99] bezeichnet. Zudem befürchtet diese An-

---

93 Siehe hierzu beispielsweise Art. 2 Abs. 4 (Durchführungs-)RL 2003/124/EG. Vgl. auch *Büche* Die Pflicht zur Ad-hoc-Publizität S. 226. Ebenso *Brecht* Das Pflichtenprogramm börsennotierter Aktiengesellschaften S. 220.

94 Vgl. § 6.4 DCGK; EuGH Rs. C.384/02 Slg. 2005, I-9939 Rn 33 unter Verweis auf die Erwägungsgründe zu der Richtlinie 89/592/EWG; *Brecht* Das Pflichtenprogramm börsennotierter Aktiengesellschaften S. 42, 367ff.; *Dauner-Lieb* DStR 2004, 361 [365]; *Fahrenschon* Plenarprotokoll 16/70 S. 7033 (B); *Fleischer* ZGR 2009, 505 [528]; *Kiss* GoingPublic 12/09 S. 34 [35]; Kümpel/Hammen/Ekkenga-*Kümpel* KMR Handbuch für die Praxis Kap. 050 Rn 39; *Möllers* ZBB 2003, 390 [393] m.w.N.; *Noack* EHUG S. 21; *Pirner/Lebherz* AG 2007, 19 [21]; *Spindler* WM 2006, 109 [114]; *von Rosen/Gerke* Kodex für anlegergerechte Kapitalmarktinformation S. 9; Dauses-*Weber* [1993] F. III. Rn 46; Ringleb/u.a.-*von Werder* DCGK-Kommentar § 6.3 Rn 1224ff.: Ähnlich Assmann AG 1997, 50 [57]. Vgl. zudem die teilweisen kritischen Anmerkungen von *Bachmann* FS Schwark S. 331 [344f.], die letztendlich zu dem Ergebnis kommt, dass der Grundsatz der informationellen Gleichbehandlung neben dem normierten Gleichbehandlungsgeboten keine eigene Bedeutung entwickelt.

95 So für seine entsprechende Maxime: *Caspari*, in: *Grundmann, u.a. [Hrsg.]* Anleger- und Funktionsschutz, S. 7 [16].

96 *Stubenrath/Löbig* DB 2002, 1333 [1338].

97 *Assmann* ZGR 1994, 494 [512]; *von Klitzing* Die Ad-hoc-Publizität S. 100.

98 *Büche* Die Pflicht zur Ad-hoc-Publizität S. 131. Zustimmend *von Klitzing* Die Ad-hoc-Publizität S. 99f.

sicht, dass Effizienzverluste entstehen, da die Informationsbereitschaft der Emittenten gegenüber den Finanzanalysten tendenziell abnehme und die Preisbildung an den Aktienmärkten daher ungenauer ausfalle. Die gleichzeitige Information aller Kapitalmarktteilnehmer scheint danach als Kommunikationsweg kein gleichwertiger Ersatz für vertrauliche Gespräche mit Finanzanalysten zu sein. Gerade ein möglicher kleiner Informationsvorsprung würde hiernach die Finanzanalysten zur aktiven Informationssuche anreizen. Als weiteres Argument wird gebracht, dass ein dauerhafter Informationsvorteil eine Belohnung für die von Großaktionären wahrgenommene Kontrollfunktion über das Management ist, von der letztendlich alle Aktionäre in Form höherer Kurse und geringerer Kursabschläge profitieren.

(2.) Befürworter

Diesem letzten Argument ist schon vom Grunde her zu widersprechen. Nach der oben genannten Ansicht würde man voraussetzen, dass der Großaktionär immer ordentlich und unfehlbar kontrollieren würde. Dies ist allerdings praktisch nicht möglich. Es werden trotz der Kontrolle Fehler entstehen, die ebenfalls alle Aktionäre finanziell verkraften müssen. Vor allem ist es die Aufgabe des Aufsichtsrats den Vorstand zu kontrollieren und nicht die Aufgabe eines Großaktionärs. Übernimmt er trotzdem diese Aufgabe neben dem Aufsichtsrat, so ist dies zu begrüßen, jedoch nicht durch zusätzliche Informationen zu belohnen. Zu Recht wird ein solcher „Schattenaufsichtsrat" als Quasi-Organ abgelehnt[100].

(3.) Stellungnahme

Wie bereits *Fleischer*[101] festgestellt hat, gibt es keine gesetzliche Grundlage für die These nach einer effizienten Ungleichbehandlung innerhalb der Publizität. Dies ist auch sehr sinnvoll. Eine sinnvolle Begründung dieser These ist nicht möglich. Zwar sprechen Praktikabilitätsgründe für diese These, jedoch ist eine Ungleichbehandlung für den Kapitalmarkt schädlich, da sich gerade die schwächeren Aktionäre gegen eine dortige Investition entscheiden werden. Die informationelle Gleichbehandlung ist somit als Grundsatz anzuerkennen.

cc. Ausnahmen

Jedoch gibt es einige Ausnahmen, bei denen dieser Grundsatz zurücktritt.

---

99 *Assmann* ZGR 1994, 494 [512]; *Büche* Die Pflicht zur Ad-hoc-Publizität S. 131.
100 *Fleischer* ZGR 2009, 505 [523, 528].
101 *Fleischer* ZGR 2009, 505 [523].

(1.) Nicht kursrelevante Informationen

Diskutiert wird, ob der Grundsatz der informationellen Gleichbehandlung für alle Informationen oder nur für kursrelevante Informationen gelten soll[102]. Sinnvoll scheint die Begrenzung auf kursrelevante Informationen, damit insbesondere auch ein informational overflow bzw. eine Informationsüberflutung vermieden wird.

Jedoch sollte unbedingt beachtet werden, dass diese theoretisch sehr einfache Unterscheidungsmöglichkeit, praktisch für eine große Rechtsunsicherheit sorgen wird. Im Voraus kann nicht immer mit Sicherheit bestimmt werden, ob eine Information kursrelevant ist. Sehr problematisch wäre auch die Konstellation, wenn mehrere Informationen alternativ nicht kursrelevant, kumulativ hingegen kursrelevant sind. In solch problematischen Fällen oder Zweifelsfällen sollte im Zweifel immer der Grundsatz der informationellen Gleichbehandlung gelten.

(2.) Besonderheiten im Konzern

Fälle, in denen eine Ausnahme vom Grundsatz der informationellen Gleichbehandlung zulässig ist, sind die konzernrechtlichen Situationen. Teilweise bestehen Offenlegungspflichten der Muttergesellschaft für ihre Töchtergesellschaften, beispielsweise im Rahmen der Konzernrechnungslegung. Hier muss die Muttergesellschaft andere Informationsrechte als die restlichen Aktionäre haben, um ihre Pflichten zu erfüllen. Diese Ausnahme ist jedoch praktischer Natur. Gegebenenfalls sollte das Konzernrecht entsprechend angepasst werden.

(3.) Zwischenergebnis

Der Grundsatz der informationellen Gleichbehandlung sollte umfassend gelten. Einschränkungen sind theoretisch nicht sinnvoll. Jedoch bestehen im Rahmen der Konzernrechnungslegung Pflichten der Muttergesellschaft zur Offenlegung von Informationen, der Tochtergesellschaften. Diese Informationen muss die Muttergesellschaft vorab erhalten, sodass hier eine Ausnahme aufgrund der gesetzlichen Vorschriften nötig erscheint.

d. Grundsatz der günstigen Informationsbeschaffung

Zudem sollte die Publizität möglichst (kosten-)günstig erreicht werden[103]. Die Marktteilnehmer investieren, um mögliche Gewinne zu erzielen. Ihr Interesse

---

102 *Eichner* Insiderrecht und Ad-hoc-Publizität S. 38f. Siehe hierzu insbesondere die ausführliche Darstellung von *Seibt* ZGR 2006, 501 [507f.].

103 *Baums (Hrsg.)* Bericht der Regierungskommission Corporate Governance Rn 252; *Dauner-Lieb/Linke* DB 2008, 767 [771]; *Diehl/Loistl/Rehkugler* Effiziente Kapitalmarktkommunikation S. 18; *Gernoth* BB 2004, 837 [843]; *Hofstätter*, in: *Barz, u.a.* Das Frankfurter Publizitätsgespräch S. 74 [77]; *Seibt* ZGR 2006, 501 [505f.]. Für den elektronischen Bundesanzeiger: MüKo-*Peifer* § 186 Rn 46. Ähnlich auch *Beurskens* StuB

am Kapitalmarkt ist primär nur finanzieller Natur. Die Publizität ist zwar für ihre Anlageentscheidungen unerlässlich, jedoch wäre es nicht effektiv, wenn die Publizität große Anteile des Gewinns vernichten würde. In diesem Fall würden Marktteilnehmer auf der einen Seite fix die Publizitätskosten haben, aber auf der anderen Seite ihre schwankenden Gewinne. Wenn aber die Publizitätskosten zu hoch sind, werden die Marktteilnehmer letztendlich sich entweder einen anderen Markt suchen oder auf andere Anlageprodukte umsteigen. Durch die Publizitätskosten kann man letztendlich den Kapitalmarkt steuern. Ziel der Kapitalmarktpublizität ist jedoch nicht die Beeinflussung des Kapitalmarktes auf bestimmte Produkte, sondern bestmöglich informierte Kapitalmarktteilnehmer. Dies bedeutet die Minimierung der Kosten.

e. Grundsatz der aktuellen Information

Die bisher beschriebenen Publizitätsgrundsätze stellen allerdings nicht die alleinigen Entscheidungskriterien für Aktionäre für einen Kapitalmarkt dar. Neben diesen Grundsätzen fordern die Marktteilnehmer, dass die Information zeitnah erfolgt[104].

f. Grundsatz der internationalen Informationsverbreitung

Nicht vergessen werden darf außerdem, dass die verschiedenen, teils nationalen Kapitalmärkte international in einem Wettbewerb zueinander stehen[105]. Dies hat zur Folge, dass die Marktteilnehmer, wenn sie mit einem Kapitalmarkt und seinen Regelungen nicht zufrieden sind, zu einem anderen, gegebenenfalls besseren Wechseln. Für die Publizität bedeutet dies letztendlich, dass bei ausländischen Marktteilnehmer gewährleistet sein muss, dass die Publizität des Kapitalmarktes auch am ausländischen Sitz erreichbar ist[106]. Die Wahrscheinlichkeit, dass ein Marktteilnehmer aus dem Ausland beispielsweise nach Deutschland zum Amtsgericht kommt, um ins Handelsregister Einblick nehmen zu können, ist sehr gering. Aufgrund des internationalen Wettbewerbs ist dies auch nicht erforderlich, vielmehr kann er auf einen Kapitalmarkt ausweichen, der ihm die

---

2001, 987 [988]. Vgl. hierzu auch *Meier-Schatz* Wirtschaftsrecht und Unternehmenspublizität S. 100.

104 Vgl. § 6.1 DCGK; *Brecht* Das Pflichtenprogramm börsennotierter Aktiengesellschaften S. 44; *Diehl/Loistl/Rehkugler* Effiziente Kapitalmarktkommunikation S. 17; *Noack* Elektronische Unternehmenspublizität S. 17; *ders.* EHUG S. 21 [22]; *Pirner/Lebherz* AG 2007, 19 [21]; *von Rosen/Gerke* Kodex für anlegergerechte Kapitalmarktinformation S. 9. *Fürhoff/Wölk* WM 1997, 449 [459] begrüßen ebenfalls eine schnelle Informationsverbreitung. Ebenso *Kiss* GoingPublic 12/09 S. 34 [35]. So auch *Stubenrath/Löbig* DB 2002, 1333 [1337], die daraufhin weisen, dass Informationen rechtzeitig und auf dem neusten Stand sind.

105 *Noack* EHUG S. 21 [22]; *Schwarz* DStR 2003, 1930.

106 *Pirner/Lebherz* AG 2007, 19 [21]. Ähnlich *Ratschow* DStR 2007, 1402.

Informationen auch an seinen ausländischen Sitz liefert. Aufgrund der technologischen Entwicklung der letzten Jahre ist das Internet zum Transport von Unternehmensinformationen sehr gut geeignet. Der Informationstransport – innerhalb der formellen Publizität – sollte daher aktuell und distanzunabhängig erfolgen.

g. Spezielle Funktionen

Zuletzt wird die Publizität in speziellen Rechtsgebieten zur Überwindung von praktischen Problemen genutzt. Im Insolvenzrecht wird durch die Veröffentlichung die Insolvenzmasse geschützt[107]. Zudem stellt die Veröffentlichung und die sich hieraus nach § 9 Abs. 3 InsO ergebende Zustellungsfiktion eine deutliche Verfahrensvereinfachung dar[108]. Diese Funktionen sind allerdings auf einzelne spezielle Tatbestände begrenzt und können nicht für alle Veröffentlichungswege zu Publizitätsgrundsätzen verallgemeinert werden.

h. Werbemaßnahmen

Bei Einführung der Pflicht zur Ad-hoc-Publizität konnte man schnell feststellen, dass die Unternehmen die Publizität als Werbemaßnahme nutzten[109]. Anstelle auf der Darstellung von relevanten Informationen lag der Schwerpunkt auf der bestmöglich erzielbaren Präsentation. Hierfür wurden die Veröffentlichung mit einer Vielzahl von Details und Slogan ergänzt, die mit der eigentlichen Meldung nur sehr wenig zusammenhingen. Diese Maßnahmen stehen den Publizitätsgrundsätzen entgegen. Die Marktteilnehmer werden die veröffentlichen Informationen nur noch bedingt zur Kenntnis nehmen, sodass eine Marktbewertung der entsprechenden Information nicht mehr möglich ist. Dies hat das Bundesaufsichtsamt für den Wertpapierhandel ebenfalls so gesehen und mit einem Schreiben vom 22. März 2000 darum gebeten, die Formulierung der veröffentlichenden Tatsachen quantitativ zu begrenzen und von wörtlichen Zitaten von Vorstandsmitgliedern, die die Tatsachen wiederholen, von Reaktionen auf Angriffe von Mitbewerbern und von Veröffentlichungen des eigenen Firmenprofils abzusehen[110].

---

107 MüKo-*Ganter* § 9 InsO Rn 5a.

108 MüKo-*Ganter* § 9 InsO Rn 6.

109 Ausführlich hierzu *Lettl* ZGR 2003, 853ff. [insbesondere vgl. die aufgeführten Fälle auf S. 854 in Fn 2]. Darüber hinaus vgl. hierzu u.a. OLG Hamburg, Urteil vom 19. Juli 2006, Akz.: 5 U 10/06, BeckRS 2006, 09406 = NJW-RR 2006, 1637 = WM 2006, 2353 = ZIP 2006, 1921.

110 *Dreyling/Schäfer* Insiderrecht und Ad-hoc-Publizität S. 143.

3. Europäische Grundsätze

Ausdrücklich wurde auf europäischer Ebene der Wettbewerb zwischen den Bekanntmachungsmedien als gewünschtes Ziel genannt[111]. Hierneben kann man auf europäischer Ebene ebenfalls die Grundsätze der informationellen Gleichbehandlung[112], der günstigen Informationsbeschaffung, der aktuellen Informationen und der internationalen Informationsverbreitung feststellen. Auch der Grundsatz der einfachen Verwertbarkeit der Information scheint zunächst erklärtes Ziel des europäischen Gesetzgebers zu sein. U.a. formuliert er in Art. 21 Abs. 2 S. 2 (Transparenz-) RL 2004/109/EG, dass den Marktteilnehmern ein einfacher Zugang zu den Speicherungssystemen gewährleistet sein muss. Jedoch wird bei Betrachtung des gesamten europäischen Publizitätssystems deutlich, dass hierbei nur die gespeicherten Informationen gemeint sind. Bezüglich der Bekanntmachung soll ein Wettbewerb zwischen den einzelnen Medien bestehen[113]. Der Grundsatz der einfachen Verwertbarkeit der Information in Form des einfachen Verschaffens von Informationen ist mit dem Wettbewerbsgrundsatz jedoch grundsätzlich nicht vereinbar. Der Wettbewerb zwischen den einzelnen Medien zur Bekanntmachung soll ein zentrales Medium vermeiden und für eine Vielzahl von verschiedenen Medien sorgen. Letztendlich soll der freie Markt für eine entsprechende Regelung sorgen. Hintergrund dieses Verständnisses ist, dass allgemein davon ausgegangen wird, dass Dienstleistungen durch private Unternehmen in der Regel günstiger erfolgen und dass der Staat sich aus so vielen Bereichen wie möglich zurückhalten soll und diese dem privaten Markt überlassen soll.

4. Vergleich der deutschen mit der europäischen Ebene

Vergleicht man die europäischen mit den deutschen Publizitätsgrundsätzen, so fällt deutlich auf, dass diesen beiden Ebenen unterschiedliche Konzepte zugrunde liegen. Auf der deutschen Ebene möchte man die Informationen mittels eines Mediums dem Aktionär zur Verfügung stellen. Der Aktionär soll anhand der gesetzlichen Norm wissen, wo er welche Information findet. Dass auf der deutschen Ebene viele Veröffentlichungsmedien existieren, ist ein praktisches Problem. Statt die Medien in einem Medium zu bündeln, wurden im Laufe der Geschichte immer neue Medien geschaffen und das deutsche Publizitätssystem

---

111 (Transparenz-) RL 2004/109/EG Erwägungsgrundnr. 25; *Pirner/Lebherz* AG 2007, 19 [21].

112 *Fleischer* ZGR 2009, 505 [514]; Ringleb/u.a.-*von Werder* DCGK-Kommentar § 6.5 Rn 1236.

113 So 25. Erwägungsgrund der (Transparenz-)RL 2004/109/EG; BT-Drucks. 16/2498 S. 49.

somit modifiziert[114]. Notwendig ist und wäre eine Bündelung und somit eine Reform der Veröffentlichungsmedien gewesen. Hierbei handelt es sich jedoch um ein praktisches Problem und nicht um ein Problem des Grundkonzepts.
Auf der europäischen Ebene hingegen ist der Wettbewerb zwischen den verschiedenen Bekanntmachungsmedien der zentrale Aspekt. Ob die Information letztendlich über die Medien bekannt gegeben wird, sollen die Medien selber entscheiden. Um jedoch die Publizität zu gewährleisten, werden manche Medien, insbesondere solche für die früher als „Bereichsöffentlichkeit"[115] bezeichnete Personengruppe, als verbindliche Rechtsfolge vorgeschrieben und ein Bündel von mehreren Medien als scheinbar notwendig erachtet. Dieser Wettbewerb widerspricht dem deutschen Grundkonzept, denn der Grundsatz des einfachen Verschaffens der Information wird durch die Begründung eines Wettbewerbs zwischen den Medien aufgehoben. Dem Aktionär bleibt letztendlich nichts anderes übrig als alle Medien zu kontrollieren, was jedoch finanziell und zeitlich unmöglich sein wird. Zudem besteht oft nur eine Zuleitungspflicht zu den Medien. Die Medien haben keine Bekanntmachungspflicht. Daher kann es auch sein, dass mangels Interesse der Medien diese eine Information nicht bekannt machen. Die Ergänzung der deutschen Publizität durch eine erneute Modifizierung der Publizitätsvorschriften, wie es durch das TUG und durch das EHUG erfolgt ist, sorgt nicht für eine bessere Publizität. Die europäischen und deutschen Grundkonzepte wurden letztendlich auf nationaler Ebene vermischt. Dies sorgt für Verwirrung bei dem Aktionär. Es scheint, dass eine Reform bewusst vermieden wurde und lieber die fehlende Qualität der Bekanntmachungswege durch mehr Quantität der Wege ausgeglichen werden sollte. Ob dies theoretisch überhaupt möglich ist, ist mehr als fraglich. Demzufolge sind die Publizitätsgrundsätze auf deutscher und europäischer Ebene so unterschiedlich, dass sie nur schwer vereint werden können. Durch das TUG und durch das EHUG wurde es trotzdem versucht.

114 Zu dieser geschichtlichen Entwicklung der Publizität im Verbands- und Kapitalmarktrecht: *Assmann* AG 1993, 549 [551ff.] m.w.N. Vgl. auch *Hundhausen*, in: *Barz, u.a.* Das Frankfurter Publizitätsgespräch S. 17 [18ff.].

115 Zu diesem Begriff: BT-Drucks. 12/6679 S. 46; *Assmann* ZGR 1994, 494 [511].

5. Abb. 2: Publizitätsgrundsätze

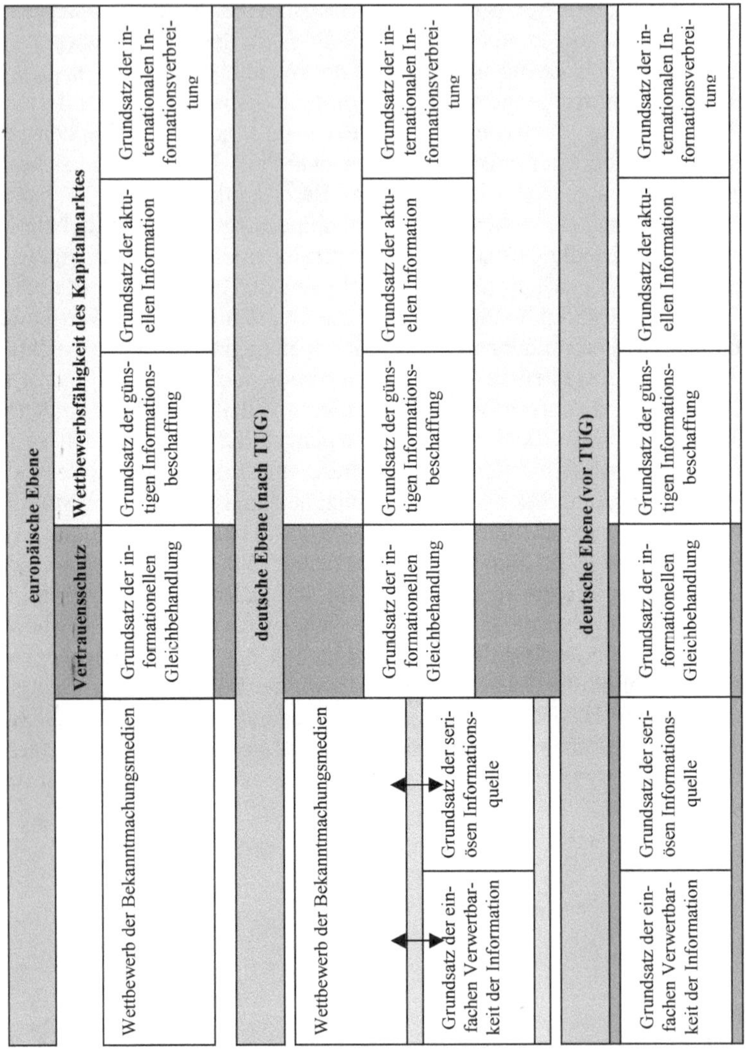

V. Zwei Säulen der Publizität

Seit dem 01. Januar 2007 mit Inkrafttreten des EHUG und TUG besteht die Publizität aus den zwei Säulen Bekanntmachung und Speicherung in einem amtlich bestellten System[116]. Bekanntmachung bedeutet die aktive, zeitnahe Verbreitung der Information[117], um den Rechtsverkehr auf Änderungen des Registers aufmerksam zu machen[118], während Speicherung die Archivierung bereits veröffentlichter Informationen bedeutet[119].

116 Vgl. u.a. hierzu *Görke/Foshag* BankPraktiker 2006, 152 [155]; *Hutter/Kaulamo* NJW 2007, 550 [555]; *Mülbert/Steup* NZG 2007, 761; *Nießen* NZG 2007, 41; *ders.* NJW-Spezial 2007, 75 [76]. Bereits *Windbichler* CR 1988, 447 [450] hat auf eine solche notwendige Unterscheidung hingewiesen.

117 Diese Säule kann weiterhin in Voll-, Teilveröffentlichung und Hinweisbekanntmachung untergliedert werden (*Zetzsche* Aktionärsinformation S. 44).

118 *Noack* NZG 2006, 801 [802]; *ders.* EHUG S. 21 [34].

119 Dies zeigt sich u.a. in den §§ 37v Abs. 1 S. 3, 37w Abs. 1 S. 3, 37x Abs. 1 S. 3 WpHG, § 10 S. 1 URV, die ausdrücklich eine Speicherung im Unternehmensregister nur zulassen, wenn eine Veröffentlichung vorab erfolgt ist.

Kapitel C.
Unternehmensregister

Zur Speicherung wurde das Unternehmensregister als zentrales Medium gemäß Art. 1 EHUG[120] mit Wirkung zum 01. Januar 2007 geschaffen[121]. Hiernach sind die Mitgliedstaaten verpflichtet die veröffentlichungspflichtigen Unternehmensdaten auf einer zentralen Internetseite zugänglich zu machen. Sinn und Zweck des Unternehmensregisters ist die Vermeidung von einer Vielzahl von Informationsquellen, die der Aktionär ansonsten überprüfen müsste, um anhand sämtlicher publizitätspflichtigen Angaben einen umfassenden Einblick in das Unternehmen zu erhalten[122]. Es soll demzufolge mit dem Unternehmensregister die *„Zersplitterung der publizitätspflichtigen Informationen überwunden“*[123] werden und eine bessere Markttransparenz gewährleistet werden[124]. Abgerufen werden kann das Unternehmensregister unter www.unternehmensregister.de. Zuständig für die Führung ist das Bundesministerium der Justiz. Nach § 9a Abs. 1 S. 1 und 4 HGB kann diese Aufgabe im Wege einer grundsätzlich mindestens fünfjährigen Beleihung durch Rechtsverordnung auf eine juristische Person des Privatrechts übertragen werden. Gemäß § 9a Abs. 1 S. 2 HGB hat dieser Beliehene die Stellung einer Justizbehörde des Bundes. Hier ist die Bundesanzeiger Verlagsgesellschaft mbH entsprechend[125] beliehen worden[126]. Ein gesetzlicher Gutglaubensschutz kommt den im Unternehmensregister veröffentlichten Inhalten nicht zu[127]. Eine Schwäche des Unternehmensregisters ist das Fehlen von Altdaten[128].

---

120 BGBl I 2006, 2553.

121 Vgl. hierzu *Bosse* DB 2007, 39, *Görke/Foshag* BankPraktiker 2006, 152 [156], *Liebscher/Scharff* NJW 2006, 3745 [3749]; *Nießen* NJW-Spezial 2007, 75 [76]. Ein Jahresüberblick bzgl. der Akzeptanz des Unternehmensregisters u.a. in: *Heneweer* DB-StatusRecht 2008, 48; *Noack* WM 2007, 377 [380]; *ders.* DB-StatusRecht 2008, 49; *Ries* DB-StatusRecht 2008, 47. Eine Übersicht über zentrale Speichermedien in anderen europäischen Staaten bieten *Meyding/Bödeker* BB 2006, 1009.

122 *Noack* EHUG S. 21 [27].

123 *Noack* NZG 2006, 801 [804]. Ebenso Christ/Müller-Helle-*Müller-Helle* Veröffentlichungspflichten nach dem neuen EHUG S. 17 und *Liebscher/Scharff* NJW 2006, 3745 [3746].

124 *Seibert/Decker* NZG 2006, 2446.

125 Verordnung über die Übertragung der Führung des Unternehmensregisters und die Einreichung von Dokumenten beim Betreiber des elektronischen Bundesanzeigers vom 15. Dezember 2006 (BGBl. I S. 3202).

126 Vgl. Christ/Müller-Helle-*Müller-Helle* Veröffentlichungspflichten nach dem neuen EHUG S. 21.

127 *Beurskens*, in: EHUG S. 98 [102].

128 *Beurskens*, in: EHUG S. 98 [103].

I. Technische Ausgestaltung

Gemäß § 9a Abs. 3 S. 1 HGB wird das Bundesministerium der Justiz ermächtigt, durch Rechtsverordnung ohne Zustimmung des Bundesrates die technischen Einzelheiten zum Aufbau und zur Führung des Unternehmensregisters, sowie die Einzelheiten der Datenübermittlung einschließlich Vorgaben über Datenformate zu regeln. Das Unternehmensregister ist eigentlich kein eigenes Register, sondern nur ein Metaregister. D.h. die Daten werden nicht in das Unternehmensregister übernommen, sondern letztendlich nur mit dem Unternehmensregister verbunden[129]. In der Praxis ergeben sich keine Unterschiede zwischen einem Register und einem Metaregister für die Nutzer[130]. Der Abruf von Daten aus dem Unternehmensregister ist grundsätzlich kostenlos[131]. Nur Daten, die mit kostenpflichtigen Registern verbunden sind, wie zum Beispiel mit dem Handelsregister, sind entsprechend den jeweiligen Gebührenordnungen kostenpflichtig. Das Unternehmensregister entspricht somit den Grundsätzen der einfachen Verwertbarkeit der Information, der seriösen Informationsquellen, der informationellen Gleichbehandlung, der günstigen Informationsbeschaffung und der internationalen Informationsverbreitung. Nur der Grundsatz der aktuellen Information ist nicht gewahrt. Die Bekanntmachungsmedien veröffentlichen aufgrund der gesetzlichen Regelung die Information vor dem Unternehmensregister.

II. Übertragungspflicht

Für die Unternehmen ergeben sich grundsätzlich keine zusätzlichen Publizitätspflichten für das Unternehmensregister. Gemäß § 8b Abs. 3 S. 2 HGB werden die bereits an das Register übermittelten Informationen von den Landesjustizverwaltungen an das Unternehmensregister weitergeleitet. Ausnahmsweise müssen gemäß § 8b Abs. 3 Nr. 2 i.V.m. Abs. 1 Nr. 9 HGB jedoch börsennotierte Unternehmen, die Informationen nach § 8b Abs. 3 S. 1 Nr. 2 HGB i.V.m. §§ 15 Abs. 1 S. 1 Halbs. 2, 15a Abs. 4, 26 Abs. 1 S. 1 Halbs. 2, 26a Abs. 1 S. 2, 29a Abs. 2 S. 2, 37v Abs. 1 S. 3, 37w Abs. 1 S. 3, 37x Abs. 1 S. 3 WpHG publizieren, diese auch anschließend dem Unternehmensregister mitteilen. Diese zweiteilige Veröffentlichung ist im Hinblick auf die ansonsten bestehende Weiterleitung von Amts wegen mehr als unpraktisch. *Noack* stellt offen die Frage,

---

129 Christ/Müller-Helle-*Christ* Veröffentlichungspflichten nach dem neuen EHUG S. 63; *Noack* NZG 2006, 801 [804]; *ders.* EHUG S. 21 [39]; *ders.* WM 2007, 377 [380].

130 *Noack* NZG 2006, 801 [804]; *ders.* EHUG S. 21 [39].

131 Das Kosten für das Unternehmensregister werden von den Unternehmen getragen, die durch eine Gebühr in Höhe von 5 EUR für kleine und mittlere Unternehmen, 10 EUR für große Unternehmen und 30 EUR für börsennotierte Gesellschaften pro Jahr das Unternehmensregister finanzieren.

warum die BaFin diese Informationen nicht ebenfalls von Amts wegen weiter leitet[132]. Stattdessen wird den Unternehmen eine zusätzliche Last aufgebürdet[133].

III. Zusätzliche Meldepflichten

Die Verteilung der Informationen auf verschiedene Veröffentlichungsmedien hat auch Auswirkungen auf das Unternehmensregister als Speicherungsmedium. In § 8b Abs. 2 HGB ist ein Katalog der speicherpflichtigen Informationen enthalten. Eine Generalklausel, die die Speicherung im Unternehmensregister regelt, besteht nicht. Betrachtet man den Wortlaut des § 8b Abs. 2 HGB so stellt man fest, dass keine Wörter wie „insbesondere" verwendet worden sind, sodass der Katalog des § 8b Abs. 2 HGB als abschließend angesehen werden könnte. Jedoch kann der Regierungsbegründung entnommen werden, dass dieser Katalog nur den Mindestinhalt des Unternehmensregisters regelt; weitere unternehmensrelevante Daten können aufgenommen werden[134]. Diese Möglichkeit kann jedoch keine Pflicht darstellen. Vielmehr wird hier den Unternehmen weitere Publizität ermöglicht. Im Hinblick auf zu unterlassende Werbemaßnahmen wäre fraglich, welche Daten als unternehmensrelevant eingestuft werden könnten. Sinnvoll ist diesbezüglich auf die Quellen zur Ad-hoc-Publizität zurückzugreifen, die sich mit dieser Problematik bereits beschäftigt haben.

Festgehalten werden kann, dass es neben den gesetzlich vorgeschriebenen Mitteilungs- und Zuleitungspflichten von Informationen zum Unternehmensregister keine weiteren solche Pflichten gibt. Für eine Analoge fehlt es an einer Regelungslücke.

IV. Löschungsvorschrift

Beim Unternehmensregister als zentrales Speichermedium ist zu beachten, dass dieses nur zeitlich befristet die entsprechenden Informationen sammelt. Gemäß § 12 Abs. 2 S. 2 URV sind an das Unternehmensregister übermittelte Daten für zehn Jahre zugänglich zu halten und anschließend zu löschen. Die Unternehmenshistorie ist somit nicht umfänglich dem Unternehmensregister zu entnehmen. Gerade über lange Zeit unverändert bleibende Beteiligungsverhältnisse und die damit zusammenhängenden Machtverhältnisse können insoweit verschleiert werden[135]. Hier ist zu hinterfragen, warum überhaupt eine Informationslöschung erfolgen muss. Die Daten werden elektronisch gespeichert, sodass keine räumliche Grenzen durch ausgedruckte Akten zu beachten sind.

---

132 *Noack* NZG 2006, 801 [804]; *ders.* EHUG S. 21 [40].

133 *Noack* NZG 2006, 801 [804].

134 BT-Drucks. 16/960 S. 40; Baumbach/Hopt-*Hopt* § 8b Rn 2; Staub-*Koch* § 8b Rn 18; Koller/Roth/Morck-*Roth* § 8b Rn 3.

135 *Beurskens*, in: EHUG S. 98 [104].

V. Europäisches Speicherungssystem

Die Einführung nationaler Speicherungssysteme, wie das Unternehmensregister, ist nur ein Zwischenschritt[136]. Langfristig soll ein zentrales europäisches Speicherungssystem geschaffen werden, welches als „Tor“ zu historischen Finanzinformationen von börsennotierten Gesellschaften auf gesamteuropäischer Ebene dienen soll[137]. Dieses Speicherungssystem kann als ein einheitliches elektronisches Netz oder als eine Plattform der elektronischen Netze ausgestattet werden[138]. Die Vernetzung der nationalen Speicherungssysteme ist eine Aufgabe der zuständigen Behörden der Mitgliedstaaten. Bis zum 30. September 2010 sollen gemäß § 21 der Empfehlung der Europäischen Kommission 2007/657/EG diese Behörden geeignete Leitlinien für die künftige Entwicklung des elektronischen Netzes erarbeiten.

---

136 Ausdrücklich stellt die *Europäische Kommission* fest, dass die Schaffung eines zentralen europäischen Speicherungssystems nur langsam fortschreitet (Bericht der Kommission vom 27. Mai 2010, KOM (2010) 243 Rn 16).

137 BR-Drucks. 579/06 S. 57; *Europäische Kommission* Bericht der Kommission vom 27. Mai 2010, KOM (2010) 243, Rn 16. Ebenso *Göres* Der Konzern 2007, 15 [16]; *Görke/Foshag* BankPraktiker 2006, 152 [156]; *Nießen* NZG 2007, 41 [46].

138 Vgl. Erwägungsgrund Nr. 2 der Empfehlung der Europäischen Kommission 2007/657/EG.

Kapitel D.
Bekanntmachungsmedien

Durch verschiedene Medien werden verschiedene Personengruppen mit bestimmten Informationen versorgt. Im Folgenden wird dargestellt, wie die einzelnen Informationsmedien publizieren und welche Informationen wo zu erwarten sind[139]. Hierbei werden die 23 aktuell bestehenden (und gesetzlich vorgeschriebenen) Bekanntmachungsmedien betrachtet[140]. Die danebenstehenden freiwilligen Medien zur Bekanntmachung werden nur ausschnittsweise am Beispiel der DAX-30-Unternehmen im Anschnitt *D. XV.* dargestellt. Im Gegensatz zur Speicherung der Informationen im Unternehmensregister existiert bei der Bekanntmachung kein zentrales Medium[141]. Ein solches wäre sehr wünschenswert[142]. Als Beispiel für ein solches Zentralmedium wird das amerikanische SEC-System EDGAR[143] angeführt[144]. Die aktuelle Zersplitterung der Medien zur Bekanntmachung ist sehr kritisch zu beurteilen und steht einer Transparenz der Unternehmensdaten entgegen[145]. Überraschend ist daher die Äußerung von *Hauer*

---

139 Diese Auflistung der über ein bestimmtes Medium verbreiteten Informationen erfolgt tabellarisch und ist nicht abschließend. Vielmehr liegt der Schwerpunkt dieser Bearbeitung bei der formellen Publizität. Die Auflistung erfolgt nur um dem Leser selbst eine Gewichtung der einzelnen Publizitätsmedien zu überlassen. Weiterhin ist zu beachten, dass innerhalb der Auflistung nicht zwischen börsennotierten und nicht börsennotierten Aktiengesellschaften unterschieden wird.

140 Entscheidend für diese Anzahl der Bekanntmachungswege sind die Endquellen, bei denen sich der Aktionär informiert. Beispielsweise wurden Printmedien nicht als ein Medium gezählt, sondern die überregionalen Börsenpflichtblätter und Tages- und Wirtschaftszeitungen jeweils als eine Rechtsfolge.

141 Dies wurde bereits im Jahr 2000 im Abschlussbericht der Regierungskommission Corporate Governance kritisiert (vgl. *Baums (Hrsg.)* Bericht der Regierungskommission Corporate Governance Rn 252; *Beurskens*, in: EHUG S. 98).

142 *Noack* WM 2007, 377, *Zetzsche* Aktionärsinformation S. 46. Bereits *Gustavus* GmbHR 1987, 253 forderte ein einheitlich organisiertes Handelsregister, um unterschiedliche Informationsquellen zu vermeiden und in einer Stelle zu konzentrieren.

143 Electronic Data Gathering, Analysis and Retrieval System, siehe: www.sec.gov/edgar.shtml.

144 *Kommission der Europäischen Gemeinschaften* KOM (2003) 138 S. 8; *Büche* Die Pflicht zur Ad-hoc-Publizität S. 235; *Eichner* Insiderrecht und Ad-hoc-Publizität S. 130; *Fischer-Appelt* Capital Markets Law Journal 2007, 133 [152]; *Möllers* ZBB 2003, 390 [393]; *Noack* ZGR 1998, 592 [611]; *ders.* AG 2003, 537 [546]; *ders.* Elektronische Unternehmenspublizität S. 27; *Schulte*, in: Möllers/Rotter § 6 Rn 11.

145 *Zetzsche* Aktionärsinformation S. 46 m.w.N. beschreibt diese Spaltung der Informationswege für den professionellen Marktteilnehmer mit entsprechenden Auswertungsabteilungen zwar als hinnehmbar aber nicht wünschenswert und für den Privatanleger als unzumutbar.

in der 2. und 3. Beratung des TUGs, in der sie ausdrücklich den Willen äußert Investoren und Aktionäre nicht verwirren zu wollen[146].

146 Plenarprotokoll 16/70 7032 (B).

I. Abb. 3: Normierte Veröffentlichungsmedien seit dem 20. Jahrhundert[147]

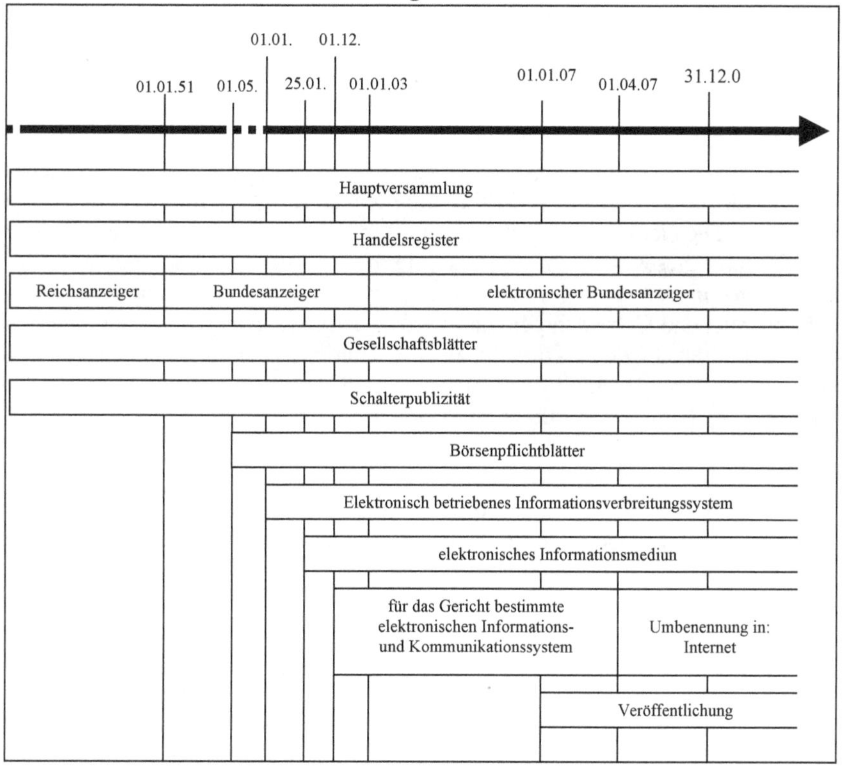

147 Internetseiten sind aus quantitativen Gründen nicht in dieser Grafik dargestellt.

II. Hauptversammlung

1. Allgemein

Für Aktionäre ist die Hauptversammlung das klassische Informationsmedium für die regelmäßige Publizität[148]. Hier stehen ihnen gemäß § 131 AktG Auskunftsrechte zu. Die Besonderheit des Informationsmediums ist es, dass der Aktionär hier durch seine Frage(n) Einfluss auf die publizierte Information nehmen kann. Die anderen Informationenmedien haben einen gesetzlich formulierten Tatbestand, sodass hier keine Einflussmöglichkeit auf die publizierte Information besteht. Dies ist bei der Hauptversammlung anders und sorgt für eine besondere Stellung dieses Mediums. Leider zeigt die statistische Erfassung der Aktionärspräsenz in der Hauptversammlung, dass von diesem Informationsmedium nicht ausreichend Gebrauch gemacht wird[149]. D.h. praktisch wird das Fragerecht von einer Vielzahl der Aktionäre als Informationsmedium nicht wahrgenommen. Ein weiterer Nachteil dieses Informationsmediums ist es, dass grundsätzlich nur eine Hauptversammlung pro Jahr stattfindet[150].

2. Neuerungen durch das ARUG

Durch den Art. 1 Nr. 7 lit. a) ARUG[151] wurde in § 118 Abs. 1 S. 2 AktG die Möglichkeit für eine sog. Online-Hauptversammlung[152] geschaffen[153]. Bei einer solchen Online-Hauptversammlung ist der Aktionär unabhängig von dem Ort mittels elektronischer Kommunikation im Gegensatz zur bisherigen Rechtslage[154] ein Teilnehmer dieser Versammlung. Dies unterscheidet die Möglichkeit zur Online-Hauptversammlung von der Briefwahl gemäß § 118 Abs. 2 AktG, bei der der Aktionär zwar ähnliche Rechte wie bei der Online-Hauptversammlung haben kann, jedoch nicht als Teilnehmer der Versammlung geführt wird.

---

148 *Minz*, in: *Barz, u.a.* Das Frankfurter Publizitätsgespräch S. 258 [261]. *Merkt* Unternehmenspublizität S. 431 spricht bei der Hauptversammlung auch noch 2001 von einem bedeutenden Informationsmedium gegenüber aller Marktteilnehmer. Vgl. auch *Baums (Hrsg.)* Bericht der Regierungskommission Corporate Governance Rn 78.

149 Siehe hierzu § 29 Abs. 2 WpÜG, der davon ausgeht, dass ein Aktionär mit mehr als 30 Prozent der Stimmrechte auf der Hauptversammlung die Mehrheit stellt. BT-Drucks. 14/7034 S. 53; Assmann/Pötzsch/Schneider-*Möller* § 29 WpÜG Rn 9; *Pötzsch/Möller* WM 2000, Sonderbeilage Nr. 2, S. 17; Geibel/Süßmann-*Süßmann* § 29 WpÜG Rn 25.

150 *Minz*, in: *Barz, u.a.* Das Frankfurter Publizitätsgespräch S. 258 [261].

151 Gesetz zur Umsetzung der Aktionärsrechterichtlinie vom 30. Juli 2009 (BGBl. I S. 2479).

152 Zur Begriffsbestimmung und insbesondere zur Abgrenzung zur virtuellen Hauptversammlung und zur Cyber-Hauptversammlung: *Noack* NZG 2001, 1057 [1058].

153 Vergleiche hierzu u.a. folgende Literatur: *Drinhausen/Keith* BB 2008, 1238; *Noack* WM 2009, 2289; *von Nussbaum* GWR 2009, 215.

154 *Seibert* ZIP 2008, 906 [907]. Zur bisherigen Rechtslage u.a.: *Noack* NZG 2003, 241 [246].

Die konkrete Ausgestaltung dieses Informationsweges ist jeweils von der Aktiengesellschaft abhängig[155]. Nur eine elektronische Kommunikation ist vorgeschrieben. Dieser Begriff ist sehr weit und lässt mehrere Ausgestaltungsmöglichkeiten zu. Denkbar ist, dass der zugeschaltete Aktionär in der Hauptversammlung gesehen und gehört werden kann, jedoch reicht die Möglichkeit des Hörens des zugeschalteten Aktionärs mittels eines Internetdialogs aus[156]. Entweder kann die Hauptversammlung gemäß § 118 Abs. 1 S. 2 1. Var. AktG die Zulässigkeit der Online-Hauptversammlung beschließen oder den Vorstand zu einer entsprechenden Entscheidung gemäß § 118 Abs. 1 S. 2 2. Var. AktG ermächtigen. § 118 Abs. 1 S. 2 AktG lässt ausdrücklich offen, welche Rechte der Aktionär durch eine solche Online-Teilnahme ausüben kann. Dies liegt im Ermessen der Hauptversammlung oder des Vorstandes. Aktuell wird in der Literatur diskutiert, ob einerseits die Satzung Grundzüge der Online-Hauptversammlung regeln muss und andererseits welche Rechte inwieweit beschränkt werden können[157]. Allgemein kann jedoch festgehalten werden, dass die durch die Einfügung des § 118 Abs. 1 S. 2 AktG geschaffene Möglichkeit zur Online-Teilnahme kritisch zu beurteilen ist. Die Einführung einer Online-Teilnahme ist an sich zunächst zu begrüßen. Jedoch ist aktuell noch zu berücksichtigen, dass die Aktiengesellschaften diese Kommunikationsmöglichkeiten erst ausprobieren müssen, bevor gesetzlich eine umfangreichere und praktisch sinnvolle Regelung normiert werden kann. Durch die aktuelle Regelung entsteht der Eindruck eines „Zwei-Klassen-Systems". Aktionäre, die online an der Hauptversammlung teilnehmen, sind gegebenenfalls in ihren Rechten beschränkt[158]. Dies widerspricht dem Sinn und Zweck der Einführung des § 118 Abs. 1 S. 2 AktG, der die Aufgabe des physischen Präsenzprinzips bezweckte. Aktuell besteht die Gefahr, dass der Aktionär nur online teilnehmen kann, wenn er sich dies durch die Beschränkung seiner Aktionärsrechte „quasi erkauft". Da-

---

155 Entsprechende Regelungen zur Online-Hauptversammlung sind innerhalb der DAX-30-Unternehmen u.a. bei der Adidas AG (§ 20 Abs. 4 der Satzung), der Allianz SE (§ 12 Abs. 6 der Satzung), der Münchener Rück AG (§ 7 Abs. 1 der Satzung), der RWE AG (§ 15 Abs. 3 der Satzung), der ThyssenKrupp AG (§ 17 Abs. 4 der Satzung) und der Siemens AG (§ 19 Abs. 5 der Satzung) zu finden. Die Allianz AG, die Münchener Rück AG und die Siemens AG laut Satzung schließen Nichtaktionäre jedoch ab einem gewissen Zeitpunkt von der Online-Übertragung aus.

Die Münchener Rück ermöglichte 2010 ihren Aktionären eine Online-Teilnahme (vgl. *Wilm* DB 2010, 1686 [1688]).

156 Vgl. *Drinhausen/Keith* BB 2008, 1238 [1240]; *Noack* WM 2009, 2289 [2293]. Zu dem großen Entscheidungsfreiraum auch: *von Nussbaum* GWR 2009, 215.

157 *Noack* WM 2009, 2289 [2292].

158 Vgl. hierzu die Ausführungen von *Wilm* DB 2010, 1686 [1689], der diese Beschränkungsmöglichkeit als sinnvoll betrachtet.

her ist der § 118 Abs. 1 S. 2 AktG zur Schaffung der Online-Teilnahme mit seinem aktuellen Regelungsgehalt nur als ein Zwischenschritt zu verstehen.

3. Tab. 1: Informationen innerhalb der Hauptversammlung

§ 131 Abs. 1 AktG / § 2.2.3 DCGK	für alle zur sachlichen Beurteilung von Tagesordnungspunkten erforderlichen Informationen über die Angelegenheiten der Gesellschaft[159]
§ 293g Abs. 3 AktG	für den Vertragsschluss wesentliche Angelegenheiten des anderen Vertragsteils (Abschluss eines Unternehmensvertrages)
§ 295 Abs. 1 S. 2 AktG	Verweis u.a. auf § 293g Abs. 3 AktG (s.o.; Änderung eines Unternehmensvertrages)
§ 295 Abs. 2 S. 3 AktG	über alle für die Änderung wesentliche Angelegenheiten des anderen Vertragsteils
§ 319 Abs. 3 S. 4 AktG	Eingliederungsverträge
§ 326 AktG	Angelegenheiten der eingegliederten Gesellschaft

III. Handelsregister

Bei dem Handelsregister handelt es sich um ein traditionelles Publikationsmedium. Wie das Unternehmensregister ist auch das Handelsregister in seiner Funktion vor allem ein amtlich bestelltes System für die zentrale Speicherung vorgeschriebener Informationen[160]. Es existiert bereits seit dem 19. Jahrhundert[161]. *Burgard* beschrieb 1990 das Handelsregister als das Hauptpublizitätsmittel[162]. Das Handelsregister gibt Auskunft über im Handelsverkehr rechtserhebliche Tatsachen von Kaufleuten und Handelsgesellschaften. Es dient der Offenlegung wichtiger Tatsachen und Rechtsverhältnisse des Kaufmanns in seinem Interesse und zum Schutze des Rechtsverkehrs[163]. Aus dem Handelsregister ergibt sich ein Verkehrsschutz für den Geschäftsverkehr[164].

Praktische Probleme bei einer Modifizierung des Handelsregisters ergeben sich aus den geteilten Kompetenzen[165]. Für die Schaffung der rechtlichen Bedingungen (FamFG, HGB, HRV) ist der Bundesgesetzgeber zuständig, während die

---

159 Zur näheren Ausgestaltung dieses Rechts siehe beispielsweise: *Mutter* Auskunftsansprüche des Aktionärs in der HV S. 1ff. und *Wilde* ZGR 1998, 423 [440ff.] m.w.N.

160 Vgl. *Beurskens*, in: EHUG S. 98 [102] unter Anlehnung an den Wortlaut des Art. 21 Abs. 2 der (Transparenz-)RL 2004/109/EG.

161 *Noack* AG 2003, 537 [543].

162 *Burgard* Die Offenlegung von Beteiligungen S. 28.

163 *Koller/Roth/Morck* § 8 Rn 1; *Preuß*, in: *Fleischhauer/Preuß* Handelsregisterrecht Teil 1 A. Rn 3; *Schmidt-Kessel* GPR 2006, 6 [8].

164 *Preuß*, in: *Fleischhauer/Preuß* Handelsregisterrecht Teil 1 A. Rn 3.

165 *Noack*, FS Ulmer S. 1245 [1246].

Führung und somit auch die Finanzierung der Handelsregister bei den Ländern liegt.

1. Vielzahl von Informationsquellen

Bei dem Handelsregister handelt es sich vom Grundsatz her nicht um eine Informationsquelle, sondern um eine Vielzahl von Informationsquellen. Gemäß § 8 Abs. 1 HGB wird das Handelsregister von den Gerichten geführt. §§ 374 Nr. 1, 376 FamFG, § 1 HRV konkretisiert diese Norm, indem jedes Amtsgericht, in dessen Bezirk ein Landgericht seinen Sitz hat, für diesen Landgerichtsbezirk das Handelsregister führt. In Deutschland gibt es 116 Landgerichte[166] und somit grundsätzlich auch 116 Handelsregister[167]. Teilweise haben manche Bundesländer die Register auf bestimmte Gerichte konzentriert[168]. Daher ist eine noch geringere Anzahl von Handelsregister in Deutschland wahrscheinlich. *Seibert/Decker*[169] finden sogar, dass aufgrund der Gleichgültigkeit bezüglich des Standorts des Registers in der elektronischen Welt ein Register pro Bundesland völlig ausreichend ist. Dem ist zu zustimmen. In der Literatur wird teilweise bereits seit dem Ende des 19. Jahrhunderts ein zentrales Handelsregister gefordert[170]. Es ist daher ziemlich überraschend, dass einerseits bereits über die Möglichkeit eines europäischen Handelsregisters diskutiert wird[171] und andererseits ein zentrales Handelsregister in Deutschland – wenn überhaupt – nur in kleinen Schritten umgesetzt wird. Dies ist umso mehr verwunderlich, da sich das Handelsregister bis Ende 2002 in der Praxis nicht durchsetzen konnte oder somit

---

166 http://www.bmj.bund.de/files/1b520147d2f6cef50c7c0a13e36c7eb0/1161/Zahl%20der%20Gerichte%201.01.2006.pdf.

167 Durch Art. 5 Abs. 1 Nr. 1, 13 Abs. 1 EHUG wurde der Grundsatz, das jedes Amtsgericht grundsätzlich ein Handelsregister führt, zum 16. November 2006 aufgehoben. Hierdurch wurde die Anzahl der Handelsregister um über 60 Prozent reduziert. Der BGH sprach 1989 von rund 440 Handelsregister (BGHZ 108, 32 [33]. Ebenso *Burgard* Die Offenlegung von Beteiligungen S. 41; *Windbichler* CR 1988, 447 [449]), *Noack* 2001 von circa 420 Handelsregistern (BB 2001, 1261. So auch *Beurskens* StuB 2001, 987) und *Gustavus* 1987 von über 400 (GmbHR 1987, 253).

168 Baden-Württemberg hat statt 17 Registern bei ihren 17 Landgerichten eine Konzentration auf die vier Landgerichte Freiburg, Mannheim, Stuttgart und Ulm vorgenommen. Thüringen und Sachsen-Anhalt sehen jeweils nur noch ein zentrales Registergericht vor (vgl. *Clausnitzer/Blatt* GmbHR 2006, 1303 [Fn 4]; Christ/Müller-Helle-*Müller-Helle* Veröffentlichungspflichten nach dem neuen EHUG S. 33).

169 *Seibert/Decker* NZG 2006, 2446.

170 *Beurskens* StuB 2001, 987 [988]; *Burgard* Die Offenlegung von Beteiligungen S. 195 m.w.N.; *Gernoth* BB 2004, 837 [841] m.w.N.; *Gustavus* BB 1979, 1175 [1177]; *Windbichler* CR 1988, 447.

171 Siehe hierzu *Kap. D. III. 6.*

grundsätzlich sehr wenig genutzt worden ist[172]. Der Gesetzgeber hätte hierauf reagieren müssen und bereits deutlich eher Veränderungen vornehmen müssen.

2. Technischer Ablauf

a. Sinn und Zweck

Ab dem 01. Januar 2007 schreibt § 12 Abs. 1 S. 1 HGB vor, dass die Dokumente zum Handelsregister nur noch elektronisch eingereicht werden können. Hierdurch wurde die bisherige Regelung grundlegend geändert[173], denn bis dahin mussten die Unterlagen gemäß § 12 Abs. 1 HGB a.F. schriftlich in öffentlich beglaubigter Form eingereicht werden[174]. Der Grund, der hinter dieser schwerwiegenden Änderung steht, ist die Zeitersparnis. Die Registergerichte sollen die übermittelten Dokumente grundsätzlich ohne vorherige Bearbeitung in das Handelsregister einstellen können. Hierdurch erfolgte eine Beschleunigung der Registerabläufe.
Ein weiterer Vorteil der elektronischen Bekanntmachung ist die Internationalisierung der Abrufbarkeit. Im Gegensatz zu der bisherigen Publizität in den überregionalen Börsenpflichtblättern[175] ist die jetzige Abrufbarkeit leichter möglich[176]. Weiterhin fällt das tägliche Durchsehen aller Zeitungen weg, sodass die Nutzung dieses Mediums einfacher wird.

b. Gesetzliche Grundlagen

Gemäß § 8a Abs. 2 S. 1 HGB werden die Landesregierungen ermächtigt, durch Rechtsverordnung nähere Bestimmungen über die elektronische Führung des Handelsregisters, die elektronische Anmeldung, die elektronische Einreichung von Dokumenten sowie deren Aufbewahrung zu treffen. Ausdrücklich besagt § 8a Abs. 2 S. 2 HGB, dass hierbei Einzelheiten der Datenübermittlung und die Form der zu übermittelnden elektronischen Dokumente geregelt werden können, um die Eignung für die Bearbeitung durch das Gericht sicherzustellen. Eine Übertragung dieser Ermächtigung auf die Landesjustizverwaltungen ist nach § 8a Abs. 2 S. 3 HGB möglich.

---

172 *Burgard* Die Offenlegung von Beteiligungen S. 41. Ähnlich bereits schon *Windbichler* CR 1988, 447.

173 *Seibert/Decker* NZG 2006, 2446 [2447]. Eine Auflistung zum Jahr der Umstellung (sortiert nach Bundesland) ist zu finden bei: Christ/Müller-Helle-*Müller-Helle* Veröffentlichungspflichten nach dem neuen EHUG S. 54.

174 Die Einsichtnahme in das Handelsregister geschah entsprechend ganz überwiegend dadurch, dass auf Antrag eine Kopie des Registerblatts bzw. der verlangten Schriftstücke postalisch übermittelt wurde (*Noack* EHUG S. 21 [22]).

175 Zu diesem Bekanntmachungsweg vgl. *Kap. D. VII. 1.*

176 *Beurskens* StuB 2001, 987; *Seibert/Decker* DB 2006, 2446 [2449].

Auf der 73. Justizministerkonferenz 2002 haben sich die Länder auf die Einführung einheitlicher Standards verständigt[177]. Diese Standards sind für die Unternehmen sehr vorteilhaft, da sie bei einer Handelsregistereintragung nicht nach den jeweiligen Vorhaben differenzieren müssen. Die Bedeutung dieser Vorgaben ergibt sich aus § 8a Abs. 1 HGB, der eine Handelsregistereintragung nur wirksam werden lässt, wenn sie in dem für das Handelsregister bestimmten Datenspeicher aufgenommen ist und auf Dauer inhaltlich unverändert in lesbarer Form wiedergegeben werden kann. Auf besondere Formerfordernisse wie etwa die Verwendung einer qualifizierten elektronischen Signatur wurde bewusst verzichtet, um die Unternehmen nicht mit neuem Bürokratieaufwand zu belasten[178]. Das Handelsregister besteht aus den zwei Abteilungen A und B[179]. In die Abteilung A werden nach § 3 Abs. 2 HRV die Einzelkaufleute, die in § 33 des Handelsgesetzbuchs bezeichneten juristischen Personen sowie die offenen Handelsgesellschaften, die Kommanditgesellschaften und die Europäischen wirtschaftlichen Interessenvereinigungen eingetragen. Gemäß § 3 Abs. 3 HRV werden in die Abteilung B die Aktiengesellschaften, die SE, die Kommanditgesellschaften auf Aktien, die Gesellschaften mit beschränkter Haftung und die Versicherungsvereine auf Gegenseitigkeit eingetragen.

3. Praktische Umsetzung

Die Umstellung des traditionellen Handelsregisters auf ein elektronisches Register ist in der Praxis aufgrund der föderalen Struktur der Bundesrepublik schwierig[180]. Im Ergebnis können 16 Bundesländer hier selbstständig tätig werden[181]. Jedoch sind 16 unterschiedliche Handelsregisterformate der Publizität nicht dienlich, da kein Aktionär noch bereit wäre sich in diese verschiedenen Systeme einzuarbeiten[182]. Zudem müsste der Aktionär sich erst informieren, in welchem Registersystem er Informationen über eine bestimmte Gesellschaft erhält. Fast kein Aktionär würde diesen Aufwand akzeptieren. Die Folge war das Fehlen der praktischen Akzeptanz der Handelsregister. Dem sollte in der praktischen Umsetzung entgegen gewirkt werden.

a. RegisSTAR

RegisSTAR wurde für die Führung der Handels-, Genossenschafts-, Partnerschafts- und Vereinsregister in den Bundesländern Baden-Württemberg, Bayern,

---

177 BT-Drucks. 16/960 S. 39.

178 *Seibert/Decker* DB 2006, 2446 [2447].

179 § 3 Abs. 1 HRV.

180 *Noack* AG 2003, 537 [543].

181 *Noack* EHUG S. 21 [35].

182 *Noack* NZG 2006, 801 [802]; *ders.* EHUG S. 21 [37] nennt diese Gefahr die "*föderale Zersplitterung*".

Hamburg, Hessen, Nordrhein-Westfalen, Saarland, Sachsen, Sachsen-Anhalt genutzt[183]. Das System wurde in Zusammenarbeit mit *Siemens Business Services* entwickelt[184] und im Oktober 2000 im AG Essen[185] das erste Mal genutzt. Neben dem AG Essen waren noch die Gerichte aus Düsseldorf und Köln als Pilotgerichte in Nordrhein-Westfalen beteiligt[186].

b. AUREG

Hierneben schlossen sich die Bundesländer Berlin, Brandenburg und Schleswig-Holstein in dem Entwicklungsverbund AUREG zusammen[187].

c. BLK

Durch die Verständigung auf der 73. Justizministerkonferenz 2002 der Bundesländer wurde sinnvollerweise die Möglichkeit eröffnet, dass die Länder ein einheitliches System verwenden. § 10 S. 1 2. HS HGB verweist auf § 9 Abs. 1 S. 4 HGB, wonach die Länder ein länderübergreifendes, zentrales elektronisches Informations- und Kommunikationssystem bestimmen können. Als ein solches zentrales länderübergreifendes Informations- und Kommunikationssystem wurde die Internetseite www.handelsregister.de eingerichtet, sodass für die Aktionäre die Möglichkeit zur bundesweiten Suche und Einsichtnahme besteht[188]. Ebenfalls im Hinblick auf die Anwendungssysteme und –voraussetzungen stimmten sich die Landesregierungen ab[189] und erließen entsprechend vergleichbare Rechtsverordnungen[190].

Für ein bundesweit einheitliches Erscheinungsbild der Register stimmten diese beiden Entwicklungsverbunde RegisSTAR und AUREG die Außenschnittstellen in Arbeitsgruppen der Bund-Länder-Kommission für Datenverarbeitung und Rationalisierung in der Justiz (BLK) ab[191]. Zur Vermeidung größerer organisato-

---

183 *Beurskens* StuB 2001, 987 [988]; *Gernoth* BB 2004, 837 [838]; HR-*Schemmann* Kap. B Rn 3; *Schemmann/Solveen* ZIP 2001, 1518; *Willer*, in: EHUG S. 45 [46].

184 *Noack* Infobase für Unternehmensdaten S. 29; *ders.* BB 2001, 1261 [1265].

185 Die Verfahrenspflegestelle für dieses System war daher auch beim AG Essen, Zweigertstr. 52 in 45130 Essen eingerichtet.

186 *Bergmann* K&R 2003, 228.

187 *Bergmann* K&R 2003, 228 [230]; *Beurskens* StuB 2001, 987 [988]; *Gernoth* BB 2004, 837 [838]; HR-*Schemmann* Kap. B Rn 3; *Schemmann/Solveen* ZIP 2001, 1518; *Scholz* EuZW 2004, 172 [174]; *Willer*, in: EHUG S. 45 [46].

188 *Willer*, in: EHUG S. 45 [47].

189 Christ/Müller-Helle-*Müller-Helle* Veröffentlichungspflichten nach dem neuen EHUG S. 39.

190 Eine Übersicht hierüber ist zu finden bei: *Christ/Müller-Helle* Veröffentlichungspflichten nach dem neuen EHUG S. 207 bis 209.

191 *Beurskens* StuB 2001, 987 [988]; *Dauner-Lieb/Linke* DB 2006, 767 [768]; HR-*Schemmann* Kap. B Rn 3; *Noack* BB 2001, 1261 [1265].

rischer Probleme bei einem nebeneinander von traditioneller und elektronischer Registerführung setzten die Justizverwaltungen für die Datenerfassung spezielle Scan-Verfahren und Schrifterkennungssoftware ein[192].

d. www.handelsregister.de

Zur Ausgestaltung des elektronisch verfügbaren Handelsregisters enthalten die europäischen Vorgaben nur wenige Angaben. Wichtig ist, dass die Eintragungen in einer Akte gebündelt sind. Hierbei muss es sich jedoch nicht um eine Printakte handeln, es kann sich auch um eine elektronische Datei handeln[193]. Hierbei ist weiterhin zu beachten, dass Datensicherheit, Gewissheit der Herkunft der Informationen, Zeitaufzeichnung und ein leichter Zugang der Endnutzer gewährleistet ist[194].

Gemäß § 8a Abs. 2 HGB sind die Landesregierungen ermächtigt, die elektronische Einreichung von Dokumenten zum Handelsregister durch Rechtsverordnung zu regeln. Die Kommunikation mit den Registergerichten erfolgt nach den Verordnungen über das elektronische Gerichtspostfach EGVP (Elektronisches Gerichts- und Verwaltungspostfach). Dieses ist unter www.egvp.de abrufbar. Die zur Übermittlung benötigte Software kann auf dieser Internetseite kostenfrei heruntergeladen werden. § 2 Abs. 4 S. 1 ERVV listet auf, in welchen Dateiformaten die Dokumente eingereicht werden können. Eine normale Mail ist zur Einreichung nicht geeignet[195].

Zu beachten ist, dass gemäß § 12 Abs. 1 S. 1 HGB Anmeldungen zur Eintragung in öffentlich beglaubigter Form einzureichen sind. Demnach ist zur Einreichung immer eine notarielle Mitwirkung erforderlich[196]. Auch dies widerspricht einer einfachen Einreichung, da auch hier letztendlich die Eintragungspflicht die Einreichung nicht selbst erledigen kann.

4. Vor 2007 eingereichte Dokumente

Erst ab dem 01. Januar 2007 müssen die Dokumente in elektronischer Form zum Handelsregister eingereicht werden und somit auch erst ab diesem Zeitpunkt für Interessenten in elektronischer Form erreichbar sein.

Teilweise werden bei den Registergerichten ein Teil dieser Dokumente eingescannt und in Dateien umgewandelt, um die elektronische Abrufbarkeit zu gewährleisten. Aus Kostengründen wird allerdings nicht der gesamte Altbestand

---

192 HR-*Schemmann* Kap. B Rn 4.

193 *Noack* EHUG S. 21 [24].

194 *Noack* EHUG S. 21 [25].

195 *Noack* EHUG S. 21 [32], der kritisiert, dass ein einfacher Zugang so vermieden worden ist.

196 *Noack* EHUG S. 21 [33].

digitalisiert[197]. Zu beachten ist allerdings, dass diese Digitalisierung auf freiwilliger Basis erfolgt. Grundsätzlich besteht keine Pflicht die vor dem 01. Januar 2007 eingereichten Dokumente elektronisch zu erfassen. Eine solche Pflicht besteht erst mit Stellung eines Antrages auf Übertragung bzw. elektronische Übermittlung nach Art. 61 Abs. 3 EGHGB oder § 9 Abs. 2 HGB. Die Kosten dieser Digitalisierung sind gemäß Nr. 5007 Gebührenverzeichnis Anlage zur Handelsregistergebührenverordnung (HRegGebV) von dem entsprechenden Antragssteller zu tragen. Sie betragen 2 EUR pro Seite und mindestens 25 EUR pro Auftrag. Jedoch fallen gemäß § 9 Abs. 2 HGB nur Dokumente unter diese Regelung, die weniger als zehn Jahre vor dem Zeitpunkt der Antragsstellung zum Handelsregister eingereicht worden sind, soweit sie nur in Papierform erfasst worden sind. Demzufolge handelt es sich bei § 9 Abs. 2 HGB letztendlich nur um eine Übergangsregelung bis zum Ende des Jahres 2016. Ab 2017 ist nur noch ein Abruf der elektronisch vorhandenen Dokumente möglich.
Dokumente, die nicht in die oben genannte Digitalisierungspflicht fallen, können aber gemäß § 9 Abs. 4 S. 2 HGB weiterhin bei den Registergerichten unmittelbar eingesehen und per Abschrift angefordert werden. Somit kann letztendlich die Digitalisierung des Handelsregisters als eine langfristige Angelegenheit angesehen werden. Möchte ein Aktionär einen historischen Überblick über die Eintragungen im Handelsregister zu einer Gesellschaft haben, so muss er sich letztendlich aufgrund der gesetzlichen Lage doch mit dem entsprechenden Register in Verbindung setzen. Nur die aktuelleren Informationen sind für ihn in digitalisierter Form erhältlich. Dies sind die seit 2007 in digitaler Form eingereichten Dokumente, sowie die Dokumente, die in den Jahren 1997 bis 2006 in Papierform eingereicht worden sind und entweder bereits digitalisiert worden sind oder für die noch ein Anspruch auf Digitalisierung besteht.

5. Konkurrenz des Handelsregisters

Mit Blick auf den Beschluss des BGH vom 12. Juli 1989[198] stellt sich die Frage, ob ein Unternehmen zu gewerblichen Zwecken den Inhalt des Handelsregisters verwerten darf.

a. BGH-Beschluss vom 12. Juli 1989

In dem zur Entscheidung dem BGH vorliegenden Fall wollte ein Unternehmen, dass *„gewerbsmäßig unter Verwertung der Vorteile elektronischer Datenverarbeitung einen Wirtschaftinformationsdienst“* betreibt, das gesamte Handelsregister der rund 440 Registergerichte durch Mikroverfilmung aufnehmen. Dieses

---

197 *Noack* EHUG S. 21 [37].

198 BGH, Beschluss vom 12. Juli 1989, Akz.: IVa ARZ (VZ) 9/88, BGHZ 108, 32 = BB 1989, 1635 = DB 1989, 1919 = GmbHR 1990, 369 = NJW 1989, 2818 = NJW-RR 1990, 51 = WM 1989, 1299 = ZIP 1989, 1120.

sollte mit Hilfsmittel und Personal des Unternehmens erfolgen. Ein entsprechender Antrag wurde vom Direktor des Amtsgerichts zurückgewiesen. Diese Entscheidung hat der BGH bestätigt und zugleich die Auffassung des Unternehmens, das sich in seinen Rechten aus § 9 HGB verletzt sah, abgelehnt. Der BGH folgte dieser Ansicht[199] und führte aus, dass ein solches Projekt nur mit einer entsprechenden Grundsatzentscheidung des Gesetzgebers möglich sei. Ansonsten fehle die gesetzliche Grundlage für ein solches zentrales Handelsregister.

b. Aktuelle Rechtsansicht

Dieses Verständnis überrascht in der heutigen Zeit, denn inzwischen wird eine effiziente Publizität gefordert[200]. Durch die europäische Ebene wurde sogar ein Wettbewerb zwischen verschiedenen Bekanntmachungsmedien geschaffen. Heutzutage stellt sich deshalb die Frage, ob wirklich private Datenbanken nur beschränkt neben dem Handelsregister bestehen dürfen. Hierfür würde zunächst die Rechtsauffassung des Rechtsausschusses stehen. Dieser möchte den Totalabruf oder den massenhaften Zugriff auf die Datenbanken einschränken, um eine absichtliche Lahmlegung des Registers oder die Übertragung von Software-Viren zu vermeiden[201].

Ein weiteres Argument für den besonderen Schutz des amtlichen Registers ist zudem die mit dem Handelsregister verbundene staatliche Richtigkeitsgewähr und der Gutglaubensschutz gemäß § 15 HGB[202].

Dieses Verständnis wurde jedoch kritisiert[203]. Bereits 1989/1990 sprach sich ein Großteil der Literatur gegen das vom BGH im oben genannten Urteil vertretene Rechtsverständnis aus[204]. *Gustavus* riet dem BGH sogar ausdrücklich zur wesentlich eingehenderen Auseinandersetzung mit dem Publizitätszweck der 1. EG-Richtlinie von 1968[205]. Auch unterinstanzliche Gerichte entschieden teilweise anders als der BGH in seinem Beschluss vom 12. Juli 1989[206].

---

199 Diese sind auszugsweise innerhalb der Beschlussbegründung (u.a. BGHZ 108, 32 [37f.]) abgedruckt.

200 Zur Effektivität von Informationsnormen: *Meier-Schatz* Wirtschaftsrecht und Unternehmenspublizität S. 110f.

201 BT-Drucks. 14/7348 S. 28.

202 *Noack* NZG 2006, 801 [802]; *ders.* EHUG S. 21 [27].

203 Aktuelle Kritik kommt beispielsweise von *Dauner-Lieb/Linke* DB 2008, 767 [770].

204 *Burgard* Die Offenlegung von Beteiligungen S. 37f.; *Dauner-Lieb/Linke* DB 2008, 767 [770]; *Gustavus* GmbHR 1990, 197; *Merkt* Unternehmenspublizität S. 427; *Müller* CR 1992, 71 [73]; *Noack* BB 2001, 1261 [1263].

205 GmbHR 1990, 197 [198].

206 OLG Köln, Beschluss vom 20. Februar 1991, Akz.: 2 Wx 68/90, BB 1991, 861 = CR 1991, 289 GmbHR 1991, 424 = NJW-RR 1991, 1255 = WM 1991, 1613; OLG Hamm, Beschluss vom 17. Januar 1991, Akz.: 15 W 482/90, CR 1991, 278 = NJW-RR 1991,

Aktuell sollte man entsprechend dem Urteil des LG Deggendorf zwischen den einzelnen Funktionen differenzieren[207]. Die Richtigkeitsgewähr des amtlichen Registers und der Gutglaubensschutz des § 15 HGB müssen vor potentiellen Verwechslungsgefahren geschützt werden. Dies bedeutet, dass der Aktionär bei der Nutzung privater Datenbanken merken muss, dass er keine amtliche Quelle nutzt. Diese Verwechslungsgefahr kann daher durch unterschiedliche Namensbezeichnungen und darüber hinaus gehende Nutzerhinweise vermieden werden. Der Aktionär muss nur wissen, dass Anknüpfungspunkt für den Gutglaubensschutz ausschließlich das Handelsregister ist[208]. Ein Verbot privater Datenbanken ist nicht erforderlich.

Im Hinblick auf eine effiziente Publizität sind private Datenbanken sogar förderlich. Gerade das Handelsregister wird oft als schwerfällig und wenig wirksam beschrieben[209]. Viele Unternehmer verzichten auf einen Einblick in das Handelsregister vor Abschluss von Handelsgeschäften. Jedoch können materiellrechtliche Publizitätsvorschriften nur praktisch sinnvoll sein, wenn die Publizitätsmedien geeignet und genutzt werden[210]. Die privaten Datenbanken stellen hier eine gute Alternative dar. Insbesondere sollte dieses Verhältnis funktional betrachtet werden: Durch die Auswertung des staatlichen Registers durch private Datenbanken tritt gerade eine Verbesserung der Wirksamkeit der Registerpublizität und somit eigentlich auch die bestimmungsgemäße Nutzung Somit kann festgehalten werden, dass private Datenbanken nur bei der Informationsverbreitung in einem Konkurrenzverhältnis zum staatlichen Unternehmensregister stehen[211]. Dies ist jedoch wünschenswert, denn hierdurch können letztendlich die Mängel der staatlichen Datenbanken behoben werden und für eine bessere Verwertung und Verbreitung des Registerinhalts durch private Multiplikatoren und somit für eine Steigerung der Effizienz der Publizität in höchsten

1256. Das AG Karlsruhe entschied in seinem Beschluss vom 06. August 1990, Akz.: AR 333/90, ebenso wie der BGH in dem dargestellten Beschluss (vgl. GmbHR 1991, 201).

207 LG Deggendorf, Beschluss vom 23. Februar 1998, Akz.: 1 KLs 13 Js 7690/96, WRP 2000, 659. Vgl. auch *Noack* NZG 2006, 801 [802].

208 *Noack* EHUG S. 21 [27]. Vgl. *Hirte* CR 1990, 631 [634], der eine vergleichbare Situation beim Schönfelder sieht. Auch hier werden die Informationen (Gesetze) verbreitet, jedoch weiß jeder Nutzer, dass der Schönfelder nicht unbedingt die aktuelle Gesetzeslage darstellt. Zustimmend auch *Müller* CR 1992, 71 [73].

209 Vgl. hierzu auch *Merkt* Unternehmenspublizität S. 207, der in der privaten Konkurrenz ein Indiz für eine beachtenswerte Nachfrage nach den im Handelsregister gespeicherten Daten sieht.

210 *Müller* CR 1992, 71 [75]. Vgl. zudem *Kap. B. II. 4.*

211 *Müller* CR 1992, 71 [73].

Maß gesorgt werden[212]. Das Konkurrenzverhältnis ist daher als ein Kumulativverhältnis zu sehen[213].

Demzufolge sind private Datenbanken bereits jetzt, insbesondere mit Blick auf das TUG bzw. die (Transparenz-) RL 2004/109/EG, neben dem staatlichen Handelsregister zuzulassen und in der Weise zu fördern, dass ein Totalabruf der Datenbank möglich ist[214]. Die Kosten für diesen Abruf sollten hierbei von den Betreibern der privaten Datenbanken getragen werden. Dies war jedoch, auch in den oben aufgeführten Fällen, nie strittig.

6. Europäisches Handelsregister

Die bisher erfolgte Umstrukturierung des Handelsregisters als ein nach außen – für den Nutzer – scheinbar das gesamte Bundesgebiet umfassendes System ist in der Literatur nur als ein Zwischenschritt angesehen worden[215]. Das gewünschte Ziel ist ein europäisches Handelsregister[216]. Hierbei ist nicht unbedingt ein Register erforderlich. Vielmehr reicht ein Metaregister, wie das Unternehmensregister strukturiert ist, vollkommen aus[217]. Einen solchen Weg scheint ansatzweise mit dem European Business Register unter www.ebr.org bereits gewählt worden sein. Seit 1992 wird an dem Aufbau dieser Datenbank gearbeitet[218]. Diese Datenbank verbindet verschiedene nationale Datenbanken als Suchmaske. Allerdings entsteht diese Datenbank aktuell auf freiwilliger Basis mit Unterstützung zweier Europäischer Kommissionen. Die freiwillige Basis wird insbesondere durch die mangelnde Umfassendheit dieser Datenbank deutlich. Aus Deutschland zum Beispiel ist nur der Bundesanzeiger als Informationsanbieter („information provider") an dem Projekt European Business Register beteiligt.

7. Notwendigkeit der Handelsregistereinsicht

Bei Beachtung dieser genannten Abläufe stellt sich die Frage, warum es noch das Einsichtsrecht in das Handelsregister nach § 9 HGB gibt. Im Internet wird klar zwischen dem Handelsregister unter www.handelsregister.de und dem entsprechenden Bekanntmachungen unter www.handelsregisterbekanntmachungen.de[219] differenziert. Seit dem 01. Januar 2002 können die Handelsregister-

---

212 *Dauner-Lieb/Linke* DB 2008, 767 [769].

213 *Leible* ZHR 162 (1998), 594 [615f.]; *Merkt* Unternehmenspublizität S. 429; *Müller* CR 1992, 71 [73].

214 So bereits schon *Hirte* CR 1990, 631 [634] m.w.N.; *Müller* CR 1992, 71 [75]; *Noack* ZGR 1998, 592 [606].

215 *Büche* Die Pflicht zur Ad-hoc-Publizität S. 236.

216 *Bergmann* K&R 2003, 228 [230]; *Schmidt-Kessel* GPR 2006, 6 [9].

217 So auch *Beurskens* StuB 2001, 987 [988].

218 *Noack* ZGR 1998, 592 [607]; *ders.* Infobase für Unternehmensdaten S. 32; *ders.* BB 2001, 1261 [1266].

219 Vergleiche hierzu das folgende *Kap. D. IV.*

daten auch über das Unternehmensregister eingesehen werden. Zwar ist das Unternehmensregister nur als Metaregister angelegt, d.h. es stellt nur den Zugang dar und beinhaltet die entsprechenden Informationen nicht selbst, jedoch ist fraglich, warum für die Einsicht in bestimmte Daten zwei Zugangswege angeboten werden. Es würde vollkommen ausreichen, die Einsicht in das Handelsregister über das Unternehmensregister laufen zu lassen. Die aktuellen Informationen werden bereits über www.handelsregisterbekanntmachungen.de verbreitet. Problematisch wäre hier noch das kostenlose Vor-Ort-Einsichtsrecht.
Hier sollte der Gesetzgeber noch einmal aktiv werden, denn Transparenz bedeutet nicht nur alle Informationen zu verbreiten, sondern auch die Informationsmöglichkeiten zumindestens akzeptabel zu gestalten[220]. Hierzu gehört sicherlich die Minimierung möglicher Informationsquellen und –wege. Daher sollte das Einsichtsrecht in das Handelsregister zugunsten des Unternehmensregisters abgeschafft werden.

8. Tab. 2: Informationen des Handelsregisters

§ 36 Abs. 1 AktG	Gesellschaft ist zur Eintragung in das Handelsregister anzumelden; Inhalt der Anmeldung ergibt sich aus § 37 AktG; gemäß § 37 Abs. 5 AktG gilt für die Einreichung von Unterlagen nach dem AktG § 12 Abs. 2 HGB entsprechend
§ 39 AktG	Inhalt der Eintragung
§ 45 Abs. 1 AktG	Anmeldung der Sitzverlegung beim bisherigen Gericht
§ 52 Abs. 6 AktG	Anmeldung des Vertrages zur Nachgründung
§ 73 Abs. 2 S. 3 AktG	Kraftloserklärung von Aktien
§ 81 Abs. 1 AktG	jede Änderung des Vorstandes oder der Vertretungsbefugnis eines Vorstandsmitgliedes
§ 106 AktG	Bekanntmachung der Änderungen im Aufsichtsrat
§ 106 AktG	(aktuelle) Liste der Personen der Aufsichtsratsmitglieder
§ 181 Abs. 1 S. 1 AktG	Satzungsänderung
§ 184 AktG	Anmeldung des Beschlusses zur Erhöhung des Grundkapitals
§ 188 Abs. 1 AktG	Durchführung der Erhöhung des Grundkapitals
§ 195 AktG	Beschluss über die bedingte Kapitalerhöhung
§ 201 AktG	Anmeldung der Ausgabe von Bezugsaktien
§ 207 AktG	Erhöhung des Grundkapitals durch Umwandlung
§ 210 AktG	Anmeldung des Beschlusses

220 Vergleiche hierzu den Grundsatz der einfachen Verwertbarkeit der Information (*Kap. B. IV. 2.*).

IV. Bekanntmachung des Handelsregisters

Gemäß § 10 S. 1 HGB werden Eintragungen in das Handelsregister auf einer Internetseite bekannt gegeben. Die Länder haben sich darauf verständigt, dies zentral über www.handelsbekanntmachungen.de abzuwickeln[221]. Die Einsicht ist kostenfrei. Es ist sehr erfreulich, dass die Länder von einer weiteren Zersplitterung der Bekanntmachungsorte abgesehen haben und nicht 16 eigenständige Internetseiten (jeweils eine pro Bundesland) geschaffen haben. Die Rechtsfolge der Handelsregisterbekanntmachung ist immer vorhanden gewesen, jedoch wurde die Art und Weise der Bekanntmachung geändert. Vor der Bekanntmachung auf einer Internetseite wurde beispielsweise im Bundesanzeiger und einem weiteren Blatt veröffentlicht[222].

Zu Recht weist *Noack* daraufhin, dass die Bekanntmachung von Handelsregistereintragungen gemäß § 10 HGB überflüssig ist[223]. Inzwischen erfolgt diese Bekanntmachung parallel zur gleichwertigen Bekanntmachung über die Internetseite www.handelsregister.de. Früher als das Handelsregister noch dezentral in Printform geführt wurde, war eine zusätzliche Bekanntmachung notwendig, jedoch ist dies aufgrund der technischen und rechtlichen Entwicklung nicht mehr nötig. Anzupassen wäre nur der § 15 HGB[224].

V. Elektronischer Bundesanzeiger

Ein weiteres Bekanntmachungsmedium ist der Bundesanzeiger, der zunächst als Printmedium und jetzt in elektronischer Form herausgegeben wird. Herausgeber ist das Bundesministerium der Justiz. Als Beliehener übernimmt diese Aufgabe die Bundesanzeiger Verlagsgesellschaft mbH[225]. Seit Ende 2006 gehört diese nunmehr komplett der Verlagsgruppe M. DuMont Schauberg[226]. Der Bund hatte seine Gesellschaftsanteile[227] 1998 in Höhe von 34,90 Prozent[228] und 2006 in Höhe von 35,10 Prozent verkauft[229].

---

221 Christ/Müller-Helle-*Müller-Helle* Veröffentlichungspflichten nach dem neuen EHUG S. 19. Zu den Bekanntmachungsregelung von Handelsregistereinträgen in den anderen europäischen Staaten vgl. die Auflistung von *Seibert*, in: *Noack/Spindler* Unternehmensrecht und Internet S. 89ff.

222 Vgl. u.a. die Fassung dieser Vorschrift vom 01. Januar 1964, die bis zum 31. Dezember 2006 gültig war.

223 *Noack* notar 2005, 14 [18]. Diese Kritik bereits angedeutet in *Noack* AG 2003, 537 [546].

224 *Noack* notar 2005, 14 [18].

225 Amsterdamer Straße 9 in 50735 Köln, www.bundesanzeiger.de.

226 Amsterdamer Straße 192 in 50735 Köln.

227 Der Bund besaß vom Stammkapital in Höhe von 6 Mio. DM an der Bundesanzeiger Verlagsgesellschaft mbH einen Anteil von 70 Prozent in Höhe von 4,2 Mio. DM (vgl. BT-Drucks. 12/6889 S. 4).

1. Bundesanzeiger als Printausgabe

Der Bundesanzeiger ist der Nachfolger des „Öffentlichen Anzeiger für das Vereinigte Wirtschaftsgebiet“[230], welcher wiederum der Nachfolger des „Deutschen Reichsanzeigers“ war[231]. In der Bekanntmachung vom 17. Mai 1950[232] wurden die meisten Bekanntmachungen auf den Bundesanzeiger konzentriert[233].

Neben amtlichen Veröffentlichungen (Verkündungen und Bekanntmachungen) des Bundes und vor allem der Bundesministerien und weiteren Bundesbehörden ist der "Bundesanzeiger" Pflichtorgan für gerichtliche, gesellschaftsrechtliche und kapitalmarktrechtliche Bekanntmachungen sowie für die gesetzlich vorgeschriebene Veröffentlichung der Rechnungslegungsunterlagen aller offenlegungspflichtigen Unternehmen. Er dient damit als wesentliche Informationsquelle für die Verwaltung und den an Rechts- und Wirtschaftsinformationen interessierten Kreisen.

Bis zum 31. Dezember 2008 wurde gemäß den Übergangsvorschriften, wie Art. 61 EGHGB, noch in der Printausgabe des Bundesanzeigers publiziert. Eigentlich war dieses Mediums zur Bekanntmachung mit Inkrafttreten des EHUG

---

228 32,45 Prozent der 34,90 Prozent wurden zunächst an die Keppler, Lehmann GmbH & Co. KG verkauft. Diese verkaufte jedoch 2006 – also in demselben Jahr wie der Bund – diesen Anteil an die Verlagsgruppe M. DuMont Schauberg.

229 BMF Bericht „Privatisierung von Bundesunternehmen – Unmittelbare Beteiligungsunternehmen des Bundes“ S. 2, 5 (Stand: Juli 2008).

230 Vgl. *Adenauer/Dehler* Öffentlicher Anzeiger für das Vereinigte Wirtschaftsgebiet 1949, Nr. 87, S. 1. Hiernach wurde der Bundesanzeiger als Verkündungs- und Bekanntmachungsblatt durch Beschluss der Bundesregierung eingerichtet. Der Bundesanzeiger als solcher und zugleich als öffentlicher Anzeiger für das Vereinigte Wirtschaftsgebiet erschien in dieser doppelten Funktion bis zur Ausgabe Nr. 167 am 31. August 1950. Grund für diese Übergangsphase war die benötigte Zeit, um die dem Öffentlichen Anzeiger für das Vereinigte Wirtschaftsgebiet übertragenen Verkündungs- und Bekanntmachungsbefugnisse auf den Bundesanzeiger überleiten zu können. Ab der Ausgabe Nr. 168 vom 1. September 1950 erschien der Bundesanzeiger nur noch als solcher.

231 Der Öffentliche Anzeiger für das Vereinigte Wirtschaftsgebiet beruht auf dem Gesetz des Wirtschaftsrates betreffend die Bekanntmachungen über Wertpapiere und in Handelssachen vom 22. Juni 1948 (GVBl. Nr. 11, S. 53). Des Weiteren vgl. *Köhler/Pünder* Vorwort zur ersten Ausgabe des Öffentlichen Anzeigers für das Vereinigte Wirtschaftsgebiet 1948, S. 1, sowie die Begründung zum Gesetz über das Rechtsamt der Verwaltung des Vereinigten Wirtschaftsgebietes, in welcher der historische Ablauf vom Deutschen Reichsanzeiger über die „Allgemeine Verlosungstabelle“ und der „Sammelliste aufgerufener Wertpapiere“ hin zum Öffentlichen Anzeiger für das Vereinigte Wirtschaftgebiet dargestellt wird.

232 BGBl. I S. 183.

233 *Burgard* Die Offenlegung von Beteiligungen S. 34 und *Seibert* NZG 2002, 608 [609] bezeichnen den Bundesanzeiger sogar als das amtliche Publikationsorgan der Bundesrepublik Deutschland.

am 01. Januar 2007 entbehrlich[234], allerdings wurde aufgrund des erbitterten Widerstands von manchen Personengruppen, insbesondere der Zeitungsverleger, eine zweijährige Übergangsfrist normiert, in der der Bundesanzeiger neben den überregionalen Börsenblättern weiterhin als Medium zur Bekanntmachung bestehen blieb. Allerdings ergaben sich gemäß Art. 61 Abs. 4 S. 4 EGHGB keine Rechtsfolgen mehr aus dieser Bekanntmachung. Daher wurde diese Übergangsregelung auch stark kritisiert[235].

2. Tab. 3: quantitativer Umfang des Bundesanzeigers (Printausgabe)

Trotzdem ist die Aufgabe des Bundesanzeigers in der Printausgabe als Medium zur Bekanntmachung zu begrüßen. Aufgrund der technischen Entwicklung der letzten Jahre, sind viele herkömmliche Informationsverbreitungskanäle, wie zum Beispiel die Printmedien, in zeitlicher Hinsicht das letzte Glied in der Informationskette[236]. Betrachtet man zudem die Entwicklung des quantitativen Umfangs der Ausgaben und der Seiten, so stellt man eine starke Steigerung fest. Während 1949 der Bundesanzeiger zweimal in der Woche[237] mit einem Umfang von circa 12 DIN-A3-Seiten erschien, betrug im Rekordjahr 2002 die Seitenanzahl im Durchschnitt 111 DIN-A3-Seiten pro Ausgabe, wobei der Bundesanzeiger grundsätzlich von Dienstag bis Samstag/Sonnabend[238] – insgesamt 242mal im Jahr 2002 – erschien. Die unten dargestellte Tabelle zeigt, dass diese Zahlen für 2002 keine Ausnahme waren, sondern nur die Spitze der steigenden quantitativen Entwicklung des Bundesanzeigers. Eine tägliche Durchsicht dieser Bundesanzeigerseiten erfolgte in der Praxis meist nicht[239]. Dieses Medium zur Bekanntmachung hatte sich somit in den letzten circa sechzig Jahren letztendlich nicht durchgesetzt. Eine Anpassung war dringend erforderlich.

Jahr	**Anzahl der**		**Jahresdurchschnitt**
	Ausgaben	**Seiten**	**Seiten pro Ausgabe**
1982	244	13.172	54
1983	245	13.800	56
1984	243	14.248	59

234 Vgl. hierzu *Noack* FS Eisenhardt S. 475 [474].

235 *Noack* AG 2003, 537 [546]; *ders.* FS Eisenhardt S. 475 [478]. Bereits 2003 deutet *Noack* an, dass eine Bekanntmachung in den Printmedien parallel zu einer elektronischen Bekanntmachung mittels dem Internet nicht sinnvoll ist (vgl. *Noack* AG 2003, 537 [546]).

236 *Schilling* Informationen zum Kapitalmarkt im Internet S. 1.

237 Jeden Mittwoch und Samstag/Sonnabend.

238 Bis 2007. Im Jahre 2008 erschien der Bundesanzeiger nur Dienstag bis Freitag.

239 Diesbezügliche Zahlen liefert *Noack* Elektronische Unternehmenspublizität S. 6; *ders.* AG 2003, 537 [538]. Hauptsächlich Unternehmen, Behörden, Gerichte und Kanzleien bezogen den Bundesanzeiger. Die Anzahl der privaten Bezieher lag gerade einmal bei 300 Personen.

1985	241	15.460	64
1986	241	17.448	72
1987	244	16.684	68
1988	245	5.524	23
1989	244	5.984	25
1990	240	6.860	29
1991	240	8.420	35
1992	245	9.796	40
1993	246	11.184	45
1994	246	12.684	52
1995	245	13.008	53
1996	243	13.468	55
1997	243	15.276	63
1998	246	17.960	73
1999	248	21.116	85
2000	245	24.204	99
2001	242	25.568	107
2002	242	26.760	111
2003	243	26.204	108
2004	249	24.784	100
2005	248	17.510	71
2006	245	7.508	31
2007	242	8.448	35
2008	198	4.815	24
2009	198	4.610	23

3. Elektronische Fassung

Zur Stärkung des Mediums zur Bekanntmachung Bundesanzeiger wurde dieser ab dem 01. Januar 2007 elektronisch geführt. Gerade die Grundsätze der aktuellen Information und der internationalen Informationsverbreitung werden hierdurch gefördert. Statt wie die Printausgabe von Dienstag bis Samstag/Sonnabend erscheinen Bekanntmachungen im elektronischen Bundesanzeiger von Montag bis Freitag. Hierbei wird der elektronische Bundesanzeiger ebenfalls in die Rubriken (Amtlicher Teil, Nichtamtlicher Teil, Gesellschaftsbekanntmachungen, Rechnungslegung und verschiedene Bekanntmachungen) untergliedert.

Einerseits wurde diese Umstellung sehr befürwortet. Andererseits wurde sogar angeführt, dass durch eine ausschließliche Umstellung auf elektronische Medien die Informationsbeschaffung von einer Bring- zu einer Holschuld umgewandelt wird[240].

4. Tab. 4: Informationen des elektronischen Bundesanzeigers

Insbesondere das AktG ordnet neben dem Handelsregister den elektronischen Bundesanzeiger als zweite tragende Veröffentlichungssäule ein. In verschiedenen Vorschriften des AktG wird festgelegt, dass die Bekanntmachung über die Gesellschaftsblätter zu erfolgen hat. § 25 S. 1 AktG bestimmt, dass unter Gesellschaftsblättern der elektronische Bundesanzeiger zu verstehen ist. Warum in den verschiedenen Vorschriften nicht bereits vom elektronischen Bundesanzeiger, sondern abstrakt nur von den Gesellschaftsblättern gesprochen wird, ergibt sich aus § 25 S. 2 AktG. Hiernach kann die Satzung andere Blätter oder elektronische Informationsmedien als Gesellschaftsblätter bezeichnen. Hierdurch sollen insbesondere kleinere Aktiengesellschaften auf die Bedürfnisse ihrer Aktionäre eingehen können und sich neben dem elektronischen Bundesanzeiger eine individuelle Lösung schaffen können.

§ 20 Abs. 6 AktG	Eine Aktiengesellschaft hat in den Gesellschaftsblättern bekannt zu geben, wenn ein anderes Unternehmen an der Aktiengesellschaft eine Beteiligungshöhe von 25 Prozent nach § 20 Abs. 1 AktG oder von 50 Prozent nach § 20 Abs. 4 AktG über- oder unterschreitet. Die Bekanntmachung hat unverzüglich nach Mitteilung durch das andere Unternehmen zu erfolgen.
§ 30 Abs. 3 S. 2 AktG	Zusammensetzung des Aufsichtsrats
§ 63 Abs. 1 S. 2 AktG	Aufforderung zur Einlagenzahlung
§ 64 Abs. 3 S. 1 AktG	Ausschluss säumiger Aktionäre
§ 73 Abs. 2 S. 3 AktG	die Kraftloserklärung von Aktien durch die Gesellschaft
§ 97 Abs. 1 S. 1 AktG	Bekanntmachung über die unrichtige Zusammensetzung des Aufsichtsrats
§ 124 Abs. 1 S. 1 AktG	Einberufung der Hauptversammlung
§ 127a AktG	Aktionärsforum
§ 149 AktG	Bekanntmachungen zur Haftungsklage
§ 161 AktG	Erklärungen zum Corporate Governance Kodex
§ 183a Abs. 2 S. 1 AktG	Datum des Beschlusses über die Kapitalerhöhung sowie die Angaben nach § 37a Abs. 1 und 2 AktG
§ 186 Abs. 2 S. 1 AktG	Ausgabebetrag oder Grundlagen für seine Festlegung in den Gesellschaftsblättern bekannt zu machen
§ 214 AktG	Aufforderung an die Aktionäre

240 *Dauner-Lieb/Linke* DB 2008, 767 [768].

§ 221 Abs. 2 S. 3 AktG	Hinweis auf die beim Handelsregister hinterlegten Beschluss über die Ausgabe der Wandelschuldverschreibungen sowie der Erklärung über deren Ausgabe
§ 226 AktG	Kraftloserklärung von Aktien
§ 246 Abs. 4 S. 1 AktG	Erhebung der Anfechtungsklage und deren Termin zur mündlichen Verhandlung
§ 259 Abs. 5 AktG	abschließende Feststellungen der Sonderprüfer
§ 267 S. 3 AktG	Aufforderung zur Anmeldung von Ansprüche gegen die abzuwickelnde Gesellschaft
§ 51 BörszulV	Zulassung von Wertpapieren zum Handel an einer Börse
§ 325 HGB	Einreichung folgender Unterlagen[241]: Jahresabschluss, Bestätigungsvermerk oder dem Vermerk über dessen Versagung, Lagebericht, Bericht des Aufsichtsrats, die nach § 161 AktG vorgeschriebene Erklärung, Vorschlag für die Verwendung des Ergebnisses und der Beschluss über seine Verwendung unter Angabe des Jahresüberschusses oder Jahresfehlbetrages
§ 45 Abs. 1 InvG	Jahres- und Halbjahresbericht
§ 45 Abs. 2 InvG	Auflösungsbericht
§ 19 S. 1 MitbestG	Bekanntmachung der Mitglieder des Aufsichtsrates
§ 6 Abs. 1 S. 4 SpruchG	Bestellung des gemeinsamen Vertreters im Spruchverfahren[242]
§ 14 SpruchG	Rechtskräftige Entscheidung im Spruchverfahren
§ 62 Abs. 3 S. 2ff. UmwG	Hinweis auf die Verschmelzung[243]
§ 231 S. 2 UmwG	Mitteilung des Abfindungsgeldes
§ 267 Abs. 1 S. 1 UmwG	Benachrichtigung der Anteilsinhaber
§§ 268 Abs. 1 S. 1, 267 Abs. 1 S. 1 UmwG	Aufforderung an die Aktionäre
§ 30b Abs. 1 S. 1 WpHG	Einberufung der Hauptversammlung einschließlich der Tagesordnung, die Gesamtzahl der Aktien und Stimmrechte im Zeitpunkt der Einberufung der Hauptversammlung und die Rechte der Aktionäre bezüglich der

241 Umfangreich hierzu u.a. Christ/Müller-Helle-*Christ* Veröffentlichungspflichten nach dem neuen EHUG S. 94ff.

242 § 6 Abs. 1 S. 5 schreibt entsprechend der Satzung der jeweiligen AG gegebenenfalls noch weitere Blätter vor.

243 Der umwandlungsrechtliche Begriff „Gesellschaftsblätter" ist wie der aktienrechtliche Begriff in § 25 AktG zu verstehen (Lutter/Winter-*Grunewald* § 62 Rn 10).

	Teilnahme an der Hauptversammlung (Nr. 1) sowie Mitteilungen über die Ausschüttung und Auszahlung von Dividenden, die Ausgabe neuer Aktien und die Vereinbarung oder Ausübung von Umtausch-, Bezugs-, Einziehungs- und Zeichnungsrechten (Nr. 2)
§ 39b Abs. 2 WpÜG	Hiernach muss der Antrag auf Ausschluss nach § 39a WpÜG (kapitalmarktrechtlicher squeeze-out) in den Gesellschaftsblättern bekannt gemacht werden. Nach allgemeiner Auffassung ist die Rechtsfolge „Gesellschaftsblätter" wie in § 25 AktG zu verstehen[244].
§ 39b Abs. 3 S. 2 WpÜG	Beschluss auf Ausschluss nach § 39a WpÜG
§ 39b Abs. 4 S. 2 WpÜG	Entscheidung ohne Gründe in den Gesellschaftsblättern bekannt zu machen; auch hier ist Rechtsfolge „Gesellschaftsblätter" wie in § 25 AktG zu verstehen[245]

VI. Elektronisches Informationsmedium

Das elektronische Informationsmedium ist ein eher nebensächliches Veröffentlichungsmedium[246]. Erwähnt ist das elektronische Informationsmedium in den §§ 25 S. 2, 186 Abs. 2 S. 2 AktG. Zum 25. Januar 2001 wurde das elektronische Informationsmedium in § 25 S. 2 AktG als weiteres freiwilliges Gesellschaftsblatt eingeführt[247]. Durch eine Neufassung[248] des § 186 Abs. 2 AktG zum 26. Juli 2002 ist das elektronische Informationsmedium als ein Pflichtveröffentlichungsmedium in das AktG eingeführt worden. Obwohl beide Vorschriften die gleiche Formulierung verwenden, ist die praktische Umsetzung der Rechtsfolgen unterschiedlich zu beurteilen.

1. § 25 S. 2 AktG

Nach § 25 S. 2 AktG ist in der Satzung individuell für die Aktiengesellschaft festzulegen, ob ein elektronisches Informationsmedium neben den Gesellschaftsblättern verwendet wird und welche Internetseiten als elektronisches Informationsmedium für die Gesellschaft bestimmt wird. Praktische Probleme in der Umsetzung dieses Bekanntmachungsweges ergeben sich voraussichtlich da-

---

244 FK-*Schüppen/Tretter*, 3. Aufl., 2008, § 39b Rn 8.

245 FK-*Schüppen/Tretter*, 3. Aufl., 2008, § 39b Rn 8.

246 Vgl. *Noack* Elektronische Unternehmenspublizität S. 9.

247 Art. 1 Nr. 1 des Gesetzes zur Namensaktie und zur Erleichterung der Stimmrechtsausübung (Namensaktiengesetz – NaStraG) vom 18. Januar 2001 (BGBl. I S. 123).

248 Art. 11 Nr. 22 des Gesetzes zur weiteren Reform des Aktien- und Bilanzrechts, zu Transparenz und Publizität (Transparenz- und Publizitätsgesetz) vom 19. Juli 2002 (BGBl. I S. 2681).

her nicht, da die neu aufzunehmenden Satzungsregeln entsprechende Regelungen beinhalten werden.

2. § 186 Abs. 2 S. 2 AktG

In § 186 Abs. 2 S. 2 AktG ist eine solche Festlegung jedoch nicht vorgesehen. D.h. das elektronische Informationsmedium ist ein unbestimmter, sehr allgemeiner Begriff. *Hüffer*[249] bezweifelt zu Recht den Sinn dieses Mediums zur Bekanntmachung, da dieses neben den elektronischen Bundesanzeiger tritt. Praktisch ist im Rahmen des § 186 Abs. 2 S. 2 AktG fraglich, welche Medien als elektronisches Informationsmedium einzuordnen sind.

a. Bestimmung durch Satzung

Hat die Satzung vom § 25 S. 2 AktG Gebrauch gemacht und eine entsprechende Bestimmung vorgenommen, so kann man im Rahmen der Auslegung auf diese Satzungsbestimmung zurückgreifen.

b. Abstrakte Bestimmung

Jedoch wird nicht jede Aktiengesellschaft die Bestimmungsmöglichkeit des § 25 S. 2 AktG nutzen. *Noack* rät sogar ausdrücklich von der Nutzung dieser Festlegung ab, um „*unnötige*" Anfechtungsgründe zu vermeiden[250]. Fraglich ist, wie abstrakt ein elektronisches Informationsmedium bestimmt werden kann. Ob der pauschale Verweis auf das Internet ausreicht, ist mehr als fraglich[251]. Zwar ist das Internet ein elektronisches Informationsmedium. Fraglich sind jedoch die weiteren Medien, die unter diese Rechtsfolge subsumiert werden können. In der Regel wird hierzu auf eine Bekanntmachung auf der Internetseite der Aktiengesellschaft verwiesen[252]. Die Praxis folgt dieser allgemeinen Auffassung um keine anfechtungsbegründenden Fehler zu produzieren.
Zudem soll nach einer Erläuterung durch den zuständigen Referenten im Bundesjustizministerium *Seibert* "*auch das Verbreitungssystem einer Nachrichtenagentur - ähnlich den Ad-hoc-Mitteilungen*" ein elektronisches Informationsmedium sein[253]. Nach *Noack*[254] kann bei nicht börsennotierten Aktiengesellschaften oder bei börsennotierten Gesellschaften, die den Kodex insoweit nicht befolgen, die Verbreitung durch Finanzintermediäre, die ein solches elektronisches Sys-

---

249 *Hüffer* § 186 Rn 19a; *Noack* Elektronische Unternehmenspublizität S. 9.

250 *Noack* NZG 2001, 1057 [1058]; Infobase für Unternehmensdaten S. 17.

251 *Noack* AG 2003, 537 [539]; *ders.* Elektronische Unternehmenspublizität S. 9.

252 *Hüffer* § 186 Rn 19a; Bürgers/Körber-*Marsch-Barner* § 186 Rn 17. So wahrscheinlich auch MüKo-*Peifer* § 186 Rn 47. *Noack* AG 2003, 537 [540] verweist bei börsennotierten Unternehmen zur Begründung auf Nr. 6.8. des Corporate Governance Kodex.

253 *Noack* AG 2003, 537 [540] mit Verweis auf *Seibert* NZG 2002, 608 [612].

254 *Noack* AG 2003, 537 [540]; *ders.* Elektronische Unternehmenspublizität S. 11.

tem betreiben, auch ein solches Medium sein. Hierneben besteht immer noch die Möglichkeit im Internet zu veröffentlichen.
Aufgrund der vorsorglichen Praxis wird sich die Rechtsprechung nicht mit diesem unbestimmten Rechtsbegriff und somit auch nicht mit dieser Problematik beschäftigen. Letztendlich ist es hier aktuell die Aufgabe der Literatur eine Begriffsklärung vorzunehmen, da erst bei einer überwiegenden Literaturauffassung Unternehmen diesen Merkmalen folgen werden. Hierdurch könnte es bei Streitigkeiten dann zu einer gerichtlichen Klärung kommen. Eine solche Entwicklung ist jedoch aktuell leider nicht absehbar. Zumal diese Problematik aktuell nicht und vorher nur sehr geringfügig diskutiert worden ist. Somit kann nur zu hoffen bleiben, dass der Gesetzgeber hier einen klärenden Begriff einführt. Wie in dieser Bearbeitung gezeigt, operiert der Gesetzgeber mit einer Vielzahl von Rechtsfolgen, die meistens das gleiche oder etwas Ähnliches wollen. Dies ist für das veröffentlichende Unternehmen sehr schwierig nachzuvollziehen, da immer mögliche Haftungsrisiken existieren.

VII. Printmedien

Weiterhin werden Printmedien als Medium zur Bekanntmachung vorgeschrieben[255]. Jedoch haben diese Medien enorm an Bedeutung verloren. Früher waren die Printmedien fast als einziges Medium zur Bekanntmachung vorhanden. Inzwischen existieren – insbesondere aufgrund der neuen technischen Möglichkeiten – viele neue Bekanntmachungswege, die größtenteils günstiger und schneller sind[256]. Verblieben sind nur noch wenige Tatbestände, die die Printmedien ausdrücklich als Rechtsfolge vorschreiben. Zu den Printmedien ist auch der Bundesanzeiger als solcher zu zählen. Da der Bundesanzeiger bereits oben im Rahmen des elektronischen Bundesanzeigers dargestellt worden ist[257], wird an dieser Stelle auf eine erneute Darstellung verzichtet.

1. Überregionales Börsenpflichtblätter

In § 32 Abs. 5 S. 1 BörsG wird das überregionale Börsenpflichtblatt legal definiert. Hiernach legt die Geschäftsführung diese Blätter fest. Als überregionale Börsenpflichtblätter können nur inländische Zeitungen mit überregionaler

---

255 *Zetzsche* Aktionärsinformation S. 45 spricht hier von der Zeitungspublizität. Zur bisherigen Problematik mit diesen Printmedien vgl. etwa *Burgard* Die Offenlegung von Beteiligungen S. 42ff.

256 *Claussen* Insiderhandelsverbot und Ad hoc-Publizität S. 86 beschreibt beispielsweise für die alte Rechtslage, dass Veröffentlichungen in Printmedien möglichst – im Rahmen der gesetzlichen Möglichkeiten – am Freitagnachmittag zwischen 17 und 18 Uhr veranlasst werden sollten, damit die Aktionäre zwei Tage Zeit haben, um diese Information in den – stark gelesenen – Wochenendzeitungen zu lesen und dann erst am Montag im Kapitalmarkt einzuarbeiten.

257 Vgl. *Kap. D. V.*

Verbreitung bestimmt werden. Mindestens drei müssen hierbei festgelegt werden. Die Bestimmung kann zeitlich begrenzt werden; sie ist durch eine Börsenbekanntmachung zu veröffentlichen. Die Bedeutung dieses Mediums zur Bekanntmachung ist ziemlich gering[258], da nur noch wenige Tatbestände diese Rechtsfolge vorsehen. Gerade bei umfangreichen Veröffentlichungen wird und wurde bereits in der Vergangenheit dieser Veröffentlichungsweg – wenn möglich – gemieden. Nach *Büche* wurden bereits 2003 weniger als ein Prozent der Veröffentlichungen auf diesem Weg vorgenommen[259].

a. Tab. 5: Informationen der überregionalen Börsenpflichtblätter

§ 9 Abs. 2 S. 1 1. HS 1. Var. VerkaufsprospektG	Das Verkaufsprospekt kann auf verschiedenen Wegen veröffentlicht werden. Gemäß § 9 Abs. 2 S. 1 1. HS 1. Var. VerkaufsprospektG ist das Verkaufsprospekt insgesamt in einem überregionalen Börsenpflichtblatt zu veröffentlichen. Alternativ kann nach § 9 Abs. 2 S. 1 1. HS 2. Var. VerkaufsprospektG nur die Zahlstelle im überregionalen Börsenpflichtblatt benannt werden, bei der das Verkaufsprospekt zur kostenlosen Ausgabe bereitgehalten wird.
§ 30b Abs. 1 und 2 WpHG[260]	Veröffentlichung von Mitteilungen
§ 37q Abs. 2 S. 4 WpHG	Hiernach hat die Bundesanstalt bei einer fehlerhaften Rechnungslegung dies unter den Voraussetzung der Sätze 1 bis 3 neben im elektronischen Bundesanzeiger auch in einem überregionalen Börsenpflichtblatt[261]

b. Tab. 6: Anerkannte Börsenpflichtblätter

Anhand der folgenden Übersicht[262] wird ersichtlich, dass grundsätzlich sieben überregionale Börsenpflichtblätter[263] von den Börsen anerkannt sind. Aufgrund

258 *Büche* Die Pflicht zur Ad-hoc-Publizität S. 130.

259 *Büche* Die Pflicht zur Ad-hoc-Publizität S. 130 m.w.N.

260 Gemäß § 46 Abs. 4 WpHG gilt dies bis zum 31. Dezember 2010.

261 Alternativ ist folgende Bekanntmachung möglich: Über ein elektronisch betriebenes Informationsverbreitungssystem, das bei Kreditinstituten, nach § 53 Abs. 1 S. 1 des Kreditwesengesetzes tätigen Unternehmen, anderen Unternehmen, die ihren Sitz im Inland haben und die an einer inländischen Börse zur Teilnahme am Handel zugelassen sind, und Versicherungsunternehmen weit verbreitet ist.

262 Eine Auflistung der Börsenpflichtblätter im Jahre 1998 ist zu finden bei *Diehl/Loistl/Rehkugler* Effiziente Kapitalmarktkommunikation S. 153ff.

263 Dies sind Börsen-Zeitung, Die Welt, Financial Times Deutschland, Frankfurter Allgemeine Zeitung, Frankfurter Rundschau, Handelsblatt und Süddeutsche Zeitung. Vgl. auch *Büche* Die Pflicht zur Ad-hoc-Publizität S. 130. *Diehl/Loistl/Rehkugler* Effiziente

der fehlenden Differenzierung kann eine entsprechende Aussage nicht der Auflistung von der Börse Stuttgart entnommen werden. Als einzige Börse hat die Börse Frankfurt ausdrücklich noch weitere Zeitungen als überregionale Börsenpflichtblätter anerkannt.

Börsenpflichtblatt	**Berlin**	**Düsseldorf**	**Frankfurt**	**BÖAG Börsen AG**	**München**	**Stuttgart**[264]
Aktionärsreport	reg.[265]	allg.	---	weit.	---	---
Augsburger Allgemeine	---	---	---	---	weit.	---
Badische Zeitung	---	---	---	---	---	(X)
Berliner Morgenpost	reg.	---	---	---	---	---
Berliner Zeitung	reg.	---	---	---	---	---
Börse am Sonntag	reg.	allg.	---	weit.	weit.	(X)
Börse Online	reg.	allg.	sonst.	weit.	weit.	(X)
Börsen-Zeitung	X	X	X	X	X	(X)
Das Investment	reg.	allg.	X	weit.	weit.	(X)
Die Aktiengesellschaft	---	---	X	---	---	---
Der Aktionär	reg.	allg.	sonst.	weit.	weit.	(X)
Der Tagesspiegel	reg.	---	---	---	---	---
Die Welt	X	X	X	X	X	(X)
Die Zeit	reg.	allg.	sonst.	weit.	weit.	(X)
Esslinger Zeitung	---	---	---	---	---	(X)
€uro	---	allg.	---	weit.	weit.	(X)
€uro am Sonntag	---	---	---	---	---	(X)
Finance	---	---	X	---	---	---
Financial Times Deutschland	X	X	X	X	X	(X)
Flensburger Tageblatt	---	---	---	weit.	---	---

Kapitalmarktkommunikation S. 152 listeten 1998 nur sechs überregionale Börsenpflichtblätter (ohne die Financial Times Deutschland) auf.

264 Die Börse Stuttgart listet nur die Börsenpflichtblätter auf. Auf eine Differenzierung zwischen überregionalen und sonstigen wird verzichtet.

265 Grundsätzlich wurde die Bezeichnung der nicht überregionalen Börsenpflichtblätter entsprechend der von der jeweiligen Börse herausgegebenen Übersicht gewählt. „*Reg.*“ steht für regionales, „*allg.*“ für allgemein, „*sonst.*“ für sonstiges und „*weit.*“ für weiteres. Nur bei der BÖAG Börse AG wurde mangels einer entsprechenden Bezeichnung eine eigene Bezeichnung verwendet.

Focus Money	reg.	allg.	X	weit.	weit.	(X)
Frankfurter Allgemeine Zeitung	X	X	X	X	X	(X)
Frankfurter Rundschau	X	X	X	X	X	(X)
Going Public Magazin	reg.	allg.	sonst.	weit.	weit.	(X)
Hamburger Abendblatt	---	---	---	weit.	---	---
Hamburger Morgenpost	---	---	---	weit.	---	---
Handelsblatt	X	X	X	X	X	(X)
Heilbronner Stimme	---	---	---	---	---	(X)
Kieler Nachrichten	---	---	---	weit.	---	---
Kölner Stadt-Anzeiger	---	allg.	---	---	---	---
Lübecker Nachrichten	---	---	---	weit.	---	---
Magdeburger Volks-stimme	---	---	---	weit.	---	---
Münchener Merkur	---	---	---	---	weit.	---
Nebenwerte Journal	reg.	allg.	X	weit.	weit.	(X)
Nordwest Zeitung	reg.	---	---	weit.	---	---
Nürnberger Nachrich-ten	---	---	---	---	weit.	---
Rheinische Post	---	allg.	---	---	---	---
Rheinischer Merkur	---	allg.	---	---	---	---
Schwäbische Zeitung	---	---	---	---	---	(X)
Schwarzwälder Bote	---	---	---	---	---	(X)
SdK - AktionärsNews	reg.	allg.	---	weit.	weit.	(X)
SdK - AktionärsReport	---	---	---	---	---	(X)
Smart Investor	---	---	---	---	weit.	---
Stuttgarter Nachrichten	---	---	---	---	---	(X)
Stuttgarter Zeitung	---	---	---	---	---	(X)
Süddeutsche Zeitung	X	X	X	X	X	(X)
Südkurier	---	---	---	---	---	(X)
Südwest-Presse	---	---	---	---	---	(X)
Welt am Sonntag	---	---	X	---	---	---
Wertpapier	---	---	sonst.	weit.	weit.	(X)
Westdeutsche Zeitung plus	---	allg.	---	---	---	---
Wirtschaftskurier	---	---	---	---	weit.	---
Wirtschaftswoche	---	allg.	X	---	---	---
Zeitschrift für das ge-samte Kreditwesen	---	---	X	---	---	---

2. Wirtschafts- und Tageszeitungen

Neben den Börsenpflichtblättern sind Wirtschafts- und Tageszeitungen als Medium zur Bekanntmachung vorgesehen. Bei diesen Wirtschafts- und Tageszeitungen muss es sich um solche handeln, die in den Staaten des Europäischen Wirtschaftsraums, in denen das öffentliche Angebot im Sinne von § 14 Abs. 2 Nr. 1 WpPG unterbreitet oder die Zulassung zum Handel angestrebt wird, zu erwerben sind.

3. Tab. 7: Informationen der Wirtschafts- und Tageszeitungen

§ 14 Abs. 2 Nr. 1 WpPG	Prospekt[266]

4. Eingeschriebener Brief

Des Weiteren ist ein eingeschriebener Brief als Kommunikationsweg möglich. Gemäß § 121 Abs. 4 S. 2 AktG ist dies zur Einberufung der Hauptversammlung möglich, wenn die Aktionäre der Gesellschaft namentlich bekannt sind und die Satzung nichts anderes bestimmt.

VIII. Elektronisch betriebenes Informationsverbreitungssystem

Unter einem elektronisch betriebenen Informationsverbreitungssystem ist ein nach außen abgeschottetes Bank- und Börseninformationssystem für eine geschlossene Benutzergruppe zu verstehen[267]. Bei diesem Bekanntmachungsweg reicht es aus, wenn die sog. Bereichsöffentlichkeit die entsprechenden Informationen erhält[268]. Zu dieser Bereichsöffentlichkeit gehören in der Regel professionelle Marktteilnehmer[269]. Private Aktionäre sind hingegen meist aus finanziellen Gründen nicht Kunde bei einem elektronisch betriebenen Informationsverbreitungssystem[270]. Informationen, die über dieses Medium publiziert werden, kommen daher letztendlich nur den professionellen Marktteilnehmern zu

---

266 *Götze* NZG 2007, 570 [573] verweist zu Recht auf den „*ganz oder gar theoretischen*" Charakter dieser Veröffentlichungsmöglichkeit. Der Abdruck des gesamten Prospekts ist aufgrund der Quantität sehr unpraktisch. Ein separates Prospekt in Form des § 14 Abs. 2 Nr. 2 – 4 WpPG ist wesentlich sinnvoller.

267 BT-Drucks. 12/7918 S 101; 14/6468 S. 17; *Büche* Die Pflicht zur Ad-hoc-Publizität S. 130; *Eichner* Insiderrecht und Ad-hoc-Publizität S. 129; MüKo-*Ganter* § 9 InsO Rn 11; *von Klitzing* Die Ad-hoc-Publizität S. 98; *Möllers* ZBB 2003, 390 [392]; *Noack* ZGR 1998, 592 [608]; *ders.* AG 2003, 537 [541].

268 *Büche* Die Pflicht zur Ad-hoc-Publizität S. 130 m.w.N.

269 KK-*Versteegen* § 15 WpHG Anh. – § 5 WpAIV Rn 4.

270 *Büche* Die Pflicht zur Ad-hoc-Publizität S. 131; *Buck-Heeb* Kapitalmarktrecht Rn 193; *von Klitzing* Die Ad-hoc-Publizität S. 98; *Möllers/Ganten* ZGR 1998, 773 [798]; *Wittich* AG 1997, 1 [5]; *Wölk* AG 1997, 73 [75].

Gute[271]. Diesem Medium zur Bekanntmachung kommt in der Praxis eine hohe Bedeutung zu[272]. *Noack*[273] stellt 2003 ausdrücklich fest, dass dieses Informationsmedium den Zweck der Ad-hoc-Publizität am besten erreicht, da die publizitätspflichtige Tatsache die an das Informationsverbreitungssystem angeschlossenen Marktteilnehmer innerhalb kürzester Zeit erreicht. Jedoch ist dieser Informationsweg gerade im Hinblick auf eine gleichmäßige[274] und günstige Publizität äußerst problematisch. Die Allgemeinheit erhält grundsätzlich nur Informationen, wenn sie ein solches Nachrichtensystem kostenpflichtig nutzen. Die Internetseite kann nicht unter diese Rechtsfolge subsumiert werden, da hier keine aktive Verbreitung, sondern nur eine passive Bereitstellung der Information erfolgt[275]. Aufgrund der technischen Entwicklung und den hieraus resultierenden elektronischen Informationsmöglichkeiten, wie Internet oder elektronischer Bundesanzeiger, sieht *Noack* keine Legitimationsgrundlage für ein solches System und befürwortet den Wechsel auf elektronische Informationsmedien, die die gesamte Öffentlichkeit erreichen[276]. Etablierte Anbieter solcher elektronisch betriebenen Informationsverbreitungssysteme sind u.a. Reuters, VWD, Telerate und Bloomberg[277].

2. Tab. 8: Informationen des elektronisch betriebenen Informationsverbreitungssystems

§ 5 S. 1 Nr. 1 WpAIV	neben einer Veröffentlichung gemäß § 3a WpAIV[278]
§ 2 Abs. 2 Nr. 2 WpÜGBMV	Entscheidung der Zielgesellschaft nach § 1 Abs. 5 S. 1 des WpÜG mit dem in § 2 Abs. 2 vorgesehenen Inhalt

IX. Elektronisches Informationsverbreitungssystem

Werden Vermögensanlagen nach § 8f Abs. 1 VerkaufsprospektG über ein elektronisches Informationsverbreitungssystem angeboten, so ist auch das Verkaufsprospekt gemäß § 9 Abs. 2 S. 2 VerkaufsprospektG über ein solches System zu veröffentlichen. Dieses elektronische Informationsverbreitungssystem ist gesetz-

---

271 *Fürhoff/Wölk* WM 1997, 449 [459]; *von Klitzing* Die Ad-hoc-Publizität S. 98.

272 *Büche* Die Pflicht zur Ad-hoc-Publizität S. 130.

273 *Noack* AG 2003, 537 [540].

274 *Büche* Die Pflicht zur Ad-hoc-Publizität S. 131.

275 *Dreyling/Schäfer* Insiderrecht und Ad-hoc-Publizität S. 142.

276 *Noack* Elektronische Unternehmenspublizität S. 33.

277 *Claussen* Insiderhandelsverbot und Ad hoc-Publizität S. 87; *Diehl/Loistl/Rehkugler* Effiziente Kapitalmarktkommunikation S. 146; *Dreyling/Schäfer* Insiderrecht und Ad-hoc-Publizität S. 142; *Fürhoff/Wölk* WM 1997, 449 [457]; *Möllers/Ganten* ZGR 1998, 773 [798]; *Noack* ZGR 1998, 592 [608 Fn 75]; *ders.* Elektronische Unternehmenspublizität S. 13, *ders.* AG 2003, 537 [541]; Fuchs-*Pfüller* § 15 WpHG Rn 242; KK-*Versteegen* § 15 WpHG Anh. – § 5 WpAIV Rn 6.

278 Siehe hierzu *Kap. D. XIII.*

lich nicht näher definiert[279]. *Noack*[280] verweist ausdrücklich darauf, dass in der Praxis nur der Internetvertrieb in Betracht kommt, denn bei geschlossenen Informationssystemen dürfte es schon an der Anwendungsvoraussetzung (öffentliches Wertpapierangebot; § 1 VerkaufsprospektG) fehlen.

X. Internetseite[281]

Als weiteres Medium zur Bekanntmachung ist eine Internetseite möglich. Insbesondere beim erreichbaren Adressatenkreis hat eine Internetseite gegenüber vielen anderen Medien zur Bekanntmachung einen klaren Vorteil. Eine Internetseite ist für alle offen, Printmedien oder elektronisch betriebene Informationsverbreitungssysteme zum Beispiel nur dem entsprechenden Abonnenten- und Käuferkreis[282]. Zudem ergibt sich ein großer zeitlicher Vorteil durch die Nutzung der Internetseite als Medium zur Bekanntmachung[283]. Neben dem zeitlichen Vorteil gibt es auch einen lokalen Vorteil, da das Internet nicht an einen festen Ort gebunden ist, sondern weltweit theoretisch abgerufen werden kann[284]. In vielen Vorschriften wird das Internet als Medium zur Bekanntmachung vorgeschrieben. Innerhalb dieser Vorschriften ist zwischen einem allgemeinen Verweis auf das Internet generell[285] und auf den konkreten Verweis auf eine bestimmte Internetseite, insbesondere des Unternehmens oder einer Börse zu unterscheiden[286]. Im Folgenden werden diese beiden Rechtsfolgen dargestellt. Unter *c.* werden die insolvenzrechtlichen und unter *d.* die börsenrechtlichen Regelungen gesondert dargestellt. *Paulus* stellte 2001 fest, dass die Erkenntnis gewichen ist, dass es sich bei dem Internet um einen rechtsfreien Raum handelt[287]. Dies ist zwar allgemein richtig, jedoch – wie im folgenden zu zeigen ist – kann diese Aussage nicht ohne Weiteres auf die Medien zur Bekanntmachung übertragen werden. Die bisher behandelten Probleme[288] sind hier nicht maßgeblich. Hier soll nur informiert werden und somit eine einseitige Handlung vorgenommen werden. Gerade die territorialen und zeitlichen Grenzen sollten hierbei aus-

---

279 *Noack* AG 2003, 537 [541].

280 *Noack* AG 2003, 537 [541]; *ders.* Elektronische Unternehmenspublizität S. 13.

281 Statt Internetseite wird oft auch von Homepage, Website oder Webseite gesprochen. In Anlehnung an die gesetzliche Verwendung des Begriffs „Internetseite“ wird dieser auch in dieser Bearbeitung verwendet. Hierbei wird in diesem Abschnitt nur die gesetzlich vorgeschriebene Publizität angeführt. Die freiwillige Publizität über das sog. Web 2.0 wird in einem eigenen Abschnitt dargestellt (vgl. *Kap. D. XV. 2.*).

282 *Fürhoff/Wölk* WM 1997, 449 [459]; *Noack* NZG 2006, 801 [803].

283 *Zöllner*, in: *Noack/Spindler* Unternehmensrecht und Internet S. 69 [88].

284 *Spindler*, in: *Noack/Spindler* Unternehmensrecht und Internet S. 137 [138].

285 U.a. § 10 Abs. 3 S. 1 Nr. 1 WpÜG.

286 Beispielsweise § 14 Abs. 2 WpPG.

287 *Paulus*, in: *Noack/Spindler* Unternehmensrecht und Internet S. 1.

288 Tat im Inland im Strafrecht oder zu schnell für den Verbraucher; Ansichtsrecht.

drücklich überwunden werden. Hieraus entstehen ganz andere Probleme. Entsprechende Literatur oder Rechtsprechung existiert zu diesen Problemen meist nicht, sodass die bestehende Rechtsunsicherheit sogar noch größer wird.
Allerdings kann der Internetpublizität eine Standardisierungslücke bescheinigt werden[289], denn mangels entsprechender gesetzlicher Vorschriften ist die Darstellung meist uneinheitlich und willkürlich. Zudem wählen die Unternehmen unterschiedliche technologische Varianten[290].

1. Unbestimmt

Viele Normen sehen nur allgemein das Internet oder eine Internetseite als Medium zur Bekanntmachung vor. Eine Konkretisierung auf eine bestimmte Internetseite ergibt sich nicht aus diesen Normen[291]. Dies ist äußerst problematisch, da im Internet eine „*beinahe unüberschaubare Zahl von Discount-Brokern, Banken, Sparkassen, Fachverlagen und anderen Anbietern*“[292] entsprechende Börseninformationen anbieten. Jede dieser Informationsseiten könnte unter diese Rechtsfolge zu subsumieren sein. Nach *Noack* ist unter dieser Rechtsfolge in erster Linie die Internetseite des Bieters zu verstehen. Weiterhin listet er – nicht abschließend – die Internetseite der Börse, an der die betreffenden Aktien gehandelt werden, die Internetseite der BaFin oder den elektronischen Bundesanzeiger als weitere mögliche Medien auf.

a. Elektronischer Bundesanzeiger

Den elektronischen Bundesanzeiger unter den Begriff Internetseiten zu subsumieren, könnte allerdings problematisch sein, da der Gesetzgeber in vielen Vorschriften diese Rechtsfolge ausdrücklich normiert, wenn sie für ihn auch erwünscht ist.

(1.) Abgrenzung der Veröffentlichungsmedien voneinander

Man könnte somit zu der Auffassung kommen, dass die verschiedenen Medien zur Bekanntmachung klar voneinander abzugrenzen sind. Durch jedes Medium könnte der Gesetzgeber einen eigenen Kommunikationsweg eröffnen wollen. Eine Überschneidung der verschiedenen Medien ist gegebenenfalls nicht erwünscht. Letztendlich könnte hier die Gefahr bestehen, dass die Praxis aufgrund der Überschneidung statt den vielen Kommunikationswegen nur einem Kommunikationsweg folgt. Gerade beim Medienbündel wird ausdrücklich gefordert, dass ein Medium, das mehrere der verschiedenen Medienarten abdeckt, nicht

---

289 *Stubenrath/Löbig* DB 2002, 1333 [1339].
290 *Stubenrath/Löbig* DB 2002, 1333 [1337].
291 *Noack* AG 2003, 537 [541].
292 *Schilling* Informationen zum Kapitalmarkt im Internet S. 6.

ausreichend ist[293]. Dies zeigt deutlich, dass zumindest hier eine Überschneidung der verschiedenen Kommunikationswege nicht gewünscht ist. Daher könnte man eine Subsumtion des elektronischen Bundesanzeigers unter die Rechtsfolge Internetseiten ablehnen.

(2.) Umfassender Begriff, der den elektronischen Bundesanzeiger umfasst

Andererseits ist der elektronische Bundesanzeiger eine Internetseite. Nach der der wörtlichen Auslegung würde der elektronische Bundesanzeiger unproblematisch unter die Rechtsfolge Internetseite zu subsumieren sein.

(3.) Eigene Position

Der elektronische Bundesanzeiger ist nicht unter die Rechtsfolge Internetseite zu subsumieren. Immer wenn der Gesetzgeber eine Unternehmensinformation mittels dem elektronischen Bundesanzeiger bekannt machen wollte, hat er dies entweder direkt oder indirekt über die Gesellschaftsblätter geregelt. Dies ist hier nicht erfolgt, sondern es wurde vielmehr eine neue Rechtsfolge geschaffen. Diese ist von der Rechtsfolge elektronischer Bundesanzeiger abzugrenzen.

2. Tab. 9: Informationen auf einer Internetseite

§ 10 Abs. 3 S. 1 Nr. 1 WpÜG	Veröffentlichung der Entscheidung zur Abgabe eines Angebots
§ 14 Abs. 3 S. 1 Nr. 1 WpÜG	Angebotsunterlage
§ 21 Abs. 2 S. 1 WpÜG	Änderung des Angebots
§ 23 Abs. 1 S. 1 WpÜG	Wasserstandsmeldungen
§ 27 Abs. 3 S. 1 WpÜG	begründete Stellungnahme des Vorstands und des Aufsichtsrats zu dem Angebot sowie zu jeder seiner Änderungen
§ 35 Abs. 1 S. 1 WpÜG	Unmittelbare oder mittelbare Erlangung der Kontrolle über eine Gesellschaft
§ 35 Abs. 2 S. 1 WpÜG	Angebot
§ 2 Abs. 2 Nr. 1 WpÜGBMV	Entscheidung der Zielgesellschaft nach § 1 Abs. 5 S. 1 WpÜG

3. Insolvenzrecht

Auch im Insolvenzrecht erfolgt die öffentliche Bekanntmachung im Internet. Aktionäre, die privat nicht das Internet nutzen können, beispielsweise mangels Ausstattung, werden durch § 4 InsOBekV geschützt. Hiernach haben die Gerichte sicher zu stellen, dass jedermann unentgeltlich Zugang zu den insolvenzrecht-

293 BaFin Hinweise zu den Mitteilungs- und Veröffentlichungspflichten gemäß §§ 21ff. WpHG in der Fassung vom 22. Januar 2007, Kap. C.

lichen Bekanntmachungen erhalten kann. Dies kann einerseits durch Ausdruck sämtlicher Informationen und Bereithaltung bei Gericht oder durch die Aufstellung eines Internetterminals im Gericht erfolgen[294].

Die insolvenzrechtliche Entwicklung vom Printmedium als Bekanntmachungsmedium zum Internet[295] erfolgte in den letzten Jahren. Grund für diese Entwicklung war die Erreichung eines größeren Verbreitungsgrades dieses Bekanntmachungsmediums[296]. Durch das InsOÄndG 2001 wurde zunächst durch Änderung des § 9 Abs. 1 InsO das Internet[297] als zweites regelmäßiges Medium zur Bekanntmachung neben einem für amtliche Bekanntmachungen des Gerichts bestimmten Blatt[298] eingeführt. Durch das Gesetz zur Vereinfachung des Insolvenzverfahrens vom 13.04.2007 wurde dieses Medium weiter aufgewertet, indem das Internet zum einzigen Medium der insolvenzrechtlichen Bekanntmachung wurde. § 9 Abs. 1 S. 1 InsO schreibt hierbei eine zentrale und länderübergreifende Veröffentlichung vor. Hierzu wurde die Internetseite www.insolvenzbekanntmachungen.de geschaffen[299]. Gemäß § 9 Abs. 2 S. 2 InsO wird das Bundesministerium der Justiz dazu ermächtigt, durch Rechtsverordnung mit Zustimmung des Bundesrates die Einzelheiten der zentralen und länderübergreifenden Veröffentlichung im Internet zu regeln. Diese Ermächtigung wurde genutzt und die Verordnung zu öffentlichen Bekanntmachungen in Insolvenzverfahren im Internet (InsOBekV) vom 12.02.2002[300] erlassen. Zu beachten ist insbesondere § 3 InsOBekV. Hiernach werden insolvenzrechtliche Bekanntmachungen zu einem Verfahren spätestens sechs Monate nach der Aufhebung oder der Rechtskraft der Einstellung des Insolvenzverfahrens gelöscht. Dies bedeutet, dass die insolvenzrechtliche Bekanntmachung nur ein aktuelles

---

294 HK-*Rüther* § 4 InsOBekV Rn 3.

295 MüKo-*Ganter* § 9 InsO Rn 10 spricht von einem "*grundlegende[m] Wandel*". U.a. HK-*Rüther* § 9 InsO Rn 6 befürwortet deutlich diesen Wandel, da das Internet dem Printmedium überlegen ist.

296 Vgl. Uhlenbruck/Hirte/Vallender-*Pape* § 9 InsO Rn 3.

297 Damals noch als „*elektronisches Informations- und Kommunikationssystem*“ beschrieben (vgl. u.a *Noack* notar 2005, 14). Durch das Gesetz zur Vereinfachung des Insolvenzrechts vom 01. Februar 2007 erfolgte die entsprechende Umbenennung.

298 Die Blätter werden durch die einzelnen Landesjustizverwaltungen festgelegt. Eine Aufstellung der entsprechenden landesrechtlichen Normen ist zu finden bei *Keller* ZIP 2003, 149 [152]. Für Nordrhein-Westfalen sind hiernach die Ausführungsvorschriften vom 13. März 2002 (JMBl. 2002 S. 82) zu beachten.

299 Braun-*Bußhardt* § 9 InsO Rn 5a und 14; Uhlenbruck/Hirte/Vallender-*Pape* § 9 InsO Rn 3. Das OLG Düsseldorf NZI 2009, 407 problematisiert die Verlässlichkeit dieser insolvenzrechtlichen Internetbekanntmachung. *Buntenbroich* NZI 2009, 370 kritisiert dieses Urteil und äußert sogar die Vermutung, dass dem Gericht weder Funktion und Bedeutung dieser Internetseite bekannt sind.

300 BGBl. I S. 677.

Informationsmedium ist. Historische Informationen zu dem gewünschten Unternehmen kann der Aktionär nicht mittels dieses Mediums erhalten.
Zwar ist das Internet gemäß § 9 Abs. 1 S. 1 InsO inzwischen das einzige verbindlich vorgeschriebene insolvenzrechtliche Bekanntmachungsmedium, jedoch sind darüber hinaus weitere freiwillige Veröffentlichungen möglich. Solche freiwilligen Veröffentlichungen in Spezialpublikationen oder Branchenblättern können insbesondere sinnvoll sein, wenn Übernahmeinteressenten angesprochen werden sollen[301].
Nutzt man die Internetseite www.insolvenzbekanntmachungen.de, so stellt man zunächst fest, dass aktuelle Meldungen nicht chronologisch aufgelistet werden. Der Aktionär muss die Suchmaske nutzen. Wählt er hierbei unpräzise ein Datum aus, wie beispielsweise 06. Juli bis 07. Juli 2010, so erhält er über 4.300 Ergebnisse. Diese Informationen sind schwer zu verarbeiten. Daher sind weitere Suchangaben zwingende Voraussetzungen, um effektiv auf dieser Seite suchen zu können. Überraschend ist, dass bei allgemeinen Angaben von Unternehmensnamen, wie „*Arcandor*", „*Karstadt*" oder „*Quelle*" keine Suchergebnisse erscheinen. Gegebenenfalls liegt dies an der nicht umfassenden Firmenbezeichnung dieser Unternehmen.

4. Tab. 10: Informationen der insolvenzrechtlichen Bekanntmachung

§ 5 Abs. 2 S. 3 InsO	Anordnung, Aufhebung oder Abänderung der schriftlichen Durchführung des Insolvenzverfahrens
§ 23 Abs. 1 S. 1 InsO	Verfügungsbeschränkungen
§ 25 Abs. 1 InsO	Aufhebung der Sicherungsmaßnahmen
§ 26 Abs. 1 S. 3 InsO	Abweisung mangels Masse
§ 30 Abs. 1 InsO	Eröffnungsbeschluss
§ 34 Abs. 3 S. 1 und 2 InsO	rechtskräftige Entscheidung, die den Eröffnungsbeschluss aufhebt (Beschluss und Grund)
§ 64 Abs. 2 S. 1 (auch i.V.m. §§ 73 Abs. 2, 274 Abs. 1, 293 Abs. 2, 313 Abs. 1 S. 3) InsO	Vergütung und die zu erstattenden Auslagen des Insolvenzverwalters (Vergütung für ihre Tätigkeit und Erstattung angemessener Auslagen der Mitglieder des Gläubigerausschuss und des Treuhänders; Bestellung des Sachwalters, Aufsicht des Insolvenzgerichts, Haftung und Vergütung des Sachwalters; Bestimmung des Treuhänders)
§ 74 Abs. 2 InsO	Zeit, Ort und Tagesordnung der Gläubigerversammlung
§ 78 Abs. 2 S. 1 In-	Aufhebung eines Beschlusses der Gläubigerversammlung

301 Vgl. hierzu Braun-*Bußhardt* § 9 InsO Rn 26.

sO	
§ 177 Abs. 3 S. 1 InsO	Besonderer Prüfungstermin
§ 188 S. 3 InsO	Angezeigte Summe der Forderungen und den für die Verteilung verfügbaren Betrag
§ 197 Abs. 2 InsO	Schlusstermin
§ 200 Abs. 2 S. 1 InsO	Aufhebung des Insolvenzverfahrens (Beschluss und Grund)
§ 208 Abs. 2 S. 1 InsO	Anzeige der Masseunzulänglichkeit
§ 214 Abs. 1 S. 1 InsO	Antrag auf Einstellung des Insolvenzverfahrens
§ 215 Abs. 1 S. 1 InsO	Beschluss und Grund der Einstellung des Insolvenzverfahrens
§ 235 Abs. 2 S. 1 InsO	Erörterungs- und Abstimmungstermin
§ 258 Abs. 3 S. 1 und 3 InsO	Aufhebung des Insolvenzverfahrens (Beschluss und Grund)
§ 267 InsO	Überwachung der Erfüllung des Insolvenzplans
§ 268 Abs. 2 S. 1 InsO	Aufhebung der Überwachung (Beschluss)
§ 273 InsO	Anordnung und Aufhebung der Eigenverwaltung (Beschluss)
§ 277 Abs. 3 S. 1 InsO	Anordnung der Zustimmungsbedürftigkeit
§ 289 Abs. 2 S. 3 InsO	Beschluss bezüglich des Restschuldbefreiungsantrags
§ 296 Abs. 3 S. 2 InsO	Versagung der Restschuldbefreiung
§ 300 Abs. 3 S. 1 InsO	Erteilung der Restschuldbefreiung (Beschluss)
§ 303 Abs. 3 S. 3 InsO	Widerruf der Restschuldbefreiung (Widerruf)

5. Internetseite der Aktiengesellschaft

Mehrere Vorschriften vermeiden die unbestimmte Rechtsfolge der Internetseite und normieren die konkrete Internetseite der Aktiengesellschaft als relevante Rechtsfolge. Der deutliche Vorteil ist hierbei im Gegensatz zu der obigen allgemeinen Rechtsfolge, dass der Aktionär keine Probleme haben sollte hier dieses Medium zur Bekanntmachung zu finden.

Gefordert wird, dass Informationen auf der Internetseite der Aktiengesellschaft leicht aufgerufen werden können. Deshalb hat sich durchgesetzt, dass die Informationen für Aktionäre mit einem Link „Investor Relations“ direkt von der Startseite aus erreichbar sind[302]. Der Abruf dieser Internetseite muss hierbei ununterbrochen, ohne Einschränkungen (wie Passwörter oder IP-Nummern-Begrenzungen – und zu langen Ladezeiten, mit allen Standardbrowsern und eventuell mit kostenlos verfügbaren Zusatzprogrammen möglich sein[303]. Grundsätzlich beschränkt sich die konkrete Rechtsfolge auf die Normierung „Internetseite“. Eine darüber hinausgehende Ausgestaltung dieser Rechtsfolge erfolgt grundsätzlich nicht. Für Verkaufsprospekte normiert Art. 29 Abs. 1 EU-ProspV weitere Anforderungen. Nach Art. 29 Abs. 1 Nr. 1 EU-ProspV muss das Prospekt bei Aufrufen der Internetseite leicht zugänglich sein. Dies sollte bedeuten, dass ein durchschnittlicher Aktionär aufgrund der Struktur der Internetseite in der Lage ist, von der Startseite bis zur entsprechenden Zielseite, auf der die Information veröffentlicht ist, zu folgen[304]. Zudem muss das Prospekt in einem solchen Dateiformat dargestellt worden sein, dass das Prospekt nicht modifiziert werden kann (Nr. 2). Hierzu eignet sich insbesondere das pdf-Format[305]. Des Weiteren darf das Prospekt grundsätzlich keine „Hyperlinks“ enthalten, mit Ausnahme der Verbindungen zu elektronischen Adressen, über die die in Form eines Verweises aufgenommene Angaben abrufbar sind (Nr. 3). Zuletzt muss es den Aktionären möglich sein, dieses Prospekt herunter zu laden und auszudrucken (Nr. 4). Diese Ausformungen können auch auf die anderen Vorschriften, die die Internetseite der Aktiengesellschaft als Rechtsfolge ansehen, übertragen werden. Dies entspricht dem Sinn und Zweck dieser Vorschrift. Mit dem Grundsatz der Seriosität wäre eine Veränderbarkeit der publizierten Information unvereinbar. Auch wäre es eine Zumutung, wenn die Aktionäre die Informationen zwar lesen, aber nicht ausdrucken können. Gerade für Beweiszwecke muss ein Ausdruck seitens des Aktionärs möglich sein. Weiterhin ist ein Ausdruck für die eigene Verwendung in der Regel wesentlich angenehmer als die Bildschirmansicht.

6. Tab. 11: Informationen auf der Internetseite der Aktiengesellschaft

§ 52 Abs. 2 S. 4 AktG	Vertrag über eine Nachgründung
§ 121 Abs. 3 S. 2 Nr. 3, 4 AktG	Erläuterung zu den Aktionärsrechten bei der Einberufung der Hauptversammlung
§ 124 Abs. 1 S. 3 AktG	Ergänzungsvorschläge, Vorschläge zur Beschlussfassung

302 Fuchs-*Pfüller* § 15 WpHG Rn 244; Ringleb/u.a.-*von Werder* DCGK-Kommentar § 6.8 Rn 1273.

303 Ringleb/u.a.-*von Werder* DCGK-Kommentar § 6.8 Rn 1271.

304 Holzborn-*Görke/Preuße* WpPG Art. 29 EU-ProspV Rn 2.

305 Holzborn-*Görke/Preuße* WpPG Art. 29 EU-ProspV Rn 3.

§ 124a AktG	Inhalt der Einberufung, Erläuterung, wenn zu einem Gegenstand der Tagesordnung kein Beschluss gefasst werden soll, Versammlung zugänglich zu machende Unterlagen, Gesamtzahl der Aktien und der Stimmberechtigten, sonstige Formulare
§ 126 Abs. 1 S. 3 AktG	Anträge von Aktionären
§ 130 Abs. 6 AktG	Abstimmungsergebnisse
§ 175 Abs. 2 S. 4 AktG[306]	Jahresabschluss, ein vom Aufsichtsrat gebilligter Einzelabschluss nach § 325 Abs. 2a HGB, der Lageberichts, der Bericht des Aufsichtsrats, der Vorschlag des Vorstands für die Verwendung des Bilanzgewinns und bei börsennotierten Aktiengesellschaften ein erläuternder Bericht zu den Angaben nach § 289 Abs. 4 Nr. 1 bis 5 und Abs. 5 sowie § 315 Abs. 4 HGB
§ 179 Abs. 2 S. 4 AktG	Vertragliche Verpflichtung zur Übertragung des ganzen Gesellschaftsvermögens
§ 293f Abs. 3 AktG	Unterlagen bzgl. eines Unternehmensvertrages
§ 319 Abs. 3 S. 3 AktG	Eingliederungsverträge
§ 327c Abs. 5 AktG	Entwurf des Übertragungsbeschlusses sowie Jahresabschlüsse und Lageberichte für die letzten drei Geschäftsjahre, Bericht des Hauptaktionärs und Prüfungsbericht bei Übertragungsbeschlüssen
§ 289a Abs. 1 S. 2 HGB	Erklärung zur Unternehmensführung[307]
§ 230 Abs. 2 S. 3 UmwG	Unterlagen bezüglich eines Formwechsels
§ 14 Abs. 2 Nr. 3 lit. a) WpPG	kostenloser Prospekt in gedruckter Form
§ 16 Abs. 1 S. 4 i.V.m. § 14 Abs. 2 Nr. 3 lit. a) WpPG	jeder wichtiger neuer Umstand oder jede wesentliche Unrichtigkeit in Bezug auf die im Prospekt enthaltenen Angaben, die die Beurteilung der Wertpapiere beeinflussen könnte und [...]
§ 8 Abs. 1 S. 6 i.V.m. § 14 Abs. 2 Nr. 3	endgültiger Emissionspreis und das Emissionsvolumen

306 Als Alternative zur Auslegung dieser Unterlagen in den Geschäftsraum der Gesellschaft, sowie zur Pflicht jedem Aktionär auf Verlangen eine Abschrift zu erteilen [vgl. S. 1 und 2].

307 Dies ist eine von zwei Veröffentlichungsvarianten. Alternativ ist eine Veröffentlichung innerhalb des Lageberichts möglich (vgl. § 289a Abs. 1 S. 1 HGB).

lit. a) WpPG	
§ 10 Abs. 1 S. 2 i.V.m. § 14 Abs. 2 Nr. 3 lit. a) WpPG	Dokument, dass alle Informationen enthält oder auf sie verweist, die der Emittent in den vorausgegangenen zwölf Monaten aufgrund der §§ 15, 15a, 26, 30b Abs. 1 und 2, 30e, 30f Abs. 2, 37v, 37w, 37x, 37y, 37z Abs. 4 WpHG, § 42 Abs. 1 BörsG und entsprechenden ausländischen Vorschriften veröffentlicht[308]
§ 5 S. 1 Nr. 2 WpAIV	neben einer Veröffentlichung gemäß § 3a WpAIV
§ 2.3.1 DCGK	alle vom Gesetz für die Hauptversammlung verlangten Berichte und Unterlagen einschließlich des Geschäftsberichts und der Tagesordnung
§ 6.7 DCGK	Unternehmenskalender
§ 6.8 S. 1 DCGK	alle von der Gesellschaft veröffentlichten Informationen

7. Internetseiten der Institute im Sinne des § 1 Abs. 1b KWG

Weiterhin wird auch die Internetseite von Instituten im Sinne des § 1 Abs. 1b KWG oder dem nach § 53 Abs. 1 S. 1 oder § 53b Abs. 1 S. 1 KWG tätigen Unternehmen, die die Wertpapiere platzieren oder verkaufen, konkret als Rechtsfolge genannt.

8. Tab. 12: Informationen auf der Internetseite der Institute (§ 1 Abs. 1b KWG)

§ 14 Abs. 2 Nr. 3 lit. b) WpPG	kostenloser Prospekt
§ 16 Abs. 1 S. 4 i.V.m. § 14 Abs. 2 Nr. 3 lit. b) WpPG	jeder wichtiger neuer Umstand oder jede wesentliche Unrichtigkeit in Bezug auf die im Prospekt enthaltenen Angaben, die die Beurteilung der Wertpapiere beeinflussen könnte und [...]
§ 8 Abs. 1 S. 6 i.V.m. § 14 Abs. 2 Nr. 3 lit. b) WpPG	endgültiger Emissionspreis und das Emissionsvolumen
§ 10 Abs. 1 S. 2 i.V.m. § 14 Abs. 2 Nr. 3 lit. b) WpPG	Dokument, dass alle Informationen enthält oder auf sie verweist, die der Emittent in den vorausgegangenen zwölf Monaten aufgrund der §§ 15, 15a, 26, 30b Abs. 1 und 2, 30e, 30f Abs. 2, 37v, 37w, 37x, 37y, 37z Abs. 4 WpHG, § 42 Abs. 1 BörsG und entsprechenden ausländi-

308 In der Praxis dominiert diese Rechtsfolge innerhalb der Auswahlmöglichkeiten nach § 10 Abs. 1 S. 2 WpPG i.V.m. § 14 Abs. 2 WpPG, da keine Pflicht zur Bereithaltung einer Papierversion besteht (*Götze/Wunderlich* in: *Habersack u.a.* Handbuch der Kapitalmarktinformation § 11 Rn 24).

	schen Vorschriften veröffentlicht

9. Internetseiten der Zahlstellen

Des Weiteren wird die Internetseite der Zahlstelle konkret als Medium zur Bekanntmachung genannt.

10. Tab. 13: Informationen auf der Internetseite der Zahlstellen

§ 14 Abs. 2 Nr. 3 lit. c) WpPG	kostenloser Prospekt
§ 16 Abs. 1 S. 4 i.V.m. § 14 Abs. 2 Nr. 3 lit. c) WpPG	jeder wichtiger neuer Umstand oder jede wesentliche Unrichtigkeit in Bezug auf die im Prospekt enthaltenen Angaben, die die Beurteilung der Wertpapiere beeinflussen könnte und [...]
§ 8 Abs. 1 S. 6 i.V.m. § 14 Abs. 2 Nr. 3 lit. c) WpPG	endgültiger Emissionspreis und das Emissionsvolumen
§ 10 Abs. 1 S. 2 i.V.m. § 14 Abs. 2 Nr. 3 lit. c) WpPG	Dokument, dass alle Informationen enthält oder auf sie verweist, die der Emittent in den vorausgegangenen zwölf Monaten aufgrund der §§ 15, 15a, 26, 30b Abs. 1 und 2, 30e, 30f Abs. 2, 37v, 37w, 37x, 37y, 37z Abs. 4 WpHG, § 42 Abs. 1 BörsG und entsprechenden ausländischen Vorschriften veröffentlicht

11. Internetseiten des organisierten Marktes

Auch die Internetseite des organisierten Marktes, für den die Zulassung zum Handel beantragt wurde, ist als konkrete Internetseite festgelegt worden.

12. Tab. 14: Informationen auf der Internetseite des organisierten Marktes

§ 14 Abs. 2 Nr. 4 WpPG	kostenloser Prospekt
§ 16 Abs. 1 S. 4 i.V.m. § 14 Abs. 2 Nr. 4 WpPG	jeder wichtiger neuer Umstand oder jede wesentliche Unrichtigkeit in Bezug auf die im Prospekt enthaltenen Angaben, die die Beurteilung der Wertpapiere beeinflussen könnte und [...]
§ 8 Abs. 1 S. 6 i.V.m. § 14 Abs. 2 Nr. 34 WpPG	endgültiger Emissionspreis und das Emissionsvolumen
§ 10 Abs. 1 S. 2 i.V.m. § 14 Abs. 2 Nr. 4 WpPG	Dokument, dass alle Informationen enthält oder auf sie verweist, die der Emittent in den vorausgegangenen zwölf Monaten aufgrund der §§ 15, 15a, 26, 30b Abs. 1 und 2, 30e, 30f Abs. 2, 37v, 37w, 37x, 37y, 37z Abs. 4 WpHG, § 42 Abs. 1 BörsG und entsprechenden ausländi-

	schen Vorschriften veröffentlicht

XI. „zugänglich machen“

Als weitere Rechtsfolge im Rahmen der Publizität ist „zugänglich machen“ gesetzlich normiert.

1. Allgemeines Verständnis

Laut Regierungsbegründung zum TransPuG ist unter diesem Informationsweg das "*Einstellen der Information auf einer allgemein zugänglichen Website mit einer verbreiteten Internet-Adresse*" gemeint[309]. Hierbei sollte einem durchschnittlichen Aktionär die Möglichkeit der Kenntnisnahme eröffnet werden[310]. Dieses Verständnis wurde durch die Einfügung des § 126 Abs. 1 S. 3 AktG gemäß Art. 1 Nr. 15 lit. b) des Gesetzes zur Umsetzung der Aktionärsrichtlinie (ARUG) bestätigt. Nach § 126 Abs. 1 S. 3 AktG erfolgt das Zugänglichmachen bei einer börsennotierten Gesellschaft über die Internetseite der Aktiengesellschaft. Im Umkehrschluss bedeutet dies, dass nicht börsennotierte Gesellschaften grundsätzlich nicht über die Internetseite der Aktiengesellschaft veröffentlichen müssen. Bereits 2003 verwies *Noack*[311] darauf, dass sich eine schlichte Gleichung "*Zugänglichmachen = Internetseite der Gesellschaft*" verbietet. Weitere Formen des Zugänglichmachens sind möglich. So kann das Erfordernis des Zugänglichmachens auch auf ein Kreditinstitut bezogen sein. Ein Kreditinstitut, das Stimmrechte für Aktienkunden mit Namensaktien ausüben will, braucht seine Abstimmungsvorschläge im Fall von Namensaktien regelmäßig nur "zugänglich zu machen" (§ 128 Abs. 2 S. 2 AktG). Die Veröffentlichung auf der Internet-Seite des Kreditinstituts ist dafür der geeignete Weg[312].

2. Innerhalb der Hauptversammlung

Eine andere Beurteilung dieses Bekanntmachungsweges ist möglich, wenn die Information „nur“ dem begrenzten Kreis der an der Hauptversammlung teilnehmenden Aktionäre bekannt gegeben werden soll. Hier genügt für das Zugänglichmachen eines Teilnehmerverzeichnisses oder des Vertrags über eine Nachgründung die Präsentation mittels eines Bildschirmterminals[313].

---

309 BT-Drucks. 14/8769 S. 11; *Noack* AG 2003, 537 [540] m.w.N. Ähnlich *Lommatzsch* NZG 2001, 1017 [1018].

310 *Lommatzsch* NZG 2001, 1017 [1023].

311 *Noack* AG 2003, 537 [540].

312 BT-Dr. 14/4051 S. 13; *Lommatzsch* NZG 2001, 1017 [1023].

313 BT-Drucks. 16/11642 S. 25; *von Nussbaum* GWR 2009, 215 [216].

3. Zwischenergebnis

Festgehalten werden kann, dass ein allgemeines Verständnis der Rechtsfolge „zugänglich machen“ nicht möglich ist. Vielmehr kann jeweils nur auf das Verständnis bei der jeweiligen konkreten Norm abgestellt werden.

4. Tab. 15: Informationen durch „zugänglich machen“

§ 126 Abs. 1 S. 1 AktG	Anträge von Aktionären (Hauptversammlung)
§ 129 Abs. 4 S. 1 AktG	Verzeichnis aller Teilnehmer (Hauptversammlung)
§ 52 Abs. 2 S. 5 AktG	Vertrag über eine Nachgründung
§ 176 Abs. 1 S. 1 AktG	Vorlagen und erläuternder Bericht
§ 186 Abs. 4 S. 2 AktG	Ausschluss des Bezugsrechts
§ 64 Abs. 1 S. 1 UmwG	Unterlagen zum Verschmelzungsvertrag

XII. Schalterpublizität

Unter der Schalterpublizität wird die kostenlose Hinterlegung und Ausgabe des Vollabdrucks der entsprechenden Publizitätsinformation verstanden[314]. Auch eine Einsicht ohne Ausgabe vor Ort sollte auf Wunsch des Aktionärs möglich sein.

1. Börsen

Dies ist zunächst bei den zuständigen Stellen des organisierten Marktes, an dem die Wertpapiere zum Handel zugelassen werden sollen, möglich.

2. Tab. 16: Informationen, die an den Börsen ausgegeben werden

§ 14 Abs. 2 Nr. 2 lit. a) WpPG	kostenloser Prospekt in gedruckter Form
§ 16 Abs. 1 S. 4 i.V.m. § 14 Abs. 2 Nr. 2 lit. a) WpPG	jeder wichtiger neuer Umstand oder jede wesentliche Unrichtigkeit in Bezug auf die im Prospekt enthaltenen Angaben, die die Beurteilung der Wertpapiere beeinflussen könnte und [...]
§ 8 Abs. 1 S. 6 i.V.m. § 14 Abs. 2	endgültiger Emissionspreis und das Emissionsvolumen

314 Assmann/Lenz/Ritz-*Ritz* § 9 VerkProspG Rn 11; Holzborn-*Görke/Preuße* WpPG § 14 Rn 14; *Riehmer,* in: *Habersack u.a.* Handbuch der Kapitalmarktinformation § 17 Rn 20; *Schlitt/Schäfer* AG 2005, 498 [508]; *Zetzsche* Aktionärsinformation S. 45.

Nr. 2 lit. a) WpPG	
§ 10 Abs. 1 S. 2 i.V.m. § 14 Abs. 2 Nr. 2 lit. a) WpPG	Dokument, dass alle Informationen enthält oder auf sie verweist, die der Emittent in den vorausgegangenen zwölf Monaten aufgrund der §§ 15, 15a, 26, 30b Abs. 1 und 2, 30e, 30f Abs. 2, 37v, 37w, 37x, 37y, 37z Abs. 4 WpHG, § 42 Abs. 1 BörsG und entsprechenden ausländischen Vorschriften veröffentlicht

3. Geschäftsraum der AG

Als weiteren Ort zur Ausgabe oder Einsicht von benötigten Informationen sind die Geschäftsräume der Aktiengesellschaft vorgesehen. Dies ist teilweise ausdrücklich normiert, wie zum Beispiel in § 175 Abs. 2 S. 1 AktG. Zum Teil ist dies allerdings auch der generalklauselartigen Formulierung zu entnehmen. Zum Beispiel spricht § 14 Abs. 2 Nr. 2 lit. b) WpPG von einem Ausgabeort bei einem Emittenten. Aufgrund der thematischen Eingrenzung dieser Bearbeitung auf die Aktiengesellschaft ist hier nur der entsprechende Geschäftsbereich als Ausgabeort zu erfassen. Die Rechtslage des § 14 Abs. 2 Nr. 2 lit. b) WpPG entspricht der Rechtsfolge des § 175 Abs. 2 S. 1 AktG.

4. Tab. 17: Informationen, die in den Geschäftsräumen der AG ausgegeben werden

§ 175 Abs. 2 S. 1 AktG	Jahresabschluss, ein vom Aufsichtsrat gebilligter Einzelabschluss nach § 325 Abs. 2a HGB, Lagebericht, Bericht des Aufsichtsrats, Vorschlag des Vorstandes für die Verwendung des Bilanzgewinnes und ein erläuternder Bericht zu den Angaben nach § 289 Abs. 4 Nr. 1 bis 5 und Abs. 5 sowie § 315 Abs. 4 HGB
§ 319 Abs. 3 S. 1 AktG	Eingliederungsverträge
§ 327c Abs. 3 AktG	Entwurf des Übertragungsbeschlusses sowie Jahresabschlüsse und Lageberichte für die letzten drei Geschäftsjahre, Bericht des Hauptaktionärs und Prüfungsbericht bei Übertragungsbeschlüssen
§ 14 Abs. 2 Nr. 2 lit. b) WpPG	kostenloser Prospekt in gedruckter Form
§ 16 Abs. 1 S. 4 i.V.m. § 14 Abs. 2 Nr. 2 lit. b) WpPG	jeder wichtiger neuer Umstand oder jede wesentliche Unrichtigkeit in Bezug auf die im Prospekt enthaltenen Angaben, die die Beurteilung der Wertpapiere beeinflussen könnte und [...]
§ 8 Abs. 1 S. 6 i.V.m. § 14 Abs. 2 Nr. 2 lit. b) WpPG	endgültiger Emissionspreis und das Emissionsvolumen

§ 10 Abs. 1 S. 2 i.V.m. § 14 Abs. 2 Nr. 2 lit. b) WpPG	Dokument, dass alle Informationen enthält oder auf sie verweist, die der Emittent in den vorausgegangenen zwölf Monaten aufgrund der §§ 15, 15a, 26, 30b Abs. 1 und 2, 30e, 30f Abs. 2, 37v, 37w, 37x, 37y, 37z Abs. 4 WpHG, § 42 Abs. 1 BörsG und entsprechenden ausländischen Vorschriften veröffentlicht

5. Banken

Als weitere Ausgabestellen sind die Institute im Sinne des § 1 Abs. 1b KWG oder den nach § 53 Abs. 1 S. 1 oder § 53b Abs. 1 S. 1 KWG tätigen Unternehmen, die die Wertpapiere platzieren oder verkaufen, vorgesehen.

6. Tab. 18: Informationen, die in den Banken ausgegeben werden

§ 14 Abs. 2 Nr. 2 lit. c) WpPG	kostenloser Prospekt in gedruckter Form
§ 16 Abs. 1 S. 4 i.V.m. § 14 Abs. 2 Nr. 2 lit. c) WpPG	jeder wichtiger neuer Umstand oder jede wesentliche Unrichtigkeit in Bezug auf die im Prospekt enthaltenen Angaben, die die Beurteilung der Wertpapiere beeinflussen könnte und [...]
§ 8 Abs. 1 S. 6 i.V.m. § 14 Abs. 2 Nr. 2 lit. c) WpPG	endgültiger Emissionspreis und das Emissionsvolumen
§ 10 Abs. 1 S. 2 i.V.m. § 14 Abs. 2 Nr. 2 lit. c) WpPG	Dokument, dass alle Informationen enthält oder auf sie verweist, die der Emittent in den vorausgegangenen zwölf Monaten aufgrund der §§ 15, 15a, 26, 30b Abs. 1 und 2, 30e, 30f Abs. 2, 37v, 37w, 37x, 37y, 37z Abs. 4 WpHG, § 42 Abs. 1 BörsG und entsprechenden ausländischen Vorschriften veröffentlicht

7. Zahlstellen

Auch die Zahlstellen sind ein klassisches Medium zur Bekanntmachung innerhalb der Schalterpublizität.

8. Tab. 19: Informationen, die in den Zahlstellen ausgegeben werden

§ 9 Abs. 2 S. 1 2. Var. VerkProspG	Verkaufsprospekt
§ 14 Abs. 2 Nr. 2 lit. d) WpPG	kostenloser Prospekt in gedruckter Form
§ 16 Abs. 1 S. 4 i.V.m. § 14 Abs. 2 Nr. 2 lit. d) WpPG	jeder wichtiger neuer Umstand oder jede wesentliche Unrichtigkeit in Bezug auf die im Prospekt enthaltenen Angaben, die die Beurteilung der Wertpapiere beeinflussen könnte und [...]

§ 8 Abs. 1 S. 6 i.V.m. § 14 Abs. 2 Nr. 2 lit. d) WpPG	endgültiger Emissionspreis und das Emissionsvolumen
§ 10 Abs. 1 S. 2 i.V.m. § 14 Abs. 2 Nr. 2 lit. d) WpPG	Dokument, dass alle Informationen enthält oder auf sie verweist, die der Emittent in den vorausgegangenen zwölf Monaten aufgrund der §§ 15, 15a, 26, 30b Abs. 1 und 2, 30e, 30f Abs. 2, 37v, 37w, 37x, 37y, 37z Abs. 4 WpHG, § 42 Abs. 1 BörsG und entsprechenden ausländischen Vorschriften veröffentlicht

XIII. Veröffentlichung

Durch das TUG wurde zum 01. Januar 2007 die Rechtsfolge bzw. der neue „*Veröffentlichungsmodus*" [315] Veröffentlichung mit dem § 3a Abs. 1 WpAIV eingefügt.

1. Gesetzliche Ausformung dieser Rechtsfolge

Im WpHG wird die Rechtsfolge Veröffentlichung nicht näher konkretisiert[316]. Stattdessen wird im WpHG nur eine Verweisung auf eine Rechtsverordnung normiert[317], welche die Rechtsfolge näher konkretisieren soll. Das Bundesministerium der Finanzen hat diese Ermächtigung genutzt und das WpAIV entsprechend geändert. Dieses ist ebenfalls in der geänderten Fassung zum 20. Januar 2007 in Kraft getreten. Gemäß § 3a Abs. 1 S. 1 WpAIV sind „*die Informationen ... zur Veröffentlichung Medien zuzuleiten, einschließlich solcher, bei denen davon ausgegangen werden kann, dass sie die Informationen in der gesamten Europäischen Union und in den übrigen Vertragsstaaten des Abkommens über den Europäischen Wirtschaftsraum verbreiten*"[318]. Im Folgenden werden die drei Merkmale „Medien", „europaweite Verbreitung" und „Zuleitung" dieser Rechtsfolge näher untersucht. Hierbei ist das Merkmal „Medien" der zentrale Aspekt dieser Rechtsfolge. Die Merkmale „europaweite Verbreitung" und „Zuleitung" ergänzen diesen Aspekt nur.

315 Assmann/Schneider-*Assmann* § 15 Rn 277.

316 *Nießen* NZG 2007, 41 [46], *Rodewald/Unger* BB 2006, 1917 [1919].

317 Vgl. beispielsweise §§ 15 Abs. 7, 15a Abs. 5, 26 Abs. 3 Nr. 1 WpHG.

318 Neben den 27 EU-Staaten sind dies Island, Liechtenstein und Norwegen, d.h. insgesamt 30 Staaten.

2. Merkmal „Medien"

Betrachtet man den § 3a WpAIV so stellt sich zunächst genau folgende von *Noack*[319] formulierte „Hauptfrage": "*Was sind das für Medien, denen zuzuleiten ist?*" Diese Frage ist sehr bedeutend, denn gerade bei Pflichtveröffentlichungen wollen die Gesellschaften sehr genau wissen, wo und wie sie zu publizieren haben[320]. Mangels ergänzender Vorschriften ist der § 3a WpAIV auszulegen.

a. Grammatische und systematische Auslegung

Zur Beantwortung der Frage ist gesetzlich nur der Begriff „Medien" verwendet worden. Eine entsprechende Legaldefinition existiert nicht. Feststellbar ist nur, dass der Begriff „Medien" und nicht „Medium" verwendet wurde. Untersucht man die Verben und Pronomen[321], die sich auf das Nomen „Medien" beziehen, so erkennt man, dass auch diese von einem Plural ausgehen. Festzuhalten ist, dass unter Medien mehrere, d.h. also mindestens zwei zu verstehen sind. Jedoch lässt sich eine genaue Bestimmung der Anzahl der Medien, sowie eine Bestimmung der Merkmale des Begriffs Medien nicht mithilfe des Wortlautes herausarbeiten[322].

b. Historische Auslegung

Diese Gesetzesänderung und somit die Einführung des § 3a WpAIV war keine spontane Reaktion des Gesetzgebers auf Handlungen in der Wirtschaft, wie dies beispielsweise 2000 bei der Einführung des WpÜG[323] der Fall war. Die Gesetzesänderungen, die durch das TUG erfolgten, dienten der Umsetzung der (Transparenz-) RL 2004/109/EG, welche wiederum vorab umfangreich auf europäischer Ebene beraten wurde.

---

319 *Noack* WM 2007, 377 [381]. So auch *Nießen* NZG 2007, 41 [46] und *Pirner/Lebherz* AG 2007, 19 [27]. U.a. auch *Zetzsche* Der Konzern 2008, 321 [323] bezeichnet die ähnliche Rechtsfolge des § 121 Abs. 4a AktG ebenfalls als unklar.

320 *Noack* AG 2003, 537 [539].

321 Vgl. den Gesetzwortlaut: „*...solcher, bei denen....ausgegangen werden kann, ... verbreiten.*" (§ 3a Abs. 1 S. 1 WpAIV) und „*..., zu denen auch solche gehören müssen, ...*" (§ 3a Abs. 2 S. 1 Nr. 1 WpAIV).

322 So auch *Zentraler Kreditausschuss* Stellungnahme zum Regierungsentwurf eines Gesetzes zur Umsetzung der EU-Transparenzrichtlinie (TUG) vom 8. September 2006, S. 10. Ebenso *Pirner/Lebherz* AG 2007, 19 [22].

323 Hier wollte der Gesetzgeber einen rechtlichen Rahmen und somit Planungs- und Rechtssicherheit für Unternehmensübernahmen schaffen. Auslöser für dieses Gesetzesvorhaben war die Übernahme der Mannesmann AG durch Vodafone Group Plc. Hierbei konnte allerdings auf den bis dahin noch freiwilligen Übernahmekodex (herausgegeben von der Börsensachverständigenkommission beim Bundesministerium der Finanzen) zurückgegriffen werden (Inkraftgetreten am 01. Oktober 1995 [vgl. abgedruckte Fassung in: AG, 1995, 572ff.]; Änderung zum 01. Januar 1998 in Kraft getreten [vgl. Abdruck in AG 1998, 133]).

bb. Europäische Richtlinien

(1.) (Transparenz-) RL 2004/109/EG

Das TUG setzt die (Transparenz-) RL 2004/109/EG um[324]. Daher ist diese Richtlinie der erste Anhaltspunkt innerhalb der historischen Auslegung. Die (Transparenz-) RL 2004/109/EG wurde vom Europäischen Parlament und vom Rat am 15. Dezember 2004 verabschiedet[325]. Die Richtlinie dient der Harmonisierung der Transparenzanforderungen in Bezug auf Informationen über Emittenten, deren Wertpapiere zum Handel auf einem geregelten Markt zugelassen sind, und zur Änderung der Richtlinie 2001/34/EG. Gemäß Art. 31 Abs. 1 (Transparenz-) RL 2004/109/EG muss die Umsetzung dieser Richtlinie bis zum 20. Januar 2007 zu erfolgen[326].

Art. 21 Abs. 1 S. 3 (Transparenz-) RL 2004/109/EG entspricht in seiner Formulierung dem § 3a Abs. 1 S. 1 WpAIV. Demnach ergeben sich auch aus dem ausdrücklichen Wortlaut des Art. 21 Abs. 1 S. 3 (Transparenz-) RL 2004/109/EG keine weiteren Auslegungshinweise. Es sind viele Bekanntmachungsmöglichkeiten denkbar[327].

Mithilfe der (Transparenz-) RL 2004/109/EG kann somit nicht geklärt werden, wie viele und welche Medien zur Veröffentlichung benötigt werden. Eine diesbezügliche Unsicherheit bleibt bestehen[328].

(2.) (Durchführungs-) RL 2007/14/EG

Weiterhin kann die (Durchführungs-) RL 2007/14/EG[329] herangezogen werden. Diese Richtlinie der Kommission vom 08. März 2007 enthält Durchführungsbestimmungen zu bestimmten Vorschriften der Transparenzrichtlinie zur Harmonisierung der Transparenzanforderungen in Bezug auf Informationen über Emittenten, deren Wertpapiere zum Handel an einem geregelten Markt zugelassen sind[330]. Diese Kombination von Richtlinie und Durchführungsmaßnahmen ist ein typisches Verfahren, dass bei der EU-Gesetzgebung im Kapitalmarktrecht angewendet wird, sog. Lamfalussy-Verfahren[331]. Die (Durchführungs-) RL

---

324 BT-Drucks. 16/2498 S. 1.

325 ABlEG. Nr. L 390 S. 38.

326 Diese vorgeschriebene Frist haben die Niederlande, Polen, die Tschechische Republik und Ungarn nicht eingehalten (vgl. NZG 2008, 459).

327 Ebenso *Fischer-Appelt* Capital Markets Law Journal 2007, 133 [152].

328 *Fischer-Appelt* Capital Markets Law Journal 2007, 133 [153].

329 ABlEG. Nr. L 69 S. 27.

330 Vgl. Kuthe/Rückert/Sickinger-*Kuthe* 1. Kap. Rn 10.

331 Nach diesem Verfahren werden EU-Rahmenrichtlinien weit gefasst (Level 1 des Verfahrens) und der EU-Kommission eine Ermächtigung erteilt, Durchführungsmaßnahmen zu erlassen (Level 2 des Verfahrens. Vgl. hierzu *Görke/Foshag* BankPraktiker 2006, 152 [insbesondere Fn 3] und *Schmolke* NZG 2005, 912 [913], aber auch *D'Arcy/Meyer* Der Konzern 2005, 151 [158]; *Fischer-Appelt* Capital Markets Law Journal 2007, 133

2007/14/EG dient der Harmonisierung der Transparenzanforderungen in Bezug auf Informationen über Emittenten, deren Wertpapiere zum Handel auf einem geregelten Markt zugelassen sind und enthält insbesondere Mindestnormen für die europaweite Verbreitung der zu veröffentlichen Informationen. Art. 12 (Durchführungs-) RL 2007/14/EG ergänzt Art. 21 (Transparenz-) RL 2004/109/EG. Jedoch sind auch die ergänzenden Vorschriften zu allgemein gefasst, als dass eine genaue Bestimmung der Anzahl und der Art der Medien anhand des Art. 12 (Durchführungs-) RL 2007/14/EG möglich ist. Es ist nur ersichtlich, dass mehrere Medien und nicht diskriminierende Bekanntmachungswege genutzt werden sollen.

cc. Dokumente der CESR

Des Weiteren kann man die Dokumente der CESR[332] heranziehen. Die CESR wurde zum 07. Juni 2001 von der Europäischen Kommission eingesetzt[333]. Ihre Aufgabe ist die Erstellung von Richtlinien-Entwürfen, sowie die Beratung der Kommission bis zur Fertigstellung der Richtlinie. Wichtig für diese Untersuchung ist insbesondere Nr. 31 des Dokuments CESR 05~407[334]. Hierin wird zunächst festgehalten, dass es zur Erfüllung der Pflicht des *Article 21 of the Directive*[335] nötig ist, mehrere Veröffentlichungswege zu wählen. Demnach ist der in § 3a Abs. 1 S. 1 WpAIV im Plural formulierte Begriff Medien auch als solcher zu verstehen. Weiterhin werden folgende verbindliche Veröffentlichungswege in Satz 2 vorgeschlagen:

Originalformulierung	**„Übersetzung“[336]**
key national and european newspapers	nationaler und europäischer Schlüsselzeitungen
specialist news providers	spezialisierte News Providers

---

[134]; *Heun* die bank 12/2006 S. 26 [30] und *Schütte/Wagner* die bank 8/2004 S. 26 [29].

332 The Committee of European Securities Regulators (*siehe www.cesr.eu*). Zu den Befugnissen der CESR vgl. Auch *Möllers* NZG 2010, 285.

333 Art. 1 des Beschlusses der Kommission vom 06. Juni 2001 (2001/527/EG; ABl., EG Nr. L 191 vom 13. Juli 2001, S. 43). Vgl. hierzu auch *Görke/Foshag* BankPraktiker 2006, 152.

334 „*To ensure that the issuer is fulfiling ist obligations under Article 21 of the Directive CESR would normally expect that the connections with media include different channels of distribution. CESR considers that these connections should include mandatory connections with, at least, the key national and european newspapers, specialist news providers, news agencies with national and european coverage and financial websites acessible to investors.*" Ebenso bereits *CESR* 05~267 S. 9.

335 Dies ist nach Art. 21 Abs. 1 S. 1 die schnellste Information auf nicht diskriminierenden Wege.

336 Anlehnend an BT-Drucks. 16/2498 S. 49.

news agencies with national and european coverage	Nachrichtenagenturen mit nationalen und europäischen Verbreitung
financial websites accessible to investors	entsprechende Internetseiten für den Finanzmarkt

Durch die Formulierungen „*should include*" und „*at least*" wird deutlich, dass die o.g. Medien nach Ansicht des CESR nur die zwingenden Veröffentlichungswege sind; weitere sind erwünscht. Dies wird durch Nr. 34[337] noch klargestellt, indem CESR allen interessierten Medien einen Zugang zu den Informationen auf nicht diskriminierender Weise zuspricht.

(1.) Key national and european newspapers

Als Medienart sind „*key national and european newspaper*" vorgesehen. Die Aktiengesellschaft muss somit über die nationalen und europäischen Schlüsselzeitungen bekanntmachen. Wann eine Zeitung als entsprechende Schlüsselzeitung eingestuft werden kann, hat die CESR offen gelassen. Wahrscheinlich soll dies konkret in jedem Mitgliedsland einzeln bestimmt werden. Im deutschen Rechtsraum könnte man daher an die überregionalen Börsenpflichtblätter oder an die Wirtschafts- und Tageszeitungen denken. Anhand der Materialien der CESR können diese Gedanken jedoch nicht belegt werden.

(2.) Specialist news providers / News agencies with national and european coverage

Die CESR schlägt die Medienarten "specialist news providers" und "news agencies with national and European coverage" vor. Jedoch ist zunächst festzuhalten, dass die CESR innerhalb ihrer Dokumente zunächst nicht klar zwischen diesen beiden Begriffen unterscheidet. Es wird – z.T. innerhalb eines Dokumentes – von „financial news services"[338], "press agencies"[339], "specialist news providers" und "news agencies"[340] gesprochen. Eine klare Abgrenzung dieser beiden Medienarten ist daher anhand der Materialien der CESR nicht möglich.

(3.) Financial websites accessible to investors

Zuletzt werden „*financial websites accessible to investors*" als Medienart genannt. Somit ist auch eine Bekanntmachung über entsprechende Internetseiten für den Finanzmarkt seitens der Aktiengesellschaft nötig. Diese Medienart erscheint zunächst unproblematisch zu sein. Jedoch gilt auch hier, dass diese Medienart viel zu unbestimmt ist. Das Merkmal „websites" ist unproblematisch. Die einschränkenden Merkmale „financial" und „accessible to investors" sind

337 CESR 05~407.
338 CESR 05~408 S. 10.
339 CESR 05~267 S. 9.
340 CESR 05~267 S. 10.

hingegen zu unbestimmt und daher nicht eindeutig zu verstehen. Insbesondere ist fraglich, wann eine Internetseite als eine Finanzinterseite einzuordnen ist. Inwieweit muss hierzu der finanzielle Aspekt schwerpunktmäßig auf der Internetseite gesetzt sein? Auch das Merkmal „accessible to investors" ist kritisch zu sehen. Theoretisch ist jede Internetseite für die Investoren erreichbar. Wahrscheinlich wird eine praktische Übung verlangt, dass die Investoren die entsprechende Internetseite kennen und regelmäßig zu Recherchezwecken abrufen. Dies ist jedoch nicht den Materialien der CESR zu entnehmen. Vielmehr handelt es sich um Mutmaßungen, die sich bezüglich des Verständnisses dieser Begriffe ergeben.

cc. Umsetzung durch den Gesetzgeber

Die (Transparenz-) RL 2004/109/EG wurde am 05. Januar 2007 mit Wirkung zum 20. Januar 2007 in nationales Recht umgesetzt. Bereits am 04. September 2006 wurde ein entsprechender Gesetzentwurf von der Bundesregierung in den Bundestag eingebracht[341].

Dies bedeutet, dass bei Erstellung des Gesetzesentwurfes und bei den entsprechenden Beratungen bereits auf die Dokumente der CESR zurückgegriffen werden konnte. Bei einem inhaltlichen Vergleich der Dokumente der CESR und der Begründung zum Regierungsentwurf, kann man feststellen, dass letztendlich auch die Vorschläge der CESR in das deutsche Gesetz umgesetzt worden sind.

(1.) Verwendete Begriffe

Innerhalb der Gesetzesbegründung ist zunächst die Unterscheidung der Begriffe Medien, Medienarten und Medienkanal bzw. Medienbündel auffällig[342]. Medien können nach dieser Differenzierung in bestimmte Medienarten unterteilt werden. Aus Medien dieser verschiedenen Medienarten setzt sich das Medienbündel[343] zusammen. Hilfreich für eine Bestimmung des Begriffes Medien im Sinne des § 3a Abs. 1 S. 1 WpAIV ist diese Differenzierung nur mittelbar. Zwar bleibt der Begriff unbestimmt, jedoch zeigt sich auch durch diese Differenzierung wie der Plural – der Medien – zusammengesetzt ist.

---

341 BT-Drucks. 16/2498.

342 BT-Drucks. 16/2498 S. 49; BR-Drucks. 06/579 S. 112.

343 In der Gesetzesbegründung auch als „Medienkanal" bezeichnet; in der Literatur werden momentan noch beide Begriffe verwendet; wahrscheinlich aufgrund der Verwendung des Begriffs „Medienbündel" durch die BaFin (*Höhlein* BaFinJournal Heft 01/07 S. 9 [10]) ist eine überwiegende Verwendung dieses Begriffs in der Literatur festzustellen; es ist zu erwarten, dass der Begriff „Medienbündel" sich durchsetzen wird.

(2.) Zusammensetzung des Medienbündels

Ein Grundsatz für diese Zusammensetzung, d.h. der Anzahl *„der unterschiedlichen Medienarten und der eingesetzten Medien einer Medienart“* ist scheinbar nicht formuliert worden[344]. Ausdrücklich wird auf eine Bestimmung nach *„den Besonderheiten des Einzelfalls“*[345] abgestellt. Hierzu sollen insbesondere *„die Aktionärsstruktur des Emittenten sowie Zahl und Ort seiner Börsenzulassungen gehören“*[346]. Ein Mindestmaß wird jedoch neben diesen Einzelfallkriterien genannt. Wie in den Dokumenten der CESR werden in der Gesetzesbegründung Bestandteile des Medienkanals definiert[347]. Dies sind scheinbar die vier oben in der Tabelle aufgeführten Medienarten News Provider, Nachrichtenagenturen, Printmedien und Internetseiten für den Finanzmarkt, sowie ein elektronisch betriebenes Informationsverbreitungssystem[348]. Die Veröffentlichungsvoraussetzungen wurden somit bei der Umsetzung der (Transparenz-) RL 2004/109/EG in das deutsche Recht scheinbar erhöht[349].

Es überrascht, dass für die Zusammensetzung des Medienbündels die aktuelle Aktionärsstruktur entscheidend sein soll. Sinn und Zweck der (Transparenz-) RL 2004/109/EG ist die Integration der verschiedenen europäischen Finanzmärkte zu einem und die Gleichbehandlung von ausländischen und inländischen Aktionären[350]. Somit sollten gerade durch das Medienbündel auch potentielle Aktionäre die entsprechenden Informationen erhalten. Eine Orientierung an der bestehenden Aktionärsstruktur hingegen läuft dem in Erwägungsgrund 25 der (Transparenz-) RL 2004/109/EG genannten Sinn und Zweck zuwider[351].

Fraglich ist, ob weitere Kriterien, neben den in der Gesetzesbegründung genannten, auch für die Zusammensetzung des Medienbündels entscheidend sind[352]. Beispielsweise könnte man an die Verbreitung von Schuldverschreibungen oder andere Wertpapiere, die das Unternehmen betreffen, denken. Der obigen These

---

344 *Höhlein* BaFinJournal Heft 01/07 S. 9 [10].

345 BT-Drucks. 16/2498 S. 49; BR-Drucks. 06/579 S. 112; BaFin Emittentenleitfaden IV.6.1.1.; *Höhlein* BaFinJournal Heft 01/07 S. 9 [10].

346 *Hutter/Kaulamo* NJW 2007, 550 [555] entwickelten hieraus den Grundsatz, dass je höher der Streubesitz ist, desto mehr Medien bedient werden müssen. Ähnlich *Götze/Wunderlich* in: *Habersack u.a.* Handbuch der Kapitalmarktinformation § 9 Rn 45.

347 Im Wesentlichen folgt die deutsche Umsetzung der CESR-Empfehlung (*Pirner/Lebherz* AG 2007, 19 [22]).

348 BT-Drucks. 16/2498 S. 49; BR-Drucks. 06/579 S. 112; *Pirner/Lebherz* AG 2007, 19 [22]. Vgl. auch *CESR* 08~514b annex II S. 62.

349 Diese Möglichkeit wurde in Art. 3 Abs. 1 der Richtlinie ausdrücklich normiert.

350 Erwägungsgrundnr. 25 der (Transparenz-) RL 2004/109/EG.

351 So auch *Götze/Wunderlich* in: *Habersack u.a.* Handbuch der Kapitalmarktinformation § 9 Rn 45.

352 *Zentraler Kreditausschuss* Stellungnahme zum Regierungsentwurf eines Gesetzes zur Umsetzung der EU-Transparenzrichtlinie (TUG) vom 8. September 2006, S. 11.

folgend, sollten jedoch keine konkreten Kriterien, die aktuell bestehen, herangezogen werden. Vielmehr soll auf die gewünschte europäische Verbreitung abgestellt werden, sodass letztendlich weitere, nicht in der Gesetzesbegründung genannte Kriterien irrelevant sind[353].

dd. Verständnis der BaFin

Festgestellt werden kann, dass der Gesetzgeber bei der Umsetzung der (Transparenz-) RL 2004/109/EG nicht deutlich über die europäischen Vorgaben hinaus gegangen ist. Dies erfolgte von ihm bewusst[354]. Um das Verständnis des Begriffs Medien für die Praxis zu erleichtern, veröffentlichte die BaFin im Januar 2007 ein Schreiben[355], in dem sie mitteilte, wie dieser Begriff zu verstehen ist. Hierbei handelt es sich nach *Höhlein* um einen *„Minimumstandard als Orientierungshilfe"*[356]. Für die Aktiengesellschaften problematisch ist, dass diese Orientierungshilfe nur eine solche Hilfe ist und keinen verbindlichen Charakter hat[357]. Es ist daher möglich trotz Befolgen der Empfehlungen aus diesem Schreiben Veröffentlichungspflichten zu verletzen und sanktioniert[358] zu werden. Grundlage ist das Medienbündel, welches aus unterschiedlichen Medienarten besteht[359]. Nach der BaFin hat ein Medienbündel alle fünf[360] in der Gesetzesbegründung genannten Medienarten, sowie pro Medienart ein Medium, zu enthalten, wobei ein Medium, das mehrere Medienarten abdeckt, unzureichend ist[361]. Fraglich ist jedoch, wie die einzelnen Medienarten bestimmt werden können. Gerade wenn die BaFin ein Medium pro Medienart als zwingendes Veröffentlichungsmedium vorschreibt, sollten für die Unternehmen diese Rechtsfolgen sehr verständlich sein.

(1.) Elektronisch betriebene Informationsverbreitungssysteme

Bereits oben wurde gezeigt, dass auf europäischer Ebene dieses Medium nicht eingeplant worden ist. Erst bei der Umsetzung des TUG in das deutsche Recht

---

353 Ähnlich *Götze/Wunderlich* in: *Habersack u.a.* Handbuch der Kapitalmarktinformation § 9 Rn 45, die die Kriterien nur als ergänzende Hinweise ansehen.

354 *Höhlein* BaFinJournal Heft 01/07 S. 9 [10].

355 Mitteilung der BaFin i.d.F. vom 22.01.2007, abrufbar unter www.bafin.de/schreiben/87_2007/070122.htm, S. 5.

356 BaFinJournal Heft 01/07 S. 9 [10].

357 *Merkner/Sustmann* NZG 2005, 729 [730] m.w.N. *Noack* WM 2007, 377 [380] verweist zutreffend auf die Rechtsunverbindlichkeit dieses Schreibens.

358 Vgl. *Kap. E.*

359 Mitteilung der BaFin i.d.F. vom 22.01.2007 (abrufbar unter www.bafin.de/schreiben/87_2007/070122.htm). Hierzu auch *Pirner/Lebherz* AG 2007, 19 [21] und *Schlitt/Schäfer* AG 2007, 227 [231].

360 Auch diese Zahl müsste aufgrund der obigen Ausführungen auf vier reduziert werden.

361 BaFin Emittentenleitfaden IV.6.1.1.

hat der Gesetzgeber in der Begründung dieses scheinbar fünfte Medium neben den – von der europäischen Ebene empfohlenen – vier Medien eingefügt. Dieses Medium entspricht dem bereits vorher bekannten Bekanntmachungsweg[362]. Insoweit ist hier keine Neuerung eingetreten. Dieses Medium kann anhand der bisher veröffentlichten Literatur bestimmt werden[363].

(2.) Nachrichtenagenturen

In der aktienrechtlichen und kapitalmarktrechtlichen Literatur sind die Nachrichtenagenturen als gesetzlich vorgeschriebene Medienart neu eingeführt worden[364]. Eine Legaldefinition besteht für diese Medienart nicht. Zur Bestimmung dieses Begriffes kann jedoch zunächst auf Literatur aus anderen Rechtsgebieten, sowie auf allgemeine Literatur, wie den Duden[365], zurückgegriffen werden. Hiernach ist eine Nachrichtenagentur ein „*Unternehmen, das Nachrichten sammelt und an Presse, Funk und Fernsehen weiterleitet*“[366]. Nach diesem Verständnis nimmt eine Nachrichtenagentur keine redaktionellen Arbeiten vor, sondern gibt die Informationen inhaltlich unbearbeitet weiter.

(3.) News Provider

Bezüglich des Begriffes „news provider“ gibt es im nationalen Bereich keine Legaldefinition und auch keine Literatur, die sich mit diesem Begriff intensiv beschäftigt. Dieser Begriff kann als „Nachrichtenanbieter“ übersetzt werden. Inhaltlich würde diese Übersetzung identisch sein mit dem oben dargestellten Begriff Nachrichtenagenturen, sodass auch behauptet werden könnte, dass News Provider nur die englische Übersetzung des Begriffs „Nachrichtenagentur“ ist. Daher ist es fraglich, ob überhaupt zwischen den Begriffen „Nachrichtenagenturen“ und „News Provider“ differenziert werden kann[367]. Bereits oben wurde

362 Vgl. *Kap. D. VIII.*

363 Siehe hierzu die Literatur in den Fußnoten des *Kap. D. VIII.*

364 Die arbeitsrechtlichen Literatur beschäftigte sich teilweise kurz mit diesem Begriff.

365 Vgl. beispielsweise das Urteil des OVG Münsters vom 25. Juni 2003, Akz.: 7 A 1157/02, BeckRS 2003, 23920, welches zeigt, dass zur Begriffsbestimmung auf den Duden zurückgegriffen werden kann.

366 *Scholze-Stubenrecht* Duden, das große Wörterbuch der deutschen Sprache, Stichwort „*Nachrichtenagentur*“. Ebenso *Baeck/Deutsch* § 10 ArbZG Rn 64; *Brockhaus* in einem Band, Stichwort „*Nachrichtenagenturen*“; Richardi- *Thüsing* § 118 BetrVG Rn 88. Im *Brockhaus* Enzyklopädie in 30 Bänden, Stichwort „Nachrichtenagentur“ werden 77 Unternehmen aufgelistet, die nach dieser Quelle entsprechend einzuordnen sind. Hierzu zählen die Associated Press (AP), die Deutsche Presse-Agentur (dpa) und die Vereinigte Wirtschaftsdienste GmbH (vwd).

367 Diese Problematik werfen auch *Götze/Wunderlich* in: *Habersack u.a.* Handbuch der Kapitalmarktinformation § 9 Rn 45 auf, verzichten jedoch auf eine Lösung und lassen die Thematik offen.

festgestellt, dass die CESR innerhalb ihrer Dokumente zunächst nicht klar zwischen diesen beiden Begriffen unterscheidet. Es wird von „financial news services"[368], "press agencies"[369], "specialist news providers" und "news agencies"[370] gesprochen. Auf eine Differenzierung zwischen den Begriffen „Nachrichtenagenturen" und „News Provider" durch die CESR kann nicht zurückgegriffen werden.
Möchte man eine Differenzierung zwischen den Begriffen doch ermöglichen, so muss das inhaltliche Verständnis dieser beiden Medienarten unterschiedlich sein. Möglicherweise könnte der News Provider Informationen nicht selber veröffentlichen, sondern nur anderen Medien anbieten. Ohne eine Veröffentlichungsfunktion bestände jedoch keine Legitimation des News Providers als Veröffentlichungsmedium. Vielmehr würde es sich dann um einen service provider[371] handeln. Daher kann die gerade aufgezeigte Differenzierung nicht sinnvoll genutzt werden.
Einen Ansatz zur Lösung dieser Problematik haben *Götze/Wunderlich*[372]. Nach ihrem Verständnis leitet der News Provider als „Push-Dienst" die (von der AG) erhaltenen Informationen nur weiter. Die Nachrichtenagenturen hingegen verfügen über ein eigenes Korrespondentennetz. Diese können zusätzliche Informationen besorgen, einarbeiten und die von der AG erhaltenen Informationen bearbeiten. Jedoch legen sich *Götze/Wunderlich* auf diese Differenzierung nicht fest, da ihrer Ansicht nach eine Klassifizierung nicht notwendig ist. In diesem Punkt kann *Götze/Wunderlich* allerdings nicht gefolgt werden, da – wie oben dargestellt – das Medienbündel sich aus den verschiedenen Medienarten zusammensetzen muss. Erfolgt keine Differenzierung zwischen den Medienarten News-Provider und Nachrichtenagenturen, so kann letztendlich auch nicht überprüft werden, ob die Rechtsfolge eingehalten worden ist. Eine Differenzierung ist daher zwingend erforderlich. Folgt man dem Ansatz von *Götze/Wunderlich*, so würde das elektronisch betriebene Informationsverbreitungssystem letztendlich auch als News Provider zu definieren sein. Dies würde zunächst als problematisch erscheinen, da eigentlich zwischen den Medienarten elektronisch betriebenes Informationsverbreitungssystem und News Provider ebenfalls zu differenzieren ist. Jedoch kannten die Materialien der CESR das elektronisch betriebene Informationsverbreitungssystem als Medienart des Medienbündels nicht. Dieses wurde erst auf deutscher Ebene durch die Regierungsbegründung[373] hinzugefügt.

---

368 CESR 05~408 S. 10.
369 CESR 05~267 S. 9.
370 CESR 05~267 S. 10.
371 Zu diesen Begriff siehe *Kap. D. XIII. 8. b.*
372 *Götze/Wunderlich* Anlassbezogene Informationspflichten S. 75; *dies.*, in: *Habersack u.a.* Handbuch der Kapitalmarktinformation § 9 Rn 45 [Fn 80].
373 Siehe BT-Drucks. 16/2498 S. 49.

Die europäische Rechtsfolge wurde im Gesetzgebungsverfahren zur Umsetzung der (Transparenz-) RL 2004/109/EG modifiziert. Problematisch ist bei einer Befolgung des Ansatzes von *Götze/Wunderlich* folgendes Dilemma: Grenzt man nach diesem Ansatz die Medienarten News Provider und Nachrichtenagenturen entsprechend ab, so muss letztendlich das elektronisch betriebene Informationsverbreitungssystem nicht mehr als eine eigene Medienart, sondern als ein Medium der Medienart News Provider eingeordnet werden. Für die Unterteilung spricht der bei der Gesetzgebung vielfach wiederholte Hinweis mehrerer Abgeordneter, dass die (Transparenz-) RL 2004/109/EG grundsätzlich „eins-zu-eins" – entsprechend des damaligen Koalitionsvertrages – umgesetzt werden sollte. Sieht man das elektronisch betriebene Informationsverbreitungssystem hingegen als eigene Medienart an, so entfällt der Ansatz von *Götze/Wunderlich* zur Differenzierung der Medienarten News Provider und Nachrichtenagenturen. Letztendlich wäre eine Unterscheidung zwischen diesen Medienarten nicht möglich. Eine Abgrenzung dieser beiden Medienarten müsste dann negativ zu den anderen Medienarten erfolgen. D.h. die Medienarten News Provider und Nachrichtenagenturen würden alle Medien umfassen, die nicht unter die drei Medienarten elektronisch betriebenes Informationsverbreitungssystem, Printmedien und Internetseiten für den Finanzmarkt fallen würden. Ausnahmsweise aufgrund des Sinn und Zwecks dieser drei Medienarten würde noch eine weitere Einschränkung möglich sein. Beispielsweise können Internetseiten allgemein nicht unter die Medienarten News Provider oder Nachrichtenagenturen subsumiert werden, wenn die Medienart Internetseiten für den Finanzmarkt diese Internetseiten aufgrund des Zusatzes „für den Finanzmarkt" ausschließt.

(4.) Abgrenzung Nachrichtenagenturen vs. elektronisch betriebenes Informationsverbreitungssystem

Möglicherweise wurde bei der Modifizierung im Gesetzgebungsverfahren die bisher beschriebene Problematik übersehen. Vermutet werden kann, dass die vier Medienarten aus den Vorstellungen der CESR übernommen worden sind und gewünscht wurde, dass auch das elektronisch betriebene Informationsverbreitungssystem aufgrund seiner Bedeutung bei institutionellen Aktionären in das Medienbündel aufgenommen werden sollte. Daher wurde möglicherweise diese Veröffentlichungsform als vermeintlich fünfte Medienart angefügt.

Wie bereits oben gezeigt, ist bereits eine Differenzierung zwischen den Medienarten News Provider und Nachrichtenagentur schwierig. Aufgrund der obigen Ausführungen in *Kap. D. XIII. 2. B. dd. (2.)* wird dem Ansatz von *Götze/Wunderlich* bezüglich der Einordnung der Nachrichtenagentur als redaktionell bearbeitende Medienart nicht gefolgt und die Medienart News Provider als solche Medienart verstanden. Für die hier problematisierte Abgrenzung ist dies aber unbedeutend, da entsprechend dem hier vertretenen Ansatz und dem Ansatz von *Götze/Wunderlich* die Bezeichnung der Medienarten News Provider und

Nachrichtenagentur immer entsprechend entgegengesetzt zu verstehen sind. Inhaltliche Unterschiede im Zusammenhang mit der Abgrenzung ergeben sich aufgrund der unterschiedlichen Begriffsverständnisse nicht. Fraglich ist, ob zwischen elektronisch betriebenen Informationsverbreitungssystemen und Nachrichtenagenturen bzw. News Providern nach dem Verständnis von *Götze/Wunderlich* differenziert werden kann. Als Ansatzpunkt könnten die Aktionäre herangezogen werden, die erreicht werden sollen. Mittels des elektronisch betriebenen Informationsverbreitungssystems werden in der Regel – aufgrund der mit diesem Veröffentlichungsmedium verbundenen Kosten – nur institutionelle Aktionäre erreicht werden. Gegebenenfalls könnten daher die Nachrichtenagenturen nur private Aktionäre als Zielgruppe haben. Eine solche Differenzierung lässt sich jedoch nicht den Materialien aus der Gesetzgebung entnehmen, noch wäre sie interessengerecht. Ziel der (Transparenz-) RL 2004/109/EG und des TUG ist die größtmögliche Informationsverbreitung auf nicht diskriminierende Weise. Würde man die Medienarten aufgrund ihrer Zielgruppen differenzieren, so besteht eine Diskriminierungsgefahr. Dies sollte vermieden werden. Daher ist eine Differenzierung nach den Zielgruppen nicht möglich. Weitere sinnvolle Differenzierungsmöglichkeiten sind nicht ersichtlich. Eine Differenzierung zwischen den Medienarten Nachrichtenagentur und elektronisch betriebenes Informationsverbreitungssystem ist nicht möglich. Daher müssen diese beiden Medienarten als eine Medienart angesehen werden.

Problematisch ist an diesem Verständnis nur, dass der Aktionär scheinbar schlechter gestellt wird. Würde man eine Differenzierung nach den Zielgruppen zulassen, so würde die Aktiengesellschaft über fünf, statt über vier Medienarten bekannt machen. Das Medienbündel wäre umfangreicher und die Wahrscheinlichkeit, dass der Aktionär die Information erhalten wird, wäre größer. Jedoch darf die Quantität nicht das entscheidende Kriterium sein. Vielmehr sollte eine effektive Aktionärspublizität durch effektive Bekanntmachungsmedien sicher gestellt werden.

Vergleicht man diesen Ansatz bzw. den Ansatz von *Götze/Wunderlich* mit der Alternative so wird deutlich, dass dieser Ansatz bzw. der Ansatz von *Götze/Wunderlich* sich auf die Materialien der CESR beziehen kann und eine grundsätzlich praktikable Abgrenzung der Medienarten News Provider und Nachrichtenagenturen ermöglicht. Die Alternative hingegen berücksichtigt nur die Modifikation im deutschen Gesetzgebungsverfahren, die sich in der Begründung zum Regierungsentwurf widerspiegelt. Eine klare Abgrenzung wäre nur aufgrund einer Negativdefinition möglich, die die Medienarten News Provider und Nachrichtenagenturen zu einem Auffangtatbestand oder einer Generalklausel verkommen lässt. Ein solches Ergebnis ist selbst der Begründung zum Regierungsentwurf, wie auch dem Leitfaden der BaFin nicht zu entnehmen. Diese gehen vielmehr ebenfalls von gleichartigen Medienarten aus. Daher ist dem Ansatz von *Götze/Wunderlich* zu folgen und die Medienarten News Provider und Nachrichtenagenturen entsprechend abzugrenzen. Demzufolge bestehen auch nur vier verschiedene Medienarten, über die im Rahmen des Medienbündels die Information bekannt zu machen sind.

(5.) Printmedien

Der Gesetzgeber benannte die Printmedien als eine Medienart in seiner Gesetzesbegründung[374]. Trotz dieses scheinbar eindeutigen Verständnisses herrscht in der Literatur ein Streit, ob Printmedien wirklich ein Bestandteil des Medienbündels sind[375]. Darüber hinaus ist fraglich, wie das Veröffentlichungsmedium Printmedien zu verstehen ist.

(a.) Verständnis

Das Medium Printmedien als solches ist wie oben gezeigt, im deutschen Recht bis Ende 2006 nicht enthalten gewesen. Gesetzlich normiert waren die überregionalen Börsenpflichtblätter und Wirtschafts- und Tageszeitungen. Inwiefern eine dieser bekannten Rechtsfolgen auf die Rechtsfolge Printmedien übertragen werden kann, ist mehr als fraglich. Entscheidend ist zunächst die Formulierung „wichtigsten Printmedien auf nationaler und europäischer Ebene“. Dies zeigt, dass eine Auswahl nach Auflage und lokaler Verbreitung erfolgen sollte. Letztendlich müsste im Rahmen der lokalen Verbreitung bereits eine Erhältlichkeit der Zeitung im gesamten Bundesgebiet gefordert werden. Im Hinblick auf die europäische Ebene ist die lokale Verbreitung im gesamten Bundesgebiet nicht als ein Regelmaßstab, sondern eher als ein Minimalstandard zu definieren. Die Rechtsfolge der überregionalen Börsenpflichtblätter entspricht in der lokalen Verbreitung diesem Standard. Die Einschränkung auf die wichtigsten Zeitungen, zeigt, dass auch auf die Auflage geschaut werden muss. Hier wird voraussichtlich eine Vielzahl von speziellen Zeitschriften aus dieser Rechtsfolge entfallen.
Wöchentlich erscheinende Zeitungen sind aufgrund des Sinn und Zweckes der Veröffentlichung nicht unter die Printmedien zu subsumieren. Gerade durch die verstärkte Nutzung von elektronischen Medien sollten Aktualitätsprobleme vermieden werden. Teilweise wird sogar diskutiert, ob Tageszeitungen die Bekanntmachung zu spät veröffentlichen würden. Daher kann eine Wochenzeitschrift nicht als ein solches Printmedium angesehen werden.

---

374 BT-Drucks. 16/2498 S. 49.

375 Parallel wurde auch darüber gestritten, ob die Printmedien auch bei den anderen Veröffentlichungspflichten nicht mehr vorgeschrieben werden sollen (vgl. *Dauner-Lieb/Linke* DB 2006, 706; *Liebscher/Scharff* NJW 2006, 3745 [3747]; *Noack* EHUG S. 21 [35]; HK-*Rüther* § 9 InsO Rn 3b; *Spindler* WM 2006, 109). Ergebnis dieses Streites war die Schaffung der Übergangsfrist in Art. 61 EGHGB.

(b.) Auswahl der Veröffentlichungsblätter

Bei dieser Vielzahl von möglichen Printmedien ist fraglich, wie sich der Aktionär sicher fühlen soll, auf jeden Fall die entsprechende Information zu erhalten. Einerseits könnte man argumentieren, dass in der Praxis die Information an eine Vielzahl von Medien verschickt wird, sodass die Bekanntmachungswahrscheinlichkeit sehr groß ist. Dies ist jedoch nicht normiert. Die Aktiengesellschaften unterliegen gemäß § 3a Abs. 1 WpAIV nur einer Zuleitungs- und gerade keiner Veröffentlichungspflicht. Nur eine Veröffentlichung mittels des elektronisch betriebenen Informationsverbreitungssystems und der Internetseite der Aktiengesellschaft ist gemäß § 5 WpAIV verbindlich vorgeschrieben. Hier zeigt sich deutlich, dass durch das TUG die Publizitätsgrundsätze der einfachen Verwertbarkeit der Information und der informationellen Gleichbehandlung deutlich verschlechtert worden sind. Bis zum 31. Dezember 2006 war in § 11 Abs. 1 HGB bereits normiert, dass die Veröffentlichungsblätter, die neben dem Bundesanzeiger der Publikation von Registereintragungen dienten, bis zum 06. Dezember eines Jahres für das nächste Jahr im Voraus bestimmt werden müssen. Ein Entscheiden von Fall zu Fall war daher nicht möglich[376]. Besonders ist zu beachten, dass mit dem Bundesanzeiger in der damaligen Printausgabe bereits ein entsprechendes Medium als Rechtsfolge verpflichtend vorgeschrieben war.

(c.) Notwendigkeit der Printmedien im Medienbündel

Zudem ist strittig, ob Printmedien im Medienbündel notwendig und darum überhaupt ins Medienbündel aufzunehmen sind.

(aa.) Befürwortung der Printmedien

Teilweise wird gefordert, dass Printmedien weiterhin Bestandteil der Bekanntmachung und somit auch des Medienbündels sind[377].

(α.) „schwache Stellung des kleinen Mannes"

Zunächst ist der potentielle Informationsempfänger zu beachten. Dies kann zum einen ein professioneller Aktionär, auf der anderen Seite aber auch ein Laie sein. *Zöllner*[378] weist zutreffend daraufhin, dass im Verbraucherrecht eine „*schwache Stellung des kleinen Mannes*" nicht ignoriert werden würde[379]. D.h. es ist zwar zu erwarten, dass professionelle Aktionäre in der Lage sind sich die entspre-

---

376 Großkommentar-*Hüffer*, HGB, 4. Aufl., 1995, § 11 Rn 1.

377 *Dauner-Lieb* DStR 2004, 361; *Spindler* WM 2006, 109 [111]. So scheinbar auch *Spindler/Kramski* NZG 2005, 746 [747]. Bereits 2003 forderte *Zöllner* NZG 2003, 354 [358] einen entsprechenden Übergangszeitraum.

378 *Zöllner* NZG 2003, 354 [358]. Zustimmend *Spindler* WM 2006, 109 [114].

379 *Dauner-Lieb* DStR 2004, 361 [365] sieht ebenfalls mit ähnlicher Argumentation *„eine faktische Benachteiligung der Kleinaktionäre"*.

chenden Informationen im Internet zu beschaffen, wie es jedoch für den *kleinen Mann* aussieht ist fraglich. Insbesondere verweist *Zöllner* auf Personen, die vielleicht nicht in der Lage oder des Willens sind, das Internet zu nutzen. Würde man die Printmedien aus dem Medienbegriff des § 3a Abs. 1 WpAIV herausnehmen, würden diesen Personen Nachteile zugefügt. Dies hält er allerdings nicht für fair. Er beschreibt hierbei das Nutzen des Internets als „*Gebot unserer Zeit*", nicht jedoch als Pflicht oder Obliegenheit. *Zöllner* führt weiterhin aus, dass diese Leute zu respektieren sind, die *„den virtuellen Welten des Internet mit Misstrauen und Abneigung begegnen"*. Seine Ausführung konzentrieren sich daher in folgender Formulierung: *"Dass man lesen und schreiben zu lernen hat, ist in Ordnung. Die Bedienung von Computern und die Nutzung des Internet zu lernen sollte vorerst niemanden aufgezwungen werden*"[380]. Ein Verzicht auf Printmedien ist daher erst möglich, wenn sich das Internet als selbstverständlich in der Gesellschaft, d.h. in allen Bevölkerungsschichten – auch den älteren[381] – durchgesetzt hat und eine Ungleichbehandlung der Aktionäre durch die ausschließliche Nutzung des Internets vermieden wird[382]. Momentan ist jedoch noch ein Übergangszeitraum nötig, der eine Benutzung der Printmedien weiterhin erforderlich macht.

(β.) Technische Voraussetzungen

Des Weiteren wird bezweifelt, dass das Internet jederzeit – ohne gravierende technische Probleme – funktioniert. Die Printmedien sind nicht von der Internettechnik abhängig[383]. Bei einer Entbehrlichkeit der Printmedien steht und fällt die Tragfähigkeit des Transparenzmodells mit der Voraussetzung, dass die Technik funktioniert[384]. Nach *Dauner-Lieb* ist „*die Störungs- und Manipulationsanfälligkeit der noch jungen Internet-Technik [...] allseits bekannt*"[385]. Somit sollten die Printmedien bestehen bleiben, solange sich die Informationsveröffentlichung nicht als hinreichend bewiesen hat.

---

380 *Zöllner* NZG 2003, 354 [358].

381 *Dauner-Lieb* DStR 2004, 361 [365].

382 *Spindler* WM 2006, 109 [114].

383 Sieht man einmal davon ab, dass die CESR vorschlägt, die Informationen nur auf elektronischem Wege den Medien zur Verfügung zu stellen.

384 *Dauner-Lieb* DStR 2004, 361 [362].

385 *Dauner-Lieb* DStR 2004, 361 [362]; *Dauner-Lieb/Linke* DB 2006, 767, die hierzu Internet-Serverabstürze, sog. Denial of Ervice-Attacken auf Internetseiten, Manipulation von Internetseiten, Computerviren und Trojaner als Schlagworte nennen.

(γ.) Fehlende Glaubwürdigkeit

Ein weiterer Gesichtspunkt ist die Glaubwürdigkeit des Internets. Untersuchungen[386] haben ergeben, dass die *„Bevölkerung zwar den Printmedien und mit etwas Abstand auch Fernsehen und Rundfunk [...] Glauben schenkt, das Internet aber [...] als ordnungs- und rechtsfreien Raum ansieht“* [387]. Allgemein anerkannt ist, dass Voraussetzung für das Funktionieren des Marktes das Vertrauen der Aktionäre ist. Gerade durch die Harmonisierung soll der Informationsfluss einheitlicher werden und für mehr Vertrauen bei den Aktionären sorgen. Eine schnelle Umstellung von Printmedien auf das Internet ist daher *„ohne ausreichende Erprobungs- und Bewährungsphase“*[388] nicht möglich.

(δ.) Gefahr der Quantität

Ebenfalls zu beachten ist, dass bei dem Internet als Veröffentlichungsmedium kein Zwang, mit dem beschränkten Raum auszukommen – vergleichbar wie bei einer Zeitung besteht[389]. Ein solcher Zwang zwingt jedoch die Beteiligten in regelmäßigen Abständen die Mitteilungswürdigkeit und –bedürftigkeit der Informationen zu überprüfen. *Dauner-Lieb* beschreibt diesen Zwang als „natürliche Grenze“[390]. Sie sieht die Gefahr, dass zu viele oder zu unstrukturierte Informationen dem Verbraucher zur Verfügung gestellt werden, deren Bearbeitung dem Verbraucher nicht mehr möglich ist. Ein neueres Beispiel für dieses Phänomen ist der Fall Enron[391]. Dieser zeigt, dass Publizität und Transparenz eher durch Konzentration und Zugänglichkeit der Information als durch Auferlegung neuer

---

386 U.a. Studie 29 of the Deutsches Aktieninstitut e.V.: “*Verhalten und Präferenzen deutscher Aktionäre*“ (in diesem Zusammenhang ein ausdrücklicher Verweis in *DAI* Response vom 31.03.06 S. 9).

387 *Dauner-Lieb* DStR 2004, 361 [363].

388 *Dauner-Lieb* DStR 2004, 361 [363]; *Spindler* WM 2006, 109 [113].

389 *Dauner-Lieb* DStR 2004, 361 [364].

390 Bereits 2002 zeigte *Noack* BB 2002, 2025 die Vorteile einer elektronischen Form auf: aufgrund der wegfallenden Platzbedarfsproblematik besteht die Möglichkeit der Publikation in Fremdsprachen.

391 Enron hatte einen Schuldenberg von 40 Milliarden Dollar „versteckt“. Das Verb „verstecken“ ist hierbei eigentlich falsch, denn Enron ist seinen Veröffentlichungspflichtigen in gesetzlich korrekter Weise nachgekommen. Die Reporter, die diesen „Skandal aufdeckten“, arbeiteten nur mit Materialen, die Enron veröffentlicht hatte. Trotz gewisser Vorkenntnisse benötigten sie jedoch mehrere Monate um das veröffentlichten Unternehmenszahlen so zu verstehen, dass die Schulden offensichtlich wurden. Als Reaktion auf den Fall Enron (sowie auf den Fall MCI WorldCom) wurde das US-Bundesgesetz Sarbanes Oxley Act 2002 erlassen (vgl. *Donald* WM 2003, 705). Dieses Gesetz ist für die Praxis sehr bedeutend, denn letztendlich löste dieses Gesetz die ausdrückliche Einführung von Compliance-Strukturen in Unternehmen aus. Dies gilt insbesondere seit dem Fall Siemens auch für Deutschland.

materieller Informationspflichten gesteigert wird[392]. Die stetige Kontrolle dieser Abwägung ist jedoch durch die Printmedien als „natürliche Grenze" gewährleistet.

(ε.) Keine flächendeckende Internetnutzung

Weiterhin wird auf den unterschiedlichen Anteil der Bevölkerung an der Internetnutzung verwiesen[393]. Als deutliches Gegenpaar wird hier auf Schweden mit einem Anteil von circa siebzig Prozent und auf Portugal mit einem Anteil von unter 15 Prozent verwiesen[394]. Es wird vom Aktionär nicht erwartet, dass er eine für die Informationsbeschaffung aus dem Internet zugeschnittene Betriebsorganisation bereit hält[395]. Bei einem Übergang von den Printmedien als Veröffentlichungsmedium zu Informationswegen über das Internet entsteht die Gefahr einer gesellschaftlichen Spaltung in die zwei Klassen der Informationselite mit Zugang zum Internet und der Nichtvernetzten[396]. Den Nichtvernetzten würde somit gegebenenfalls die Information vorenthalten. Dies ist jedoch auch bei dem elektronisch betriebenen Informationsverbreitungssystem der Fall[397].
Zunächst käme als Gegenargument in Betracht, dass das Medienbündel nicht auf diese zwei Medien reduziert ist; es bestehen in diesem Medienbündel weitere Medien wie Nachrichtenagenturen, d.h. praktisch Radio oder Fernsehen, zur Verfügung, die gegebenenfalls diese Lücke schließen könnten. Dies wird jedoch schwer praktikabel sein. Zum Beispiel ist bei den Finanzberichten eine Mitteilung über den genauen Pfad der Internetadresse erforderlich. Es ist in der Praxis schwer machbar dies über das Radio mitzuteilen. Es müsste dem Zuhörer hierbei die Möglichkeit zum Mitschreiben gegeben werden. Bei der Vielzahl von Finanzberichten liefe dies letztendlich auf ein „Diktat" hinaus. Auch im Fernsehen müsste eine Einblendung erfolgen, deren zeitliche Dauer dem Zuschauer die Gelegenheit zum Notieren gibt. Eine Verlagerung dieser Mitteilung in den Teletext würde den Veröffentlichungsgrundsätzen zugegen laufen, denn hierdurch würde

---

392 *Zöllner* NZG 2003, 354.

393 *Dauner-Lieb/Linke* DB 2006, 767 [768] verweisen auf eine Studie der ARD-ZDF aus dem Jahre 2005, wonach nur ca. 57 Prozent der Bevölkerung der Bundesrepublik über 14 Jahren innerhalb der letzten vier Wochen das Internet genutzt haben. Uhlenbruck/Hirte/Vallender-*Pape* § 9 InsO Rn 3 hält ebenfalls fest, dass mehr als 50 Prozent der bundesdeutschen Haushalte über einen Internetzugang verfügen. Ebenso FK-*Schmerbach* § 9 InsO Rn 3; *Schmerbach/Wegener* ZInsO 2006, 400 [402]; *Spindler* WM 2006, 109 [113].

394 *Dauner-Lieb* DStR 2004, 361 [364].

395 So bzgl. der Insolvenzbekanntmachung nach § 9 InsO: BGH Urteil vom 15. April 2010, Akz.: IX ZR 62/09, abgedruckt in: NZI 2010, 480 [481] = DB 2010, 1121 = NJW 2010, 1806 = NZG 2010, 626 = WM 2010, 940 = ZInsO 2010, 912.

396 *Dauner-Lieb* DStR 2004, 361 [364].

397 *Büche* Die Pflicht zur Ad-hoc-Publizität S. 229.

keine aktive Verbreitung mehr erfolgen, sondern eine passive, d.h. dem Aktionär obliegt die Pflicht sich die Information zu besorgen.

(ζ.) Änderung von „Push" zu „Pull"

Gerade diese vermeintliche Pflicht des Aktionärs Informationen selbst zu suchen, wird als weiteres Argument für die Beibehaltung der Printmedien gebracht. Angeblich würde durch den Übergang vom Printmedium zum Internet auch eine Verlagerung der Aktivität vom Informationsanbieter auf den Informationssuchenden verbunden sein, sodass keine Bringschuld der Information („Push"[398]), sondern eine Holschuld („Pull") des Aktionärs vorliegt[399]. Dieses Argument ist jedoch kritisch zu beurteilen. Voraussetzungen für den Erhalt der Printmedien ist der Abschluss eines Abonnements durch den Aktionär. Der Aktionär muss daher vorab ebenfalls aktiv tätig werden. Zudem ist fraglich, ob es einen Unterschied macht, ob der Aktionär die Zeitung aus dem Briefkasten holen muss und durcharbeiten muss, um die Information zu erhalten oder ob der Aktionär den Computer einschaltet und beispielsweise auf www.handelsblatt.de die entsprechende Nachricht elektronisch liest. Bzgl. des aktiven Arbeitsaufwands des Aktionärs ist hier kein Unterschied vorhanden.

(bb.) Ablehnung von Printmedien

Teilweise wird daher bereits jetzt gefordert, nicht mehr über Printmedien zu publizieren[400]. Ein Übergangszeitraum zur Umstellung sei nicht mehr erforderlich.

(α.) Kein Speichermedium

Bei der Betrachtung des Gegenarguments ist zunächst festzustellen, dass die Printmedien nicht als Speichermedium konzipiert sind[401]. Die Aufgabe der Printmedien als Bestandteil des Medienbündels nach § 3a Abs. 1 S. 1 WpAIV ist „*den Rechtsverkehr auf Veränderungen in dem Archiv aufmerksam zu machen*"[402]. Diese Mitteilung hat keinen zwingenden schriftlichen Charakter.

---

398 Zu diesem Begriff: *Beurskens* EHUG S. 112; *Noack* ZGR 1998, 592 [605]; *ders.* Elektronische Unternehmenspublizität S. 37; *Spindler* WM 2006, 109 [112]; KK-*Versteegen* § 15 WpHG Anh. – § 5 WpAIV Rn 4.

399 *Dauner-Lieb/Linke* DB 2006, 767 [768]; *Spindler* WM 2006, 109 [112].

400 *Pirner/Lebherz* AG 2007, 19 [23]. Mit dieser Tendenz im Gesetzgebungsverfahrungen bereits: BR-Drucks. 579/1/06 S. 4.

401 *Gustavus* BB 1979, 1175 [1176].

402 *Noack* FS Ulmer S. 1245 [1261].

(β.) Grenzüberschreitender Informationsverbund

Eine Ablehnung der Printmedien wäre weiterhin im Hinblick auf den Grundgedanken der Harmonisierung der Veröffentlichungspflichten im europäischen Raum sinnvoll. Gerade bei der Vermittlung von Informationen über das Internet sind die räumlichen Wege irrelevant[403]. Von jedem Ort der Welt kann jedermann mittels des Internets die Bekanntmachungen abrufen[404]. Somit ist eine effektive europaweite Verbreitung nur über das Internet möglich[405].

(γ.) Akzeptanz der Datenanhäufung

Die früher empfundene Angst vor einer als unheimlich empfundenen Datenanhäufung[406] besteht heutzutage nicht mehr. Aufgrund der fortgeschrittenen technischen Entwicklung werden diese Datensammlungen[407] eher nüchtern betrachtet[408]. Gerade im elektronischen Bereich können Suchfunktionen genutzt werden, die dem jeweiligen Nutzer eine bessere Hilfe bei der Suche nach den benötigten Informationen ist, als ein gedrucktes Exemplar ohne Suchfunktion. Eine solche elektronische Such- oder Recherchefunktion strukturiert die „Datenanhäufung" in der Weise, dass der interessierte Aktionär die entsprechenden Informationen übersichtlich dargestellt kriegt[409].

(δ.) Zeitliche Verzögerung

Eines der gewichtigsten Argumente ist die zeitliche Verzögerung[410]. Als einzige Medienart sind die Printmedien nicht für eine schnelle Verbreitung geeignet. Hierbei ist es noch nicht mal zwangsläufig, dass die entsprechenden Printmedien täglich erscheinen[411]. Manche „*Printmedien zeichnen sich technisch bedingt durch eine Verzögerung bei der Informationsverbreitung aus, welche nicht sel-*

---

403 So bereits *Noack* BB 2002, 2025 für den elektronischen Bundesanzeiger.

404 *Liebscher/Scharff* NJW 2006, 3745 [3748].

405 *Bosse* DB 2007, 39 [46]; *Hutter/Kaulamo* NJW 2007, 550 [555]; *Liebscher/Scharff* NJW 2006, 3745 [3748]; *Neye* ZIP 1999, 1944 [1945]; *Noack* FS Ulmer S. 1245 [1248]; *Rodewald/Unger* BB 2006, 1917 [1919]. So letztendlich auch *Noack* ZGR 1998, 592 [596f.].

406 *Gustavus* GmbHR 1987, 253 [254].

407 Bewusst ist hier das pessimistisch wirkende Nomen „Datenanhäufung" gegen das neutrale Nomen „Datensammlung" ausgetauscht worden.

408 *Liebscher/Scharff* NJW 2006, 3745 [3748]; *Noack* FS Ulmer S. 1245 [1250].

409 Vgl. *Liebscher/Scharff* NJW 2006, 3745 [3748]; *Noack* EHUG S. 21 [36].

410 Fuchs-*Pfüller* § 15 WpHG Rn 241; *Pirner/Lebherz* AG 2007, 19 [22]. CESR (u.a. in 05~267 S. 19) weist wiederholt daraufhin, dass der service provider „*24 hours a day, seven days a week*" den Erhalt und die Weiterleitung der Informationen sicher stellen muss; wäre keine entsprechende zeitliche Informationspflicht des Emittenten, wären die zeitlichen Anforderungen für den service provider entsprechend.

411 *Noack* WM 2007, 377 [381]; *Spindler/Kramski* NZG 2005, 746 [747].

ten mehrere Tage erreicht“ [412]. Ist ein solcher Zeitraum als maßgeblich anzusehen, so würde eine zeitgleiche Information aller Aktionäre über das Medienbündel praktisch nicht bzw. mit einem unverhältnismäßigen Aufwand erfolgen. *K. Schmidt* geht sogar soweit das „*Modell der papierenen Registernotiz*“[413] als Modell aus dem vorvorigen Jahrhundert zu bezeichnen. Liest man sich die obige Tabelle durch, so fällt auf, dass alle Medien innerhalb von Minuten theoretisch veröffentlichen können[414], bei den Printmedien redet man grundsätzlich von Tag(en)[415]. Gerade bei einer so kurzen aktuellen Bedeutung wie bei Informationen bezüglich des Kapitalmarktes bzw. über Gesellschaften, die am Markt gelistet sind, ist eine solche zeitliche Dauer nicht praktikabel. Zudem können Informationen über das Internet zu jeder Tag- und Nachtzeit eingesehen werden[416]. Eine solche Möglichkeit bieten die Printmedien nicht.

(ε.) Kostenargument

Ein weiteres entscheidendes Argument sind die Kosten[417]. Die von *Pirner / Lebherz*[418] angenommene Kostenbelastung[419] des Emittenten besteht zwar nicht, da nur eine Zuleitungs-, aber keine Veröffentlichungspflicht besteht. Jedoch sind nicht nur die Kosten des Emittenten zu beachten, sondern auch die des Aktionärs. Der Emittent hätte bei der Medienart Printmedien die Auswahl zwischen den verschiedenen wichtigsten nationalen und europäischen Zeitungen. Betrachtet man beispielsweise nur die nationalen, so zählen hierzu u.a. der Bundesanzeiger, sowie die – früheren – Börsenpflichtblätter, namentlich Börsen-Zeitung, Financial Times Deutschland, Frankfurter Allgemeine Zeitung, Frankfurter Rundschau, Handelsblatt, Süddeutsche Zeitung und Die Welt. Laut BaFin ist der Emittent nur zur Zuleitung zu einem Medium dieser Medienart verpflichtet. Um eine komplette Abdeckung dieser Medienart zu erreichen müssten u.a. die oben

412 Zum Beispiel erscheint der Bundesanzeiger täglich von Montag bis Freitag; die Börsen-Zeitung erscheint zwar ebenfalls täglich, jedoch von Dienstags bis Samstags.

413 *K. Schmidt* ZIP 2002, 413.

414 *CESR* 05~407 S. 8 fordert „*on a real time basis*“ (begrenzt für kritische Informationen).

415 *Pirner/Lebherz* AG 2007, 19 [22]. Bei dem Print-Bundesanzeiger war beispielsweise ein Vorlauf von circa vier Tagen erforderlich (*Noack* Elektronische Unternehmenspublizität S. 6 [Fn 11]).

416 *Liebscher/Scharff* NJW 2006, 3745 [3748].

417 U.a. verweist *Noack* WM 2007, 377 [381] auf die Kostenbelastung. Ebenso *Liebscher/Scharff* NJW 2006, 3745 [3748].

418 *Pirner/Lebherz* AG 2007, 19 [23].

419 Höhe: „*vierstellige Summe*“. In ihrem Bericht zu §§ 30b, 46 Abs. 4 WpHG a.F. hebt die Bundesregierung hervor, dass die Veröffentlichungskosten in Printmedien bei längeren Tagesordnungen für Hauptversammlungen jenseits von 10.000 EUR liegen können (BT-Drucks. 16/9568 S. 1).

genannten Zeitungen seitens des Aktionärs angeschafft werden[420]. Hierbei fällt jährlich ein Betrag von 4.009,60 EUR[421] an. Demzufolge ist eine Abkehr von den Printmedien für den Aktionär wesentlich günstiger. Zudem ist es dem Aktionär auch eine flächendeckende Beobachtung sämtlicher Printmedien nicht zuzumuten[422].

(ζ.) Bereitschaft zum Abdruck

Auch den Abdruck von *„technische[n] Formelwerken“*[423], d.h. dem genauen Pfad der Internetadresse[424] werden Printmedien ungern nachkommen. Bereits 1993 stellte *Schneider* fest, dass in den Tages- und Wirtschaftszeitungen der Berichtsumfang für einzelne Gesellschaften nur *„selten wenige Zeilen [...beträgt...], solange kein Verdacht auf Skandale auflagensteigernd zu vermarkten ist“*[425].

(η.) Qualitätsverlust der Printmedien

Nicht vergessen werden darf, dass die Printmedien sich durch den Verkauf der Zeitung finanzieren[426]. Hierbei achten die Redaktionen verständlicherweise aus wirtschaftlichen Gesichtspunkten darauf, dass hauptsächlich Informationen, die ihre Leser interessieren veröffentlicht werden. Treten neben die Printmedien weiter Medien im Medienbündel, so ist zu erwarten, dass mehrere Leser sich die Informationen auf einem dieser anderen Wege besorgen. Letztendlich würde dies bedeuten, dass die Redaktionen hierauf reagieren würde und sich nicht mehr als Veröffentlichungsmedium sehen werden, d.h. die Informationen ver-

---

420 Vgl. hierzu auch *Kullmann/Sester* WM 2005, 1068 [1074], die ausdrücklich festhalten, dass *„in irgendeiner Zeitung“* die Bekanntmachung erfolgen muss. Ebenso *Noack* AG 2003, 537 [547].

421 Zur Berechnung siehe *Kap. F. VII.*

422 Ähnlich *Liebscher/Scharff* NJW 2006, 3745 [3748]. So zur Insolvenzbekanntmachungen in den Veröffentlichungsblättern: BGH Urteil vom 15. April 2010, Akz.: IX ZR 62/09, abgedruckt in: NZI 2010, 480 [481] = DB 2010, 1121 = NJW 2010, 1806 = NZG 2010, 626 = WM2010, 940 = ZInsO 2010, 912.

423 *Noack* WM 2007, 377.

424 BR-Drucks. 579/06 S. 96; KK-*Mock* § 37v n.F. Rn 17.

425 *Schneider* DB 1993, 1429 [1430]. Ähnlich *Schilling* Informationen zum Kapitalmarkt im Internet S. 1, der aufzeigt, dass eine Darstellung aller börsennotierten Wertpapiere (zum Beispiel) den Umfang einer Tageszeitung sprengen würde.

426 Der Emittent ist zur Veröffentlichung nicht verpflichtet, d.h. er wird wahrscheinlich auch keine kostenintensiven Anzeigen schalten, so dass sich die Printmedien nicht bzw. auch nicht teilweise über den Emittenten finanzieren können.

ringern werden, sodass die Leser sich immer weniger auf die Printmedien als Veröffentlichungsmedien verlassen werden[427].

(θ.) Praktikabilität

Weiterhin ist der fehlende praktische Nutzen der Printmedien als Bestandteil des Medienbündels zu betrachten. Selbst der momentan bestehende Kompromiss sollte praktisch nicht haltbar sein. Zwar formuliert selbst die CESR in Nr. 34[428], dass der Zugang zu den Informationen allen interessierten Medien in einer nicht diskriminierenden Basis zugeleitet werden soll. Sobald jedoch eine Information zu veröffentlichen ist, ist fraglich, wie dies geschehen soll unter dieser Voraussetzung. Bei Printmedien muss die Information zunächst zur Redaktion geschickt werden; diese muss sich entscheiden und die entsprechende Formatierung treffen; anschließend muss die Zeitung gedruckt werden, um anschließend zwischen drei und sechs Uhr entsprechend verteilt zu werden. Wann ist hier die Veröffentlichung erfolgt? Um drei Uhr, wenn theoretisch die Möglichkeit der Kenntnisnahme besteht, oder um sechs Uhr, wenn eigentlich alle Zeitungen ausgeliefert sein sollten? Nebenbei ist zu hinterfragen, wann die anderen Medienarten die Information erhalten sollen? Zu dem Zeitpunkt wie die Printmedien, aber mit der Auflage diese Information nicht vor sechs Uhr zu veröffentlichen? Oder besteht sogar ein Stufensystem, dass erst die Printmedien die Informationen erhalten und anschließend erst die anderen Medienarten kurz vor sechs die Information, da sie technisch in der Lage sind, diese innerhalb weniger Minuten zu publizieren. Alternativ könnte man auch sagen, dass die Information an alle Medien zu zuleiten ist, wenn diese zu veröffentlichen ist, unabhängig von den verschiedenen Medienarten. In diesem Fall würden die Printmedien klar diskriminiert, denn sie könnten keine aktuellen Informationen, sondern nur noch Informationen, die mehrere Stunden oder Tage alt sind, veröffentlichen[429]. Printmedien sind mit dem Grundsatz der aktuellen und möglichst europaweiten Verbreitung der veröffentlichungspflichtigen Tatsache nicht zu vereinbaren[430].

---

427 Als Kompromiss in dieser Problematik könnte diese Umstellung als die von *Zöllner* geforderte Übergangszeit (siehe (a.)) angesehen werden; dies ist jedoch letztendlich zu verneinen, denn hierdurch wird das Problem zeitlich nur verlagert.

428 *CESR* 05~407.

429 Deshalb bezeichnen *Märzheuser/Gutzy* Ad-hoc-Dienstleister in Deutschland S. 16 2004 die Börsenpflichtblätter als „Zweitpublikation". Dieses Verständnis kann aktuell auf sämtliche Printmedien übertragen werden.

430 Zwar könnte man hiergegen argumentieren, dass erst ab 9 Uhr an der Börse gehandelt wird und bei erheblichen Informationen eine Aussetzung des Handels erfolgen würde; jedoch ist zu beachten, dass im Kapitalmarkt Gewinn(e) aufgrund eines Wissensvorsprungs erzielt werden; hierzu gehört auch, dass manche Anleger mehr Zeit zur Verarbeitung einer Information haben.

(ι.) Internetzugang

Weiterhin ist die fehlende Internetzugangsmöglichkeit nicht so zwangsläufig, wie von *Zöllner* dargestellt. Wer nicht Willens ist, das Internet zu nutzen, muss auch die Nachteile einer solchen Entscheidung in Kauf nehmen. Wer selbst die technischen Möglichkeiten für einen Internetzugang nicht hat, muss jedoch nicht auf die Informationen verzichten. In vielen öffentlichen Bibliotheken oder in privaten Internetcafés besteht die Möglichkeit diesen Internetzugang zu nutzen[431]. Somit kann der Aktionär über diesen Weg die gewünschten Informationen herhalten.

(cc.) Fazit

Die Argumente, die die Printmedien als Medienart im Medienbündel ablehnen, überzeugen. Eine zeitnahe Bekanntmachung ist mit elektronischen Medien wesentlich effektiver möglich als mit Printmedien. Zudem ist sowohl für die Aktiengesellschaft, als auch für den Aktionär die Bekanntmachung über das Internet finanziell günstiger. Daher wäre es wünschenswert, dass die Printmedien nicht Bestandteil des Medienbündels und nicht unter den Begriff Medien im Sinne des § 3a Abs. 1 S. 1 WpAIV zu subsumieren sind. Jedoch steht diesem praktisch wünschenswerten Ergebnis die – in der Gesetzesbegründung ausdrücklich niedergelegte – Feststellung des Gesetzgebers entgegen, der die Printmedien als Bestandteil des Medienbündels angesehen hat. Der Gesetzgeber hat einen entsprechenden Gestaltungsspielraum, den er hier bei der Ausgestaltung des Medienbündels genutzt hat. Diese Entscheidung des Gesetzgebers ist zu respektieren. Daher sollte eine Änderung bezüglich der Zusammensetzung des Medienbündels nur über den Gesetzgeber erfolgen. Im Rahmen der Auslegung das ausdrücklich vom Gesetzgeber genannte Verständnis zu ändern, ist dogmatisch nicht richtig.

Demzufolge sind Printmedien ein Bestandteil des Medienbündels. Der obige Streit und die Forderung auf Ausschluss der Printmedien aus dem Medienbündel sind begründet, jedoch kann eine solche Rechtsänderung nur durch den Gesetzgeber erfolgen.

(6.). Internetseiten für den Finanzmarkt

Der Begriff der Internetseiten für den Finanzmarkt ist unbestimmt. Zwar ist der Bestandteil „Internetseiten“ eindeutig, jedoch ist die Eingrenzung „für den Finanzmarkt“ nicht fassbar. Es existieren im Internet eine *„beinahe unüberschaubare Zahl von Discount-Brokern, Banken, Sparkassen, Fachverlagen und anderen Anbietern [, die Börseninformationen anbieten]“*[432]. Hier stellt sich die Frage, ob alle diese Anbieter unter dieses Bekanntmachungsmedium fallen oder ob

---

431 *Liebscher/Scharff* NJW 2006, 3745 [3748].

432 *Schilling* Informationen zum Kapitalmarkt im Internet S. 6.

hier eine qualitative Auslese zu erfolgen hat. Im Falle der Auslese wäre nach der dogmatischen Grundlage und den entsprechenden Kriterien zu fragen. Somit wurde diese Medienart auch von der BaFin nicht konkreter geregelt.

(7.) Literaturmeinungen zum Verständnis der BaFin

(a.) Zustimmung

Teile der Literatur haben sich diesem Verständnis der BaFin angeschlossen[433].

(b.) Unterschiedliches Verständnis

Andere Teile der Literatur sehen das Verständnis der BaFin bezüglich des Merkmals „Medien" im Sinne von § 3a Abs. 1 WpAIV als zu umständlich an. Diese Teile der Literatur wollen die Anzahl der Medien verringern. Teilweise wird daher vertreten, dass eine Bekanntmachung mittels des elektronischen Bundesanzeigers[434] oder mittels des elektronisch betriebenen Informationsverbreitungssystems[435] ausreicht. Insbesondere seit der Einführung des § 121 Abs. 4a AktG ist eine entsprechende Auffassung im vordringen[436].
Assmann vertritt hierneben die Ansicht, dass das elektronisch betriebene Informationsverbreitungssystem als obligatorisches Medium immer gewählt werden muss und es darüber hinaus ausreicht, wenn ein weiteres Medium einer anderen Medienart bedient wird[437].

(c.) Eigener Standpunkt

Den Stimmen in der Literatur, die das Verständnis der BaFin ablehnen, ist in dem Punkt zu folgen, als dass eine Veröffentlichung über ein aus fünf Medienarten bestehendes Medienbündel abzulehnen ist. Bereits oben wurde gezeigt, dass gar keine fünf verschiedenen Medienarten, sondern nur vier existieren. Jedoch zeigt die Gesetzesbegründung[438] deutlich, dass der Gesetzgeber ein solches Medienbündel, wie es dem Verständnis der BaFin entspricht, schaffen wollte. Dieser Wille ist zu respektieren. D.h. die zum Verständnis der BaFin unterschiedli-

---

433 *Göres* Der Konzern 2007, 15 [23]; *Götze/Wunderlich* in: *Habersack u.a.* Handbuch der Kapitalmarktinformation § 9 Rn 44; *Hutter/Kaulamo* NJW 2007, 550 [555]; Fuchs-*Pfüller* § 15 WpHG Rn 247; *Riegger/Rieg* ZIP 2007, 1148 [1150]; *Rodewald/Unger* BB 2006, 1917 [1919]; *Schlitt/Schäfer* AG 2007, 227 [231]. Teilweise *Nießen* NZG 2007, 41 [46].

434 So tendenziell *Noack* AG 2003, 537 [550]. Kritisch zu diesem Verständnis: *Büche* Die Pflicht zur Ad-hoc-Publizität S. 229.

435 *Buck-Heeb* Kapitalmarktrecht Rn 193. KK-*Versteegen* § 15 Rn 114 und 194 scheint ebenfalls nur eine Bekanntmachung mittels des elektronisch betriebenen Infoverbreitungssystems und der Internetseite der Aktiengesellschaft zu fordern.

436 Siehe hierzu *Kap. D. XIII. 2. d. bb.*

437 Assmann/Schneider-*Assmann* § 15 WpHG Rn 280.

438 BT-Drucks. 16/2498 S. 49.

chen Ansichten sind praktisch sehr sinnvoll, jedoch entsprechen sie nicht dem Willen des Gesetzgebers. Daher ist das Merkmal „Medien“ im Sinne von § 3a Abs. 1 WpAIV dem Verständnis der BaFin entsprechend zu verstehen, wobei jedoch die Medienarten elektronisch betriebenes Informationsverbreitungssystem und Nachrichtenagenturen als eine Medienart zu verstehen sind. Dieses modifizierte BaFin-Verständnis ist zunächst weiter zu befolgen, sofern der Gesetzgeber nicht deutlich die Gesetzeslage ändern möchte. Durch das ARUG, in Form der Einführung des § 121 Abs. 4a AktG, ist dies nicht erfolgt[439].

c. Teleologische Auslegung

Zuletzt sollte eine Auslegung des Begriffs Medien im Hinblick auf den Sinn und Zweck dieser Vorschrift erfolgen. Durch den § 3a WpAIV sollte *„der Zugang der Anleger zu Informationen über die Emittenten [...] auf Gemeinschaftsebene besser organisiert werden, um die Integration der europäischen Kapitalmärkte stärker zu fördern“*[440].

aa. Vielzahl von Medien

Wie bereits unter *Kap. D.* erwähnt, wäre ein zentrales Medium zur Veröffentlichung wünschenswert gewesen. Der deutsche Gesetzgeber hat sich – wie bereits die (Transparenz-) RL 2004/109/EG – bewusst gegen ein solches Medium entschieden. Vielmehr ist eine Vielzahl von Medien gewünscht, die in Konkurrenz zueinander stehen. Ist die Schaffung eines solchen „Informationsmarktes“ erwünscht, so ist es folgerichtig, möglichst vielen Medien die Veröffentlichungsmöglichkeit zu geben. Hierbei sollten auch die verschiedenen Veröffentlichungsmethoden verwendet werden.

bb. Homepage des Emittenten

Teleologisch richtig ist die Nichtaufnahme der Homepage in das Medienbündel[441]. Zunächst erfolgt durch diese Homepage in der Regel keine aktive Verbreitung. Zum anderen besteht bei der Homepage die Möglichkeit, dass die Informationen von dem Emittenten – vorzeitig – gelöscht oder verändert werden können[442]. Aufgrund der Manipulationsmöglichkeit und der fehlenden aktiven Verbreitung kann die Homepage kein Medium im Sinne des § 3a WpAIV sein.

d. § 121 Abs. 4a AktG

Durch Art. 1 Nr. 9 lit. c) ARUG wurde mit Wirkung zum 01. August 2009 der § 121 Abs. 4a AktG eingefügt. Hiernach müssen bestimmte Informationen sol-

---

439 Vgl. hierzu die Begründung in *Kap. D. XIII. 2. d. cc. (5.)*.

440 (Transparenz-) RL 2004/109/EG Erwägungsgrund Nr. 25 S. 1.

441 *CESR* 05~408 S. 8.

442 *Zöllner* NZG 2003, 354 [357].

chen Medien zur Veröffentlichung zugeleitet werden, bei denen davon ausgegangen werden kann, dass sie die Information in der gesamten Europäischen Union verbreiten. Im Referentenentwurf war darüber hinaus eine entsprechende Geltung von § 3a Abs. 2 und 4 WpAIV vorgesehen. Dies wurde jedoch gestrichen und bereits der Regierungsentwurf enthielt einen solchen Verweis nicht mehr[443].

Ob § 121 Abs. 4a AktG denselben Bekanntmachungsweg wie § 3a WpAIV in Verbindung mit den entsprechenden Vorschriften verlangt, ist umstritten.

aa. Kapitalmarktrechtliche Auslegung

Teile der Literatur sind der Ansicht[444], dass die Formulierung des § 121 Abs. 4a AktG sich am § 3a WpAIV orientiert und somit dessen Bekanntmachungsweg ebenfalls vorschreibt. Hierfür spricht insbesondere der Wortlaut. Zudem zeigt die im Referentenentwurf vorgesehene Verweisung auf die § 3a Abs. 2 und 4 WpAIV, dass die Rechtsfolge des § 3a Abs. 1 WpAIV durch § 121 Abs. 4a AktG normiert werden sollte.

bb. Aktienrechtliche Auslegung

Die scheinbare herrschende Literaturmeinung[445] ist der Ansicht, dass der Bekanntmachungsweg des § 121 Abs. 4a AktG nicht mit dem Bekanntmachungsweg des § 3a WpAIV zu vergleichen ist. § 121 Abs. 4a AktG soll nach dieser Ansicht eine eigene Rechtsfolge darstellen. Diese Ansicht sieht eine Bekanntmachung über den elektronischen Bundesanzeiger als ausreichend an. Dieses Verständnis begründet diese Ansicht im Wesentlichen mithilfe des Sinn und Zwecks des § 121 Abs. 4a AktG. Sinn und Zweck soll eine effektive Bekannt-

---

443 Vgl. *Paschos/Goslar* AG 2009, 14 [16].

444 *Horn* ZIP 2008, 1558 [1560]; *Seibert* ZIP 2008, 906 [908]. *Seibert/Florstedt* ZIP 2008, 2145 [2147] formulieren ihre Meinung unklar. Zwar sehen sie als gesetzlichen Regelfall eine Bekanntmachung im elektronischen Bundesanzeiger an, jedoch verweisen sie anschließend ausdrücklich darauf, dass § 121 Abs. 4a AktG dem § 3a WpAIV entspricht. Die anschließende Idee, dass der elektronische Bundesanzeiger einen Verbreitungsdienst im Sinne von § 3a WpAIV aufbauen könnte, kann man als Aufforderung an den Bundesanzeiger verstehen, dass dieser ebenfalls als service provider tätig werden soll. Ein solcher Verbreitungsdienst ist allerdings nur sinnvoll, wenn mehrere Medien neben dem elektronischen Bundesanzeiger bedient werden müssen. Somit scheinen *Seibert/Florstedt* ebenfalls der kapitalmarktrechtlichen Auslegung letztendlich zu folgen.

445 Teilweise noch zum RefE und RegE: *Drinhausen/Keinath* BB 2008, 1238 [1243]; *Grobecker* NZG 2010, 165 [168, insbesondere Fn 19]; *Noack* NZG 2008, 441 [442]; *Paschos/Goslar* AG 2008, 605 [608]; *dies.* AG 2009, 14 [16]; *Ratschow* DStR 2007, 1402 [1404]; *Sauter* ZIP 2008, 1706 [1707]; *Zetzsche* NZG 2007, 686 [688]; *ders.* Der Konzern 2008, 321 [323].
Den Wunsch nach einer gesetzlichen Umsetzung dieser aktienrechtlichen Auslegung formulierte *Zetzsche* bereits in NZG 2007, 686 [688].

machung der Information sein. Mittels des elektronischen Bundesanzeigers wird eine Information an Medien in der Europäischen Union weitergeleitet, sodass dementsprechend der elektronische Bundesanzeiger nach dieser Ansicht ausreicht. Des Weiteren wird auf die Regierungsbegründung zum ARUG verwiesen[446], in der es heißt, dass Medien im Sinne des § 121 Abs. 4a AktG insbesondere auch der Betreiber des elektronischen Bundesanzeigers sein kann. Hieraus schließt die aktienrechtliche Auslegung, dass der Gesetzgeber bei der Schaffung des § 121 Abs. 4a AktG den elektronischen Bundesanzeiger als Veröffentlichungsmedium normieren wollte.

cc. Eigene Position zu dieser Ansicht

Das Verständnis der aktienrechtlichen Auslegung ist problematisch.

(1.) Gesetzeswortlaut des § 121 Abs. 4a AktG

Der größte Kritikpunkt ist der Gesetzeswortlaut, der der aktienrechtlichen Auslegung entgegensteht. Wollte der Gesetzgeber wirklich nur eine Bekanntmachung über den elektronischen Bundesanzeiger, so hätte er dies entsprechend im § 121 Abs. 4a AktG normieren können, indem er statt „*solchen Medien zur Veröffentlichung zuzuleiten, bei denen davon ausgegangen werden kann, dass sie die Information in der gesamten Europäischen Union verbreiten*“ entsprechend § 25 S. 1 AktG beispielsweise die Formulierung „*entsprechend in den elektronischen Bundesanzeiger einzurücken*“ oder „*durch Bekanntmachung in den Gesellschaftsblättern*“ verwendet hätte. Gerade im AktG wird grundsätzlich eine Bekanntmachung in den Gesellschaftsblättern normiert, wobei die Gesellschaftsblätter in § 25 AktG als der elektronische Bundesanzeiger zuzüglich weitere in der Satzung freiwillig vorgeschriebene Medien festgelegt werden. Von diesem Grundsatz ist der Gesetzgeber in § 121 Abs. 4a AktG deutlich abgewichen, sodass hier nicht ein redaktioneller Fehler anzunehmen ist. *Paschos/Goslar* versuchen diese Kritik dadurch zu entkräften, dass sie anführen, dass „*zumindest theoretisch* [es] *nicht ausgeschlossen werden kann, dass der Betreiber des elektronischen Bundesanzeigers seine Praxis in der Zukunft einmal ändert und damit die Verbreitung in der Europäischen Union über ihn nicht mehr gesichert wäre*“[447]. Fraglich bleibt aber, warum sich der Gesetzgeber dann für ein Medium zur Bekanntmachung entschieden hat, bei dem für die Zukunft nicht die gewünschte Bekanntmachungsreichweite gesichert ist. Auf eine entsprechende Änderung der Bekanntmachungspraxis des elektronischen Bundesanzeigers hätte der Gesetzgeber auch durch eine Gesetzesänderung reagieren können.

---

446 Vgl. *Paschos/Goslar* AG 2009, 14 [16].
447 *Paschos/Goslar* AG 2009, 14 [16].

Weiterhin könnte man gegen die hier vertretene Ansicht anführen, dass nach dem Wortlaut des § 121 Abs. 4a AktG keine so umfangreiche Verbreitung wie nach § 3a Abs. 1 WpAIV gewünscht wird. Im Gegensatz zu § 3a Abs. 1 WpAIV wurde beim § 121 Abs. 4a AktG nicht eine Verbreitung in den übrigen Vertragsstaaten des Abkommens über den Europäischen Wirtschaftsraum gefordert. Demzufolge sind Liechtenstein, Norwegen und Island nicht erfasst. Jedoch ist diese Wortlautabweichung geringfügig.

(2.) Begründung zum RegE (ARUG)

Innerhalb der Regierungsbegründung zum ARUG findet sich auf S. 42 ein Satz zu der hier diskutierten Problematik: „*'Medien' im Sinne des Absatzes 4a können dabei auch die Gesellschaftsblätter im Sinne des Absatzes 4 Satz 1 sein, also insbesondere auch der Betreiber des elektronischen Bundesanzeigers, sofern der vom Gesetz geforderte Verbreitungsdienst von ihnen angeboten wird*“[448]. Durch diesen Satz zeigt der Gesetzgeber nicht, dass er ausschließlich eine Verbreitung über den elektronischen Bundesanzeiger wünscht. Vielmehr deuten die Formulierungen „*können ... auch*“ und „*insbesondere auch*“ an, dass der Gesetzgeber wünscht, dass der elektronische Bundesanzeiger ein Medium ist, über welches die Informationen zu verbreiten ist, aber durch die mehrfache Verwendung des Adverbs „auch“ wird deutlich, dass mehrere Medien gefordert werden. Die Zuleitung an dem elektronischen Bundesanzeiger reicht nicht aus um § 121 Abs. 4a AktG zu erfüllen.

Hätte eine Weiterleitung an den elektronischen Bundesanzeiger ausgereicht, wäre wie oben bereits festgestellt es einfach gewesen, nur eine Bekanntmachung über die Gesellschaftsblätter festzulegen, denn auch hier wäre neben der verpflichtenden Bekanntmachung über den elektronischen Bundesanzeiger eine freiwillige Bekanntmachung über weitere Medien möglich (vgl. § 25 AktG).

(3.) Verweisung im RefE

Weiterhin sollte die Verweisung des RefE auf § 3a Abs. 2 und 4 WpAIV beachtet werden. Gerade durch diese Verweisung wird deutlich, dass bei der Formulierung des § 121 Abs. 4a AktG an die Rechtsfolge des § 3a Abs. 1 S. 1 WpAIV gedacht worden ist.

(4.) Funktion des elektronischen Bundesanzeiger

Die aktienrechtliche Meinung argumentiert weiterhin mit der Funktion des elektronischen Bundesanzeigers. Dieser leitet die Informationen an angeschlossene Medien weiter[449], soweit diese diesen kostenpflichtigen Service in Anspruch nehmen. Im Umkehrschluss bedeutet dies, dass eine aktive Weiterleitung der

---

448 BT-Drucks. 16/11642 S. 28.

449 *Noack* NZG 2008, 441 [442].

Information unterbleibt[450], soweit die Medien diesen Service nicht in Anspruch nehmen. Diese Medien müssten sich die Informationen selbst beim elektronischen Bundesanzeiger beschaffen[451]. Dies widerspricht allerdings dem Grundgedanken der aktiven Bekanntmachung. Passive Informationsquellen sollen gerade vermieden werden. Der elektronische Bundesanzeiger ist nicht wie ein service provider konstruiert. Service provider lassen sich ihre Bekanntmachungsdienstleistung vom Veröffentlichungspflichtigen bezahlen und leiten die Information kostenlos an ihr Medienbündel weiter. Der elektronische Bundesanzeiger hingegen verlangt sowohl beim Veröffentlichungspflichtigen als auch beim Informationsempfänger im Falle der Weiterleitung – mittels seines kostenpflichtigen Info-Diensts – Gebühren. Dieser Unterschied ist schwerwiegend, denn aufgrund der Gebührenpflicht wird der elektronische Bundesanzeiger ein nicht so umfangreiches Medienbündel zur Weiterleitung zur Verfügung stehen, wie den service providern.
Es ist wichtig, dass Bekanntmachungsweg und Bekanntmachungsmedien klar getrennt werden. Der elektronische Bundesanzeiger kann in seiner aktuellen Funktionsweise nur ein Bekanntmachungsmedium sein. Sollte sich der elektronische Bundesanzeiger aufgrund der gesetzlichen Lage ebenfalls zu einem service provider entwickeln, so wäre dies sehr kritisch zu beurteilen. Sinn und Zweck des TUG und EHUG war die Trennung zwischen Informationsspeicherung und –bekanntmachung. Die Speicherung sollte zentral erfolgen – in Deutschland im Unternehmensregister – und für die Bekanntmachung sollte sich ein Markt bilden. Wird jetzt der elektronische Bundesanzeiger ebenfalls ein service provider, so kann dieses Unternehmen als einziges die Speicherung und die Bekanntmachung abdecken, sodass letztendlich faktisch eine besondere Marktposition des elektronischen Bundesanzeigers geschaffen würde. Bevor dies erfolgt, sollte der Gesetzgeber an einer Gesetzesänderung auf deutscher und europäischer Ebene arbeiten und nicht letztendlich faktisch (oder durch Auslegung) die Gesetzeslage ändern.

(5.) Zwischenergebnis

Nur die Weiterleitung an den elektronischen Bundesanzeiger ist praktisch sicher sehr sinnvoll und wünschenswert. Jedoch ist dies nicht in § 121 Abs. 4a AktG normiert. Durch eine teleologische Auslegung sollte der Regelungsgehalt des § 121 Abs. 4a AktG nicht grundlegend geändert werden. Für eine solche Änderung ist vielmehr eine Gesetzesänderung erforderlich[452].
Der kapitalmarktrechtlichen Auslegung ist zu folgen und daher § 121 Abs. 4a AktG entsprechend § 3a Abs. 1 WpAIV zu verstehen.

---

450 *Paschos/Goslar* AG 2008, 605 [608].
451 *Paschos/Goslar* AG 2008, 605 [608].
452 So auch *Horn* ZIP 2008, 1558 [1560].

Aus dem dargestellten Streit kann für den Bekanntmachungsweg mittels Medienbündel aus der Literatur zu § 121 Abs. 4a AktG nicht viel zu dem bereits festgestellten herausgearbeitet werden. Nur scheint es jetzt so, als ob der elektronische Bundesanzeiger Bestandteil des Medienbündels sein sollte.

e. Zusammenfassung

Festgehalten werden kann, dass der europäische und der deutsche Gesetzgeber konkrete Vorstellungen von der Zusammensetzung des Medienbündels haben. Diese finden sich beispielsweise in der Gesetzesbegründung zum TUG. Auch die BaFin hat diese übernommen. Der Verzicht auf eine detaillierte Regelung der Medien ist hingegen nicht nachvollziehbar. Hier wäre für die Veröffentlichungspflichtigen eine generalklauselartige Umschreibung der einzelnen Medien wichtig gewesen. Alternativ hätte eine Beispielsliste erstellt werden müssen. Dies wurde bereits auf der europäischen Ebene gesehen. Dort hat man der Europäischen Kommission ermächtigt, eine solche Liste mit möglichen Medien zusammenzustellen. Allerdings hat hiervon die Europäische Kommission keinen Gebrauch gemacht. Provokant könnte man diese Untätigkeit mit fehlendem Wissen begründen: Die Kommission möchte diese Liste jetzt noch nicht erstellen, weil sie selbst die einzelnen Medien nicht ausreichend konkretisieren kann. Denn erstellt die Europäische Kommission eine solche Liste erst, wenn die Literatur oder Rechtsprechung letztendlich konkrete Konturen der verschiedenen Medienarten herausgearbeitet hat, wird die Praxis hierauf nicht mehr achten. Denn dann sind die praktischen Probleme bereits geklärt. Die Liste sollte klärenden und nicht deklaratorischen Charakter haben, in dem sie gegebenenfalls nur das niederschreibt, was bereits festgestellt worden ist.

3. Merkmal „zuleiten“

a. Grundsatz

Innerhalb der Rechtsfolge ist auch das Verb „zuleiten“ zu beachten. Es besteht nur nach § 3a WpAIV die Pflicht der Zuleitung der Informationen an die Medien; eine darüber hinaus gehende Pflicht zur Veröffentlichung besteht grundsätzlich nicht[453]. Die entsprechenden Medien können frei nach ihren wirtschaftlichen Gesichtspunkten über die Veröffentlichung der Information sich ent-

453 *CESR* 05-267 S. 18; BR-Drucks. 579/06 S. 62; *Nießen* NZG 2007, 41 [46]. Da diese Regelung jedoch hinsichtlich der Insiderinformationen nicht mit den Vorgaben der EU-Marktmissbrauchsrichtlinie vereinbar ist, besteht hier eine Ausnahme von diesem Grundsatz, d.h. gemäß § 5 WpAIV besteht in diesen Fällen eine Veröffentlichungspflicht.

scheiden[454]. Die Gefahr eines *„legal black hole“*[455] wurde hierbei gesehen, jedoch als notwendige Folge in Kauf genommen[456].
Solche praktischen Probleme sind nicht unwahrscheinlich. Bereits 1961 beklagte die Gelsenkirchener Bergwerks-Aktien-Gesellschaft (GBAG), dass ihre Aktionärsbriefe quasi unbeachtet blieben[457]. Dies geschah obwohl die GBAG ihre Aktionärsbriefe nach wichtigen Anlässen immer an Aktionäre und an alle Zeitungen, Zeitschriften und Nachrichtenagenturen versandte. Dieses Bespiel zeigt, dass die Gefahr des „legal black hole“ nicht theoretischer Natur ist, sondern wahrscheinlich eine praktische Konsequenz ist. Zeitungen, Nachrichtenagenturen, etc. werden nur über bekannte Unternehmen berichten. Dies wird zur Folge haben, dass über das Medienbündel keine Informationen bezüglich kleiner Unternehmen verbreitet werden wird. Dies entspricht nicht einer effektiven Publizität.

b. § 5 WpAIV

Gemäß § 5 WpAIV treten neben den § 3a WpAIV die weiteren Bekanntmachungswege des § 5 WpAIV. Dies sind nach § 5 S. 1 Nr. 1 WpAIV ein elektronisch betriebenes Informationsverbreitungssystem und nach § 5 S. 1 Nr. 2 WpAIV die Internetseite der veröffentlichungspflichtigen Aktiengesellschaft. Diese Medien sind bereits – wie oben dargestellt- in dem Medienbündel enthalten. Daher stellt sich die Frage, warum diese Bekanntmachungswege innerhalb der Rechtsfolge Veröffentlichung besonders normiert werden. Entscheidend ist die Formulierung „hat dafür Sorge zu tragen“ des § 5 S. 1 WpAIV. Diese Formulierung postuliert eine andere Pflicht als der § 3a WpAIV. Während im Rahmen des § 3a WpAIV die Zuleitung der Information ausreicht, muss im Rahmen des § 5 WpAIV die Aktiengesellschaft als Veröffentlichungspflichtige dafür sorgen, dass die Veröffentlichung über das elektronisch betriebene Informationsverbreitungssystem und über seine Internetseite tatsächlich erfolgt und die Information auf diese Weise tatsächlich in die Öffentlichkeit gelangt[458]. Die Veröffentlichungspflicht des § 5 WpAIV ist bei diesen beiden Medien umfangreicher. Begründet wird dies mit der nach § 5 WpAIV zu publizierenden Information. Diese soll besonders kapitalmarktrelevant und preissensibel sein, sodass eine reine Zuleitung wie in § 3a WpAIV nicht ausreicht[459].

---

454 *CESR* 05~267 S. 9; BT-Drucks. 16/3644 S. 51; Assmann/Schneider-*Assmann* § 15 WpHG Rn 280b; *Hutter/Kaulamo* NJW 2007, 550 [555].

455 Situation, in der die Information einer ausreichenden Anzahl von Medien zugeleitet wurde, jedoch keine dieser Medien die Information veröffentlichen (insbesondere bei kleineren Gesellschaften bestehen solche Probleme).

456 *CESR* 05~408 S. 10.

457 Siehe hierzu *Minz*, in: *Barz, u.a.* Das Frankfurter Publizitätsgespräch S. 258 [262].

458 Assmann/Schneider-*Assmann* § 15 Rn 280j.

459 *Höhlein* BaFinJournal Heft 01/07 S. 9 [10].

4. Merkmal „europaweite Verbreitung“

Nachdem der Begriff „Medien“ geklärt ist, ist noch fraglich, was unter einer „europaweiten Verbreitung“ zu verstehen ist[460]. Bei Betrachtung dieses Begriffes stellen sich folgende Fragen: In welchen Staaten ist zu veröffentlichen? Über wie viele Medien? In welchen Medien?

a. Anzahl der Staaten

Laut der Gesetzesbegründung sind bei der Auswahl der Medien im Rahmen des § 3a WpAIV die Aktionärsstruktur und die Zahl und die Orte der Börsenzulassung zu berücksichtigen[461].

aa. Nationale Verbreitung

Zu beachten ist, dass eine Vielzahl der deutschen Aktiengesellschaften nur an einer Börse in Deutschland zugelassen ist. Nehmen wir als Beispiel eine Aktiengesellschaft, die nur an der Frankfurter Börse (FWB) gehandelt wird. In der Abwägung soll weiterhin die Aktionärsstruktur betrachtet werden. Dies ist praktisch sehr problematisch. Zum Teil ist der Aktiengesellschaft ihre gesamte Aktionärsstruktur nicht bekannt. Werden Inhaber- statt Namensaktien ausgegeben, so besteht grundsätzlich keine direkte Möglichkeit fortlaufend über die eigene Aktionärsstruktur informiert zu sein. Da gemäß §§ 21, 26 WpHG eine Veröffentlichungspflicht erst ab drei Prozent besteht, wäre es der Aktiengesellschaft nicht möglich den Streubesitz bezüglich der Aktionärsstruktur zu analysieren und bei der Veröffentlichungsabwägung zu berücksichtigen. Demzufolge kann festgehalten werden, dass das Merkmal „Aktionärsstruktur“ in der Regel nicht hilfreich für die Abwägung ist. Gehen wir jedoch für unser obiges Beispiel von einer rein deutschen Aktionärsstruktur aus. D.h. es besteht eine Börsenzulassung an der FWB und eine rein nationale Aktionärsstruktur. Bei einer Abwägung mit den in der Gesetzesbegründung genannten Kriterien wäre eine rein nationale Verbreitung sinnvoll. Fraglich ist jedoch, ob dies dem Sinn und Zweck der europaweiten Verbreitung entspricht. Erwägungsgrund für den Erlass der (Transparenz-) RL 2004/109/EG ist die Schaffung eines europäischen Kapitalmarktes. Hierfür soll die momentan oft nur nationale Transparenz auf eine europaweite Transparenz umgestellt werden. Grundlage dieser Umstellung ist der momentan bestehende Zirkelschluss: Aktionäre werden nur dort investieren, wo sie Informationen über die Gesellschaft besitzen; hingegen wird nur dort informiert werden, wo die Aktionär sich befinden. Mit der (Transparenz-) RL 2004/109/EG

---

460 Vgl. hierzu *Zentraler Kreditausschuss* Stellungnahme zum Regierungsentwurf eines Gesetzes zur Umsetzung der EU-Transparenzrichtlinie (TUG) vom 8. September 2006, S. 10.

461 BT-Drucks. 16/2498 S. 49; *Pirner/Lebherz* AG 2007, 19 [24].

sollte dieser Zirkelschluss durchbrochen werden. Die Veröffentlichungspflichten wurden erweitert, sodass auch potenzielle Aktionäre die Informationen erhalten können[462]. Eine rein nationale Verbreitung entspricht demnach nicht dem Sinn und Zweck der Vorschrift[463].

bb. Abstrakte Bestimmung

Eine weitere Möglichkeit ist eine abstrakte Bestimmung der Anzahl der Staaten.

(1.) D / F / GB

Zum einen könnte man den Gedanken von *Pirner/Lebherz*[464] aufgreifen und eine Veröffentlichung in Deutschland, Frankreich und Großbritannien ausreichen lassen. Hierfür spricht, dass in diesen Staaten ein großer Anteil der Personen der EU/EWR[465] leben. Weiterhin ist die wirtschaftliche Bedeutung dieser drei Staaten enorm[466] und die wichtigsten europäischen Börsenplätze sind auch hier zu finden.

(2.) Repräsentantensystem

Statt einer solchen ausdrücklichen Auswahl könnte man diese auch etwas flexibler gestalten. Hierbei könnten die Staaten in acht Gruppen[467] eingeteilt werden. Ausreichend könnte es bei einer europaweiten Verbreitung sein, dass in jeweils mindestens einem Staat jeder Gruppe die Zuleitung zu erfolgen hat.

---

462 *CESR* 05~267 S. 7; 05~407 S. 7.

463 *CESR* 05~407 S. 11; hingegen fordert *CSE* S. 1 für kleine Gesellschaften eine national beschränkte Verbreitungspflicht.

464 *Pirner/Lebherz* AG 2007, 19 [24].

465 Obwohl die drei Staaten nur circa 10 Prozent der Anzahl der Staaten der EU/EWR darstellen, beträgt ihr Anteil an der Bevölkerung circa 41 Prozent (D: 82 Millionen; F: 62 Millionen; GB: 61 Millionen; EU/EWR: 499 Millionen; *Fischer Weltalmanach* S. 143, 204, 226, 578 zuzüglich Einwohner von Island [S. 269], Liechtenstein [S. 339] und Norwegen [S. 384]).

466 Das Bruttonationaleinkommen (BNE; Berechnung durch Multiplikation der Einwohnerzahl mit dem BNE pro Einwohner) lag 2006 in D bei 3,2 Billionen US-$, in F bei 2,4 Billionen US-$ und in GB bei 2,8 Billionen US-$, während der EU/EWR-Durchschnitt bei 0,5 Billionen US-$ / Staat lag (Berechnung durch Addition der Produkte der einzelnen BNE je Einwohner und Einwohneranzahl pro Staat und anschließende Division durch die Anzahl der Staaten; alle Daten basierend auf *Fischer* Weltalmanach S. 550-553 + 562-565); prozentual liegt das BNE der obigen drei Staaten zusammen bei circa 51 Prozent aller Staaten der EU/EWR.

467 Denkbar wäre u.a. folgende Einteilung: (1) Finnland, Schweden, Norwegen, Dänemark; (2) Great Britain, Island; (3) Spanien, Portugal; (4) Benlux-Staaten; (5) Frankreich (6) Deutschland, Österreich, Liechtenstein, (7) Mittelmeerstaaten; (8) restliche osteuropäische Staaten.

(3.) Ausschlussverfahren

Auch denkbar wäre eine Bestimmung mittels eines Ausschlussverfahrens. Zunächst wären alle Staaten zu betrachten. Nun würde man sich fragen, welche Staaten „unbedeutend" sind. Gegebenenfalls könnte man hier aufgrund ihrer geographischen Größe und wirtschaftlichen Bedeutung einen Ausschluss der Staaten Malta, Zypern, Lettland, Litauen, Estland und Liechtenstein bejahen. Dieses Verfahren wäre jedoch problematisch, da beispielsweise Luxemburg und Irland geographisch klein sind, jedoch für die Finanzindustrie sehr bedeutend sind[468].

(4.) Zwischenergebnis

Bei Betrachtung dieser Möglichkeiten der Bestimmung ist zunächst einmal fraglich, warum man von der Schaffung eines europäischen Kapitalmarktes spricht. Insbesondere bei (1.) D / F / GB könnte man vielmehr von einem britisch-deutsch-französischen Kapitalmarkt sprechen. Ein solches Verständnis des Begriffes „europaweite Verbreitung" stellt eine Diskriminierung der anderen Staaten da. Dies wird auch durch die anderen beiden Auswahlmethoden erreicht. Insbesondere bei der Betrachtung des Wortlautes „alle Staaten" und „in der gesamten ...EU/EWR" wird deutlich, dass eine abstrakte Bestimmung nicht möglich ist.

cc. Alle Staaten

Demzufolge ist keine Einschränkung bei der Anzahl der Staaten möglich. Die Informationen sind in sämtliche Staaten zu zuleiten.

a. Anzahl der Medien, die europaweit verbreiten

aa. Alle Medien

Des Weiteren wurde die Frage nach der Anzahl der Medien aufgeworfen. Aufgrund der obigen Ausführungen mag diese Frage vielleicht verwundern. Gerade wurde festgestellt, dass eine Verbreitung in allen Staaten erforderlich ist. Demzufolge könnte man auch eine Verbreitung über alle Medien verlangen, um eine größtmögliche Transparenz zu erlangen[469]. Zunächst sollten jedoch die Fakten berücksichtigt werden. Allein in Deutschland entstanden 2009 8.041 Bekanntmachungen – ohne die Hinweisbekanntmachung bezüglich Finanzberichte –[470], die der Veröffentlichungsmethode des § 3a WpAIV unterlagen. Bei einer Verbreitung in allen Staaten wären dies bereits 241.230 Bekanntmachungen.

468 Siehe hierzu *Theisen*, in: Lutter/Scheffler/Schneider Handbuch der Konzernfinanzierung Rn 22.32; *Waldens* IStR 2003, 497 [503].

469 So *DAI* in ihrer response vom 20. Mai 2006.

470 Summe aus 2.657 (ad-hoc), 2.673 (Directors' Dealing) und 5.711 (Stimmrechtsmitteilungen) [*BaFin* Jahresbericht 2009 S. 189, 192f.]. Die Anzahl der Hinweisbekanntmachungen ist in dem Jahresbericht nicht aufgeführt.

Muss dies dann noch über alle – vier – Medienarten erfolgen, so erhält man 964.920 Bekanntmachungen – allein aus Deutschland. Dies bedeutet, dass pro Sekunde circa 11 Bekanntmachungen erfolgen[471]. Zwar sind mehrere dieser Bekanntmachungen identisch, jedoch muss jeder Aktionär zunächst die Bekanntmachung (an-)lesen um feststellen zu können, dass er diese Bekanntmachung bereits gelesen hat. Des Weiteren ist es aufgrund der Pflicht zur Zuleitung nicht zwingend, ob die Medien die Informationen tatsächlich verbreiten. Daher wird ein Aktionär sämtliche Medien überprüfen müssen, um verlässlich informiert zu sein[472]. Richtigerweise haben die meisten service-provider jeweils mit mehreren Medien Verträge geschlossen, aufgrund welcher die Medien die zugeleiteten Informationen auch zwingend veröffentlichen, jedoch ist nach beispielsweise der deutschen Regelung die Einschaltung solcher service-provider nicht zwingend, so dass die Information dem Aktionär auch nicht zwingend aufgrund dieser Verträge in diesen bestimmten Medien veröffentlicht werden muss. Des Weiteren haben die service-provider unterschiedliche Medien ausgewählt, sodass eine Konzentration auf ausschließlich ein Medium nicht möglich ist. Weiterhin handelt es sich hierbei nur um die Bekanntmachungen aus Deutschland, d.h. die Bekanntmachungen aus 29 weiteren Staaten sind noch hinzuzurechnen. Bei einer solchen Bekanntmachungsdichte besteht für den Aktionär nicht mehr die Möglichkeit die entsprechenden Informationen richtig herauszuarbeiten und zu verarbeiten. Diese Situation wird auch als information overflow bezeichnet[473]. Aus dieser Berechnung wird ersichtlich, dass bei einer optimalen Versorgung des Marktes mit marktrelevanten Informationen die richtige Abwägung zwischen den beiden extremen Grundsätzen der vollständigen Transparenz und dem information overflow erfolgen muss[474]. Eine Zuleitung zu allen Medien ist daher abzulehnen.

---

471 Bzw. alle 15 Sekunden bei vier Medienarten.

472 Vgl. hierzu *Noack* Elektronische Unternehmenspublizität S. 31, der zutreffend feststellt, dass ein Aktionär, der alle Informationen, die über das Medium überregionales Börsenpflichtblatt bekannt gegeben wurden, erhalten möchte, alle sieben Blätter (Börsenzeitung, Die Welt, Handelsblatt, Financial Times Deutschland, Frankfurter Allgemeine Zeitung, Frankfurter Rundschau und Süddeutsche Zeitung) kaufen und lesen muss, denn die entsprechende Information muss gemäß der gesetzlichen Regelung nur in einem dieser sieben Blätter veröffentlicht werden. Ebenso *Groß* § 14 WpPG Rn 7, der zutreffend darauf hinweist, dass der Investor gar nicht weiß, in welcher Zeitung die Veröffentlichung (der Hinweisbekanntmachung) erfolgt.

473 Siehe hierzu das Beispiel Enron (im *Kap. D. XIII. 2. B. dd. (4.) (c.) (bb.) (δ.)*).

474 Ebenso CESR 05~267 S. 9: *„Therefore, a proper balance between practicability and the objective of dissemination throughout Europe needs to be achieved."*

bb. Verständnis der BaFin

Die BaFin stellt folgenden Grundsatz auf: Von den fünf nach der BaFin zu benutzenden Medienarten muss eines für eine europaweite Verbreitung mindestens geeignet sein. Darüber hinaus muss eine Gesellschaft, die in einem weiteren Staat an der Börse zugelassen ist, auch in diesem neben dem obigen Grundsatz, über alle vier Medienarten veröffentlichen.

cc. Zwischenergebnis

Theoretisch ist bei der Bestimmung der Anzahl der Medienarten, die europaweit verbreiten sollen, eine Anzahl von null bis fünf möglich. Da die Medienarten elektronisch betriebene Informationsverbreitungssystem und Nachrichtenagentur identisch sind, reduziert sich der mögliche Spielraum auf null bis vier. Bereits unter *Kap. D. XIII. 4. a. aa.* wurde die rein nationale Verbreitung abgelehnt, sodass nur noch eine Anzahl von 1 bis 4 Medienarten in Betracht kommt. Zwar ist nach dem Wortlaut ein Plural von Medien zur europaweiten Verbreitung erforderlich, so dass man trotz der Gefahr des information overflows zwei unterschiedliche Medienarten fordern könnte. Jedoch benötigt man für eine europaweite Verbreitung einer Medienart auch mehrere Medien. Somit kann sich der Wortlaut auch auf dieses praktische Erfordernis beziehen. Aufgrund der Gefahr des information overflows sollte daher auch eine Medienart zur europaweiten Verbreitung ausreichen.

5. Liste von Publikationsmedien

Nach Art. 21 Abs. 4 S. 3 1. Var. (Transparenz-) RL 2004/109/EG hat die Kommission die Befugnis, eine Liste von Publikationsmedien zusammenzustellen. Hiervon hat die Kommission allerdings noch keinen Gebrauch gemacht[475]. Zu beachten ist allerdings, dass eine solche nicht abschließend wäre[476].

6. Umsetzung des Art. 21 Abs. 1 (Transparenz-) RL 2004/109/EG in den Staaten der Europäischen Union

Eine weitere Auslegungsmethode ist die rechtsvergleichende Auslegung. Die (Transparenz-) RL 2004/109/EG war bis zum 20. Januar 2007 in den Mitgliedsstaaten umzusetzen. Möglicherweise sind die Regelungen anderer Mitgliedsstaaten zur Lösung der obigen Probleme heranzuziehen.

---

475 *Frowein*, in: *Habersack u.a.* Handbuch der Kapitalmarktinformation § 10 Fn 143; *Pavlova* Anlassbezogene Informationspflichten S. 75.

476 *Pavlova* Anlassbezogene Informationspflichten S. 75.

a. Auswahl der Vergleichsstaaten

Diese Bearbeitung beschränkt sich hierbei auf eine Rechtsvergleichung mit sechs Mitgliedsstaaten[477]. Hierzu gehören die großen europäischen Staaten Frankreich und das United Kingdom[478]. Daneben wurden Irland, Luxemburg und die Niederlande aufgrund ihrer Bedeutung im Finanzbereich ausgewählt. Diese drei Standorte sind allgemein anerkannte Standorte für Finanzierungsgesellschaften[479]. Diese Finanzierungsgesellschaften greifen u.a. auf den effektiven Kapitalmarkt zurück. Daher ist anzunehmen, dass bei diesen drei Ländern besonders auf eine praxisfreundliche Umsetzung des Art. 21 Abs. 1 (Transparenz-) RL 2004/109/EG geachtet worden ist. Zuletzt wurde noch Österreich in diese Rechtsvergleichung mit aufgenommen. Die nachfolgende Rechtsvergleichung ist alphabetisch nach den Staaten geordnet.

b. Rechtslage in den Vergleichsstaaten

aa. Frankreich

In Frankreich wurde die (Transparenz-) RL 2004/109/EG durch den „Breton Act" vom 26. Juli 2005 und den Ergänzungen durch die französische Finanzmarktbehörde Autorité des Marchés Financiers (AMF)[480] ins nationale Recht umgesetzt. Die Veröffentlichung erfolgt in Frankreich mittels elektronischer Medien und Printmedien[481]. Vergleichbar mit dem deutschen Recht muss die entsprechende Information verschiedenen Internetseiten, Presseagenturen und anderen Informationssystemen zugeleitet werden[482]. Dies muss – entsprechend den Regelungen des Art. 12 (Durchführungs-) RL 2007/14/EG – in nicht diskriminierender Weise, möglichst simultan, erfolgen und den weitmöglichsten Informationsumfang innerhalb der Europäischen Gemeinschaft haben. Die Information wird darüber hinaus nicht auf der Internetseite der AMF publiziert[483]. Die Unternehmen können die Informationen selbst den oben genannten Medien zuleiten oder sich alternativ einem service provider bedienen. In Frankreich hei-

---

477 Die CESR hat anhand von 160 Fragen an die nationalen Aufsichtsbehörden eine vergleichende Übersicht geschaffen. Siehe hierzu *CESR* 08~514b und *CESR* 08~514b annex II. Der Fragebogen ist unter *CESR* 08~514b annex I zu finden. Hier sind insbesondere die Fragenummern 122 bis 126 und 160 zu beachten.

478 *Pirner/Lebherz* AG 2007, 19 [24].

479 *Waldens* IStR 2003, 497 [503]. Ähnlich für Irland und die Niederlande: *Theisen*, in: *Lutter/Scheffler/Schneider* Handbuch der Konzernfinanzierung Rn 22.32.

480 Rechtsgrundlage hierfür ist das Gesetz über die finanziellen Sicherheiten (vgl. *Puttfarken/Schrader*, in: *Hopt/Voigt (Hrsg.)* Prospekt- und Kapitalmarktinformationshaftung S. 595 [596].

481 *CESR* 08~514b annex II S. 255.

482 *AMF* Q&A: new disclosure requirements for companies listed on Eurolist Paris, S. 6; abrufbar unter: http://www.amf-france.org/documents/general/7567_1.pdf.

483 *CESR* 08~514b annex II S. 259.

ßen diese service provider Primary Information Providers (PIP). Die AMF veröffentlicht eine Liste, auf denen die Unternehmen aufgeführt sind, die nach Ansicht der AMF die Anforderungen erfüllen. Aktuell sind Actusnews Wire[484], Business Wire[485], Datapresse[486], Hugin[487], La Tribune Wire[488] und Les Echos - Comfi[489] als solche service provider bzw. PIP anerkannt[490].

bb. Irland

Die (Transparenz-) RL 2004/109/EG wurde am 13. Juni 2007 durch die Transparency (Directive 2004/109/EC) Regulations 2007 in das irische Recht umgesetzt. In Irland erfolgt die Veröffentlichung über einen Regulatory Information Service (RIS)[491]. Diese Vorgehensweise entspricht der Regelung des United Kingdom[492]. Die Irish Financial Services Regulatory Authority (IFSRA) – eigenständige Regierungsbehörde[493] – veröffentlicht die Informationen auf ihrer Internetseite[494].

cc. Luxemburg

In Luxemburg wurde die (Transparenz-) RL 2004/109/EG mit dem Gesetz vom 11. Januar 2008 umgesetzt. Die Regelungen sind am 19. Januar 2008 in Kraft getreten. Gemäß Art. 20 Abs. 1 S. 1 dieses Gesetzes sollen die Informationen in einer Weise veröffentlicht werden, dass die entsprechende Information auf einer nichtdiskriminierenden Art und Weise und so schnell wie möglich zu den Aktionären gelangt. Hierzu sollen gemäß Art. 20 Abs. 1 S. 3 dieses Gesetzes Medien genutzt werden, die eine effektive Veröffentlichung in der gesamten EU gewährleisten. Hierzu sind die Informationen auf der Internetseite zu veröffentlichen. Darüber hinaus müssen die Informationen an „press agencies", die auf Finanzinformationen spezialisiert sind, und/oder an Printmedien, die die Investo-

---

484 11, rue Quentin Bauchart, 75008 Paris; http://www.actusnews.com/.

485 59, rue de Richelieu, 75002 Paris; http://www.businesswire.fr/.

486 137, rue du 8 mai 1945, 42153 Riorges; http://www.datapresse.com/.

487 Hugin Group, part of Thomson Reuters, 6/8, boulevard Haussmann, 75009 Paris; http://www.hugingroup.com/.

488 26, rue Oradour-sur-Glane, 75725 Paris cedex 15; http://www.latribunewire.com/.

489 16, rue du Quatre septembre, 75112 Paris cedex 02; http://www.lesechos-comfi.fr/.

490 *AMF* List of primary information providers (vom 11. Februar 2010); abrufbar unter: http://www.amf-france.org/documents/general/7587_1.pdf.

491 *CESR* 08~514b annex II S. 93.

492 Traditionell orientierte sich das irische Kapitalmarktrecht an den entsprechenden englischen Regeln (vgl. *Kap. D. XIII. 6. b. ff.*).

493 Zum Gesetzesvorschlag von 2002 vgl. *Magnus*, in: *Hopt/Voigt (Hrsg.)* Prospekt- und Kapitalmarktinformationshaftung S. 693 [696.].

494 *CESR* 08~514b annex II S. 97.

ren erreichen, weitergeleitet werden[495]. Printmedien müssen somit nicht unbedingt genutzt werden. Entsprechend der deutschen Regelung kann in Luxemburg das Unternehmen selbst die Information an Medien leiten oder entsprechende service-provider entsprechend beauftragen.
Die Vorschriften der Transparenzrichtlinie wurden von der Börse von Luxemburg bereits vorher in ihrem Regelwerk umgesetzt, welches am 01. November 2007 veröffentlicht wurde.

dd. Niederlande

In den Niederlanden wurde die (Transparenz-) RL 2007/109/EG deutlich verspätet umgesetzt[496]. Für die Umsetzung änderten sie das „*Wet op het financieel toezicht*"-Gesetz (WFT). Diese Änderung trat am 01. Januar 2009 in Kraft. Die Veröffentlichung muss so erfolgen, dass die Information allgemein verfügbar („*algemeen verkrijgbaar*") ist. Hierzu muss gemäß Section 5:59 (1) WFT[497] eine Veröffentlichung über eine Presseerklärung in den Niederlanden auf nicht diskriminierender Basis erfolgen. Alle Presseerklärungen müssen darüber hinaus gemäß Section 5:59 (2) WFT auf der Internetseite der Gesellschaft publiziert werden. Eine Veröffentlichung mittels Printmedien ist nicht erforderlich[498].

ee. Österreich

In Österreich wurde die (Transparenz-) RL 2004/109/EG mit dem Gesetz vom 25. April 2007[499] umgesetzt. Hierbei erfolgte hauptsächlich eine Novellierung der §§ 81a – 96 BörseG. Für diese Rechtsvergleichung ist § 86 Abs. 3 BörseG von Bedeutung.
Hiernach hat nach § 86 Abs. 3 S. 1 BörseG ein Emittent die vorgeschriebenen Informationen in einer Form bekannt zu geben, die in nicht diskriminierender Weise einen schnellen Zugang zu ihnen gewährleistet. Gemäß § 86 Abs. 3 S. 2 BörseG dürfen für diese Veröffentlichung keine Gebühren verlangt werden. Nach § 86 Abs. 3 S. 3 BörseG muss der Emittent auf Medien zurückgreifen, bei denen vernünftigerweise davon ausgegangen werden kann, dass sie die Informationen tatsächlich an die Öffentlichkeit in der gesamten Gemeinschaft weiterleiten.
Die zentrale Speicherung erfolgt durch die Österreichische Kontrollbank AG (OeKB) als amtliches bestelltes System gemäß § 86 Abs. 4 S. 1 BörseG.
Nach § 86 Abs. 5 S. 1 BörseG hat die österreichische Finanzmarktaufsicht (FMA) die einheitliche Anwendung der Absätze 3 und 4 sicher zu stellen. Hier-

495 *CESR* 08~514b annex II S. 124.
496 Neben den Niederlanden haben auch Polen, die Tschechische Republik und Ungarn die (Transparenz-) RL 2004/109/EG nicht rechtzeitig umgesetzt (vgl. NZG 2008, 459).
497 Vgl. Auch § 5.4.2.2 WFT.
498 *CESR* 08~514b annex II S. 236.
499 BGBl. I 19/2007.

zu legt sie gemäß § 86 Abs. 5 S. 2 Nr. 1 BörseG Mindestnormen für die Verbreitung vorgeschriebener Informationen im Sinne von § 86 Abs. 3 BörseG fest. Diese Ermächtigung hat die FMA genutzt und die Veröffentlichungs- und Meldeordnung erlassen[500]. Gemäß § 11 Abs. 1 VMV sind die Informationen auf eine Art und Weise zu verbreiten, die den größtmöglichen öffentlichen Zugang des Aktionärspublikums zu ihnen ermöglicht, wobei so gleichzeitig wie möglich eine Verbreitung im Herkunftsmitgliedsstaat und in den anderen Mitgliedsstaaten zu erfolgen hat. § 11 Abs. 2 VMV legt fest, dass eine solche Veröffentlichung jedenfalls auch über Reuters, Bloomberg oder Dow Jones Newswire als elektronisch betriebenes Informationsverbreitungssystem veröffentlicht werden muss. § 11 Abs. 3 VMV stellt klar, dass diese Systeme über eine Verbreitung innerhalb der Europäischen Gemeinschaft verfügen. Eine Veröffentlichung über Printmedien muss nicht erfolgen[501].
Des Weiteren kann gemäß § 86 Abs. 5 S. 3 BörseG die FMA auch eine Liste über Medien zusammenstellen, über die diese Informationen der Öffentlichkeit zur Kenntnis gebracht werden. Leider hat die FMA diese Ermächtigung – ebenfalls wie die Europäische Kommission die ihre – noch nicht genutzt. Auch veröffentlicht die FMA entsprechende Informationen nicht auf ihrer Internetseite[502].

ff. United Kingdom

Im United Kingdom wurde ein Veröffentlichungssystem umgesetzt, dass sich deutlich von dem deutschen System unterscheidet. Diese Umsetzung erfolgte mit Wirkung zum 20. Januar 2007 durch die Änderung der Disclosure Rules and Transparency Rules (DTR), die von der Financial Services Authority (FSA)[503] herausgegeben werden. In diesem System erfolgt die Veröffentlichung zwingend über einen service provider[504]. Dieser service provider verbreitet die Information an die Medien weiter. Ein solcher service provider kann nur ein Unternehmen sein, das von der FSA anerkannt worden ist[505].
Die service provider heißen im United Kingdom Primary Information Provider (PIP). Die von der FSA anerkannten Unternehmen heißen Regulatory Information Services (RIS). Aktuell sind sieben RIS anerkannt. Dies sind Business Wire Regulatory Disclosure (Business Wire), Announce (Hugin ASA), News Release Express (Marketwire), PR Newswire Disclose (PR Newswire), RNS (London

---

500 Vgl. BGBl. II 113/2008.

501 *CESR* 08~514b annex II S. 12.

502 *CESR* 08~514b annex II S. 17.

503 Vgl. Zu dieser Behörde und ihrer Stellung im System zur Kontrolle des Finanzmarktes: *Leyens/Magnus*, in: *Hopt/Voigt (Hrsg.)* Prospekt- und Kapitalmarktinformationshaftung S. 419 [423ff.] und *von Rosen/Gerke* Kodex für anlegergerechte Kapitalmarktinformation S. 31. Zur Wirkung der „*Guidance*“ der FSA vgl. *Möllers* NZG 2010, 285 [286].

504 *Fischer-Appelt* Capital Markets Law Journal 2007, 133 [151].

505 *Fischer-Appelt* Capital Markets Law Journal 2007, 133 [151].

Stock Exchange), marCo – Market Communication Office (Tensid Ltd. Of Switzerland) und DGAP IR.COCKPIT (EquityStory AG)[506].

Die Unternehmen müssen über einen solchen RIS die Informationen verbreiten[507]. Die RIS verbreiten die zu veröffentlichenden Informationen dann an Secondary Information Providers (SIPs)[508]. Zu diesen SIPs zählen unter anderem Reuters, Bloomberg, Dow Jones und verschiedene Internetprovider.

Die gesamte Verbreitung erfolgt elektronisch. Printmedien sind nicht verpflichtend zur Veröffentlichung zu nutzen[509]. Gemäß 6.3.3 DTR sind bei der Veröffentlichung die in 6.3.4 DTR festgelegten minimalen Standards zu befolgen. Hiernach muss die Veröffentlichung in einer Art und Weise erfolgen, dass die Informationen zu der größtmöglichen Öffentlichkeit gelangen. Dies hat so gleichmäßig wie möglich in dem Heimatstaat und in den EEA-Staaten zu erfolgen. Diese Formulierung ist stark an Art. 12 Abs. 2 (Durchführungs-) RL 2007/14/EG orientiert und geht in seinen Anforderungen und Konkretisierungen nicht über die europäische Regelung hinaus. Die folgenden Vorschriften verdeutlichen nur, dass auch hier mehrere Medien erwartet werden[510].

c. Rechtsvergleichung

Folgt man der historischen Auslegung des *Kap. D. XIII. 2. b.* und betrachtet die Unterlagen der CESR, der Bundesregierung und der BaFin, so entsteht der Eindruck, dass die (Transparenz-) RL 2004/109/EG nur in der jeweils dort beschriebenen Weise mit der Bekanntmachung über ein Medienbündel umgesetzt werden kann. Im Rahmen der Rechtsvergleichung kann dieses Verständnis widerlegt werden.

Eine Abfrage der BaFin bei den anderen europäischen Aufsichtsbehörden hat ergeben, dass neben Deutschland wenige andere EU-Staaten eine Veröffentlichungspflicht in Printmedien vorsehen[511]. Die CESR beziffert (nach einer Abfrage bei den jeweiligen nationalen Aufsichtsbehörden) die Anzahl der Staaten, die verbindlich eine Veröffentlichung mittels Printmedien vorschreiben auf

---

506 Bis zum 15. April 2002 hatte RNS eine Monopolstellung und war bis dahin der einzige Anbieter solcher Dienstleistungen. Die aktuelle Liste ist jeweils abrufbar unter http://www.fsa.gov.uk/Pages/doing/ukla/ris/contact/index.shtml.

507 Vgl. zur früheren Rechtslage: *Möllers* ZBB 2003, 390 [393]. *Noack* Elektronische Unternehmenspublizität S. 25f stellt daher auch fest, dass aufgrund der Verpflichtung zur Nutzung eines RIS in der Londoner City eine „*regelrechte Industrie*“ entstanden ist.

508 *CESR* 08~514b annex II S. 236.

509 *CESR* 08~514b annex II S. 236.

510 Vgl. 6.3.5 und 6.3.6 DTR, die beide von „*Medien*“ sprechen.

511 Vgl. BT-Drucks. 16/9568 S. 1.

acht[512]. Hierzu gehören, Deutschland, Frankreich, Griechenland, Malta, Polen, Rumänien, die Slowakische Republik und Zypern[513].
Dies zeigt zunächst deutlich, dass Printmedien nicht zwangsläufig Bestandteil des Medienbündels sein müssen. Während die französische und teilweise die luxemburgische Umsetzung der deutschen Umsetzung ähneln, unterscheidet sich die österreichische Umsetzung deutlich. Hier wird deutlich gezeigt, dass es ausreicht, nur ein Medium zur Bekanntmachung zwingend vorzuschreiben und die Nutzung weiterer Medien zur Bekanntmachung freiwillig im Ermessen der Aktiengesellschaft zu belassen. Auch die irische Umsetzung, sowie die Umsetzung im United Kingdom unterscheiden sich von der deutschen Variante, indem dort die Nutzung eines service-providers zur Bekanntmachung verbindlich vorgeschrieben worden ist.
Festgehalten werden kann, dass es eine Vielzahl von Umsetzungsmöglichkeiten bezüglich der (Transparenz-) RL 2004/109/EG gibt. Dies wird durch die rechtsvergleichende Sicht veranschaulicht, jedoch unterscheiden sich die Umsetzungen der anderen Mitgliedstaaten so von der deutschen Regelung, dass eine rechtsvergleichende Auslegung im Rahmen der Beurteilung der konkreten Ausgestaltung nicht möglich ist.

7. Zwischenergebnis der Auslegung

Ausgangspunkt der Auslegung des Begriffs „Medien" im Sinne von § 3a Abs. 1 S. 1 WpAIV muss die Gesetzesbegründung der Bundesregierung sein. Ohne Widersprüche gegen dieses Verständnis in den Dokumenten des Bundesrates und des Bundestages ist davon auszugeben, dass in Deutschland der Entscheidungsspielraum zur Umsetzung der (Transparenz-) RL 2004/109/EG in der Weise genutzt wurde, dass das Medienbündel als Bekanntmachungsform gewählt wurde. Die gegen das Medienbündel hervorgebrachte Kritik ist zwar begründet, kann jedoch nicht im Rahmen einer teleologischen Auslegung zu einem anderen Verständnis und einer Begrenzung auf ein Bekanntmachungsmedium führen. Die getroffene Entscheidung der Regierung und des Parlaments sind zu respektieren. Nur im Rahmen der Überschneidung der Medienarten ist eine Reduzierung der Medienarten von fünf auf vier im Rahmen der teleologischen Auslegung möglich, da das elektronisch betriebene Informationsverbreitungssystem eine Nachrichtenagentur ist. Eine weitere Reduzierung der Medienarten im Medienbündel ist nur durch eine Gesetzesänderung möglich. Durch die Einfügung des § 121 Abs. 4a AktG ist dies, der kapitalmarktrechtlichen Auslegung folgend, nicht passiert.

---

512 *CESR* 08~514b Nr. 54.

513 *CESR* 08~514b annex II S. 28, 62, 79, 143, 165, 184, 205, 255 (jeweils Fragenummer 123).

8. Praktische Umsetzung

Trotz der bisher vielen offenen Fragen ist die Bekanntmachung über das Medienbündel eine gesetzlich zwingende Publizitätspflicht, die Unternehmen seit dem 01. Januar 2007 nachkommen müssen. Es ist daher interessant zu sehen, wie die Unternehmen praktisch mit dieser Rechtsunsicherheit umgehen. Die Verbreitung der vorgeschriebenen Informationen kann entweder durch die Aktiengesellschaft selbst oder durch einen von der Aktiengesellschaft beauftragten Dritten erfolgten[514]. In der Gesetzbegründung zum EHUG geht die Bundesregierung davon aus, dass die Unternehmen sich in der Regel eines solchen Dienstleisters bedienen werden, um ihren Veröffentlichungspflichten nachzukommen[515].

a. Service-provider

Ein solcher Dienstleister, der es für den Emittenten übernimmt die Informationen an die entsprechenden Medien weiterzuleiten, wird service provider genannt[516]. Es besteht die Möglichkeit, dass Unternehmen sowohl service provider als auch Medien bzw. Börsen, etc. sind. Wichtig ist hierbei jedoch, dass klar zwischen den einzelnen Funktionen differenziert wird[517]. Ist ein Unternehmen[518] z.B. service provider und Medium, muss zu jedem Zeitpunkt erkennbar sein, ob das Unternehmen seine Pflichten als service provider erfüllt bzw. ob es in seiner Funktion als Medium tätig ist. Auf dem deutschen Markt sind als service provider im Wesentlichen die Deutsche Gesellschaft für Ad-hoc-Publizität mbH (DGAP), euro adhoc, die Hugin IR Services Deutschland GmbH und Business Wire tätig[519]. Obwohl die Übernahme der Bekanntmachungspflichten der Akti-

---

514 Vgl. u.a. 16. Erwägungsgrund der RL 2004/14/EG. Ebenso *Schlitt/Schäfer* AG 2007, 227 [231].

515 BT-Drucks. 16/960 S. 41. *Beurskens* EHUG S. 118; *Fischer-Appelt* Capital Markets Law Journal 2007, 133 [151].

516 BT-Drucks. 16/960 S. 41. Vgl. hierzu ebenfalls *Beurskens*, in: EHUG S. 98 [118]; *Pavlova* Anlassbezogene Informationspflichten S.206; *Schlitt/Schäfer* AG 2007, 227 [231 Fn 48]; KK-*Versteegen* § 15 WpHG Anh. - § 5 WpAIV Rn 6.

517 CESR 05~267 S. 13.

518 Diese Mischung ist z.B. bei der DGAP mbH anzunehmen. Zum einen bietet es dem Emittenten die Dienstleistung des service provider an, zum anderen veröffentlicht das Unternehmen die Informationen auf ihrer eigenen Homepage, so dass dies als Medium in Form einer entsprechende Internetseite im Finanzmarkt zu verstehen ist.

519 Assmann/Schneider-*Assmann* § 15 Rn 277; *Büche* Die Pflicht zur Ad-hoc-Publizität S. 127; KK-*Versteegen* § 15 WpHG Anh. - § 5 WpAIV Rn 6. Mit Ausnahme von Business Wire nennt auch *Märzheuser/Gutzy* Ad-hoc-Dienstleister in Deutschland S. 6 diese service-provider. *Decker* Ad-hoc-Publizität bei öffentlichen Übernahmen S. 272 geht irrtümlicherweise davon aus, dass in Deutschland nur die DGAP diese Dienstleistungen anbietet.

engesellschaft durch den service-provider zulässig[520] ist, ist zu beachten, dass die Aktiengesellschaft weiterhin für die Erfüllung ihrer Veröffentlichungspflichten gemäß § 3a Abs. 4 WpAIV verantwortlich bleibt.

aa. DGAP[521]

(1.) Allgemein

Die Deutsche Gesellschaft für Ad-hoc-Publizität mbH wurde am 01. März 1996 von den drei Gesellschaftern Deutsche Börse AG, Reuters AG und der Vereinigten Wirtschaftsdienste (vwd) gegründet[522]. Das Ziel dieser Gründung war die Einführung der elektronischen Verbreitung von Ad-hoc-Meldungen in Deutschland und die Setzung eines diesbezüglichen Marktstandards. Dies gelang scheinbar, da nach *Bungert* die DGAP im Jahr 2005 mit 75 Prozent Marktführer in diesem Segment war[523]. Auch aktuell kann der Anteil der DGAP am deutschen „service provider-Markt“ auf circa 70-75 Prozent geschätzt werden. Aus einem Urteil des BGH vom 29. Juni 2000[524] lassen sich folgende Unternehmensdaten der DGAP für den vorherigen Zeitraum herauslesen: Der Kundenstamm der DGAP umfasste rund 250 Unternehmen für die Verbreitung von ad-hoc-Meldungen. 80 der rund 250 Unternehmen waren börsennotierte Aktiengesellschaften.

Im Dezember 2005 erfolgte federführend durch die Deutsche Börse AG der Verkauf der DGAP an die Equity Story AG, die seitdem alleinige Gesellschafterin der DGAP ist. Der Grund für diesen Verkauf war die Weiterentwicklung des Geschäftsfelds der DGAP von dem reinen Ad-hoc-Geschäft zu einem Komplettanbieter für Investor-Relations-Dienstleistungen[525]. Dieses weiterentwickelte Geschäftsmodell passte nicht mehr zu dem Kerngeschäft der drei Gesellschafter, sodass diese sich zu einem Verkauf entschlossen[526]. Nach Angaben der EquityStory AG beschäftigt die DGAP 11 Mitarbeiter und der Umsatz des Geschäftsjahres 2004 betrug rund 2,5 Millionen Euro.

Das aktuelle Geschäftsmodell der DGAP ist – entsprechend der oben genannten Weiterentwicklung – die Unterstützung von Gesellschaften bei der Erfüllung

---

520 *Schlitt/Schäfer* AG 2007, 227 [231].

521 Seitzstr. 23, 80538 München, www.dgap.de.

522 *Büche* Die Pflicht zur Ad-hoc-Publizität S. 127; *Bungert* Audimax Blogartikel; *Diehl/Loistl/Rehkugler* Effiziente Kapitalmarktkommunikation S. 147; *Fürhoff/Wölk* WM 1997, 449 [457]; *Möllers* ZBB 2003, 390 [392]; *Wölk* AG 1997, 73 [75].

523 *Bungert* Audimax Blogartikel. Ähnlich auch *Märzheuser/Gutzy* Ad-hoc-Dienstleister in Deutschland S. 3 und 18f., der für die Jahre vor 2005 einen noch deutlicheren Marktanteil der DGAP feststellt.

524 BGH, Urteil vom 29. Juni 2000, Akz.: I ZR 128/98, GRUR 2001, 80 = WRP 2000, 1394.

525 *Bungert* Audimax Blogartikel.

526 *Bungert* Audimax Blogartikel.

ihrer Pflichtpublizität. Nach eigenen Angaben auf ihrer Internetseite[527] unterstützt die DGAP rund 1.000 Gesellschaften[528], hierunter Audi AG, Axel Springer Verlag AG, Bayer AG, Bayerische Landesbank, Commerzbank AG, DAB bank AG, Daimler AG, Deutsche Lufthansa AG, Drillisch AG, Greiffenberger AG, Hypo Real Estate Holding AG, IDS Scheer AG, Infineon Technologies AG, Intershop Communications AG, Jenoptik AG, Landesbank Baden-Württemberg, MAN AG, MLP AG, Premiere AG, QSC AG, SAP AG, SCHWARZ PHARMA AG, United Internet AG und Volkswagen AG.

(2.) Verbreitungsnetzwerke

DGAP bietet drei verschiedene Netzwerke zur europaweiten Verbreitung an[529]. Dies sind Basisverbreitung, Europa12plus und TUG-Garantie. Diese Netzwerke sind in ihrem Verbreitungsumfang gestaffelt, wobei die TUG-Garantie am umfangreichsten bekanntmacht. Begründet wird diese Staffelung mit den Verbreitungskriterien Aktionärsstruktur und Börsenzulassung, die auch in der Gesetzesbegründung zum TUG seitens des Gesetzgebers hervorgehoben worden sind[530]. Durch die unterschiedlichen Verbreitungsnetzwerke soll den Kunden der DGAP die Möglichkeit gegeben werden, eine individuelle Lösung für den jeweiligen Kunden zu erstellen. Dies ist für das Unternehmen sinnvoll, für den Aktionär hingegen nicht, da der Aktionär letztendlich wieder herausfinden muss, welches Verbreitungsnetzwerk welches Unternehmen nutzt.

(a.) Basisverbreitung

Das Verbreitungsnetzwerk Basisverbreitung entspricht grundsätzlich der Verbreitungspraxis vor dem In-Kraft-treten des TUGs. Dieses Netzwerk ist insbesondere für Unternehmen interessant, die Aktionäre vor allem im deutschen Staatsgebiet und nur eine Börsenzulassung in Deutschland haben.
Die Informationen werden an Nachrichtenagenturen/Medien, Datenbanken, Websites und Intranets/Terminals/Banks weitergeleitet.
Eine Unterscheidung zwischen Nachrichtenagenturen und News Providern erfolgt nicht. Vielmehr wird allgemein von der Medienart Agentur gesprochen, die sowohl Nachrichtenagenturen als auch News Provider enthält.

---

527 http://www.dgap.biz/cgi-bin/show.ssp?id=3000&companyName=prcockpit&language=German (Stand: 12.10.2009).

528 Die EquityStory AG spricht hingegen von einem Kundenstamm der DGAP in Höhe von 900 börsennotierten Gesellschaften auf ihrer Homepage http://www.equitystory.de/cgi-bin/show.ssp?id=9999&companyName=equitystory&newsID=24455&language=German (Stand: 12.10.2009).

529 Informationen zur Preisstruktur sind teilweise bei *Märzheuser/Gutzy* Ad-hoc-Dienstleister in Deutschland S. 21 zu finden.

530 Vgl. zu diesen Verbreitungskriterien die kritischen Anmerkungen in *Kap. D. XIII. 2. b. cc. (2.)*.

An über 160 verschiedene Websites werden Unternehmensinformationen weitergeleitet. Dieses Bündel an Internetseiten ist im Laufe der Zeit gewachsen. Zunächst wurden hier Internetseiten zusammengestellt, um die Bereichsöffentlichkeit zu gewährleisten. Seitdem die breite Öffentlichkeit und nicht mehr die Bereichsöffentlichkeit informiert werden soll, sind weitere Internetseiten entsprechend hinzugenommen worden. Grundsätzlich stellen die Betreiber von Internetseiten Anfragen an die DGAP, um in deren Verteilungsnetzwerk aufgenommen zu werden.
Die Internetseiten werden nicht aufgrund eines besonderen Systems ausgewählt. Vielmehr ist die Datenbank, in denen die entsprechenden Internetseiten vorhanden sind, mit der Zeit aufgebaut worden. In der Regel sind hierbei die Betreiber der Internetseiten auf die DGAP zugegangen. Die bedeutenden Internetseiten für den Finanzmarkt, wie www.onvista.de, sind in dieser Datenbank enthalten. Neben den oben genannten Medien werden die Informationen auch an die drei Informationsverbreitungssysteme Bloomberg, Reuters und vwdgroup weitergeleitet[531]. Im Gegensatz zu den weiteren Verteilungsnetzwerken erfolgt bei dem Basisverteiler keine garantierte Veröffentlichung.

(b.) Europa12plus

Das Verbreitungsnetzwerk Europa12plus ist umfangreicher als die Basisverbreitung, jedoch nicht so umfangreich wie das Netzwerk TUG-Garantie. Bei dem Verbreitungsnetzwerk Europa12plus werden die – nach Einschätzung der DGAP – wichtigsten Kapitalmärkte bedient. Dies sind die drei großen europäischen Staaten Deutschland, Frankreich und United Kingdom. Darüber hinaus werden die Informationen innerhalb der Europa12plus-Verbreitung Medien in Belgien, Griechenland, Italien, Luxemburg, Niederlande, Österreich, Polen, Portugal, Spanien, Liechtenstein und in der Schweiz zur Verfügung gestellt.
Das Netzwerk Europa12plus leitet an die Medien weiter, die im Basisverteiler enthalten sind und darüber hinaus an spezifische Medien des jeweiligen Landes. Die DGAP hat pro Land circa drei Medien ausgewählt, an welche die Informationen zugeleitet werden. Diese ausgewählten Medien sind beispielsweise Nachrichtenagenturen und Internetseiten des jeweiligen Landes. Hierbei sind nicht in jedem Land die gleichen Medienarten ausgewählt. In manchen Ländern sind zwei der drei Medien auch solche der gleichen Medienarten. Die DGAP versucht jedoch pro Land eine Agentur, eine Internetseite und eine Zeitung in das Verteilungsnetzwerk aufzunehmen. Darüber hinaus erfolgt bei über 10 dieser Medien eine garantierte Veröffentlichung. Hierzu gehören u.a. die britische „The Financial Times“, die belgische „L'Echo“ oder auch die polnische „Warsaw Business Journal“.

---

531 *Büche* Die Pflicht zur Ad-hoc-Publizität S. 127.

(c.) TUG-Garantie

Zum 20. Januar 2007 wurde das Verbreitungsnetzwerk TUG-Garantie eingeführt. Dieses Verbreitungsnetzwerk bedient alle 27 EU-Mitgliedsstaaten sowie Island, Kroatien, Liechtenstein, Norwegen und die Schweiz als EWR-Mitgliedsstaaten.

Auch bei diesem Netzwerk ist eine Zuleitung an die Medien des Basisverteilers enthalten. Darüber hinaus werden zudem wieder circa drei Medien pro Land gesondert die Informationen zugeleitet, sodass circa 100 Medien insgesamt eine solche gesonderte Zuleitung erhalten. Die obigen Ausführungen bezüglich der Auswahl der drei Medien pro Land gelten auch hier entsprechend. Ebenso wird bei manchen Medien eine Veröffentlichung garantiert.

(3.) Beurteilung der DGAP-Bekanntmachung

Bei der Konzeption der Verbreitungsnetzwerke hat sich die DGAP an den Materialien der CESR und der BaFin, sowie an der Gesetzesbegründung orientiert. Die bereits oben beschriebene Problematik der Überschneidung der angeblich fünf verschiedenen Medienarten[532] hat die DGAP auch gesehen, jedoch in einer anderen Weise gelöst. Statt wie in dieser Bearbeitung vorgeschlagen die Medienarten Nachrichtenagenturen und News Provider voneinander abzugrenzen und die elektronisch betriebenen Informationsverbreitungssysteme als Nachrichtenagenturen zu verstehen, fasst die DGAP die beiden Medienarten Nachrichtenagenturen und News Provider unter den Oberbegriff Agentur zusammen und sieht die elektronisch betriebenen Informationsverbreitungssysteme als eine eigene Medienart. Der obigen historischen Auslegung folgend, sollte dem Verständnis der DGAP in dieser Differenzierung nicht gefolgt werden. Die ursprünglich von der CESR vorgeschlagene Medienart Nachrichtenagentur würde auf das einem nur geschlossenen Benutzerkreis zugängliche elektronisch betriebene Informationsverbreitungssystem reduziert. Dies ist nicht wünschenswert.

Zudem ist die Unterscheidung zwischen den verschiedenen Verbreitungsnetzwerken kritisch zu beurteilen. Gerade potentielle Aktionäre sollten gemäß dem Erwägungsgrund 25 der (Transparenz-) RL 2004/109/EG auch angesprochen werden. Eine Orientierung an der bisherigen Aktionärsstruktur ist – obwohl dieses Kriterium ausdrücklich in der Gesetzesbegründung genannt wurde – nicht sinnvoll. Deshalb sollte das Verbreitungsnetzwerk TUG-Garantie als einzige Bekanntmachungsform der DGAP verstanden werden, die im Sinne von § 3a Abs. 1 S. 1 WpAIV veröffentlicht. Die Basisverteilung und die Europa12plus-Verteilung genügen den Anforderungen nicht.

---

532 Siehe *Kap. D. XIII. 2. b. dd. (4.)*.

bb. Euro adhoc[533]

(1.) Dienstleistung

Euro adhoc ist ein Joint Venture der drei Presseagenturen der Deutschen Presse-Agentur (dpa) – Tochter news aktuell GmbH[534], der Austria Presse Agentur (APA) – Tochter APA-OTS und der Schweizerischen Depeschenagentur (SDA) – Tochter news aktuell schweiz. Der Marktanteil von euro adhoc liegt im deutschen Markt bei circa 20-25 Prozent[535].

Die Verbreitung erfolgt entsprechend den Anforderungen der Gesetzesbegründung, der BaFin und der CESR über ein Medienbündel, über welches eine europäische Verbreitung erreicht wird. Im Gegensatz zur DGAP bietet euro adhoc nur ein Verteilungsnetzwerk an. Dieses Verteilungsnetzwerk umfasst die Netzwerke der APA, dpa und SDA. Weiterhin ist euro adhoc eine Partnerschaft mit PR Newswire eingegangen. Das Verbreitungsnetzwerk der PR Newswire ist auch in dem Verbreitungsnetzwerk enthalten. Insbesondere über das Netzwerk der PR-Newswire wird eine Weiterleitung an alle fünf Medienarten in allen 32 EWR- und EU-Staaten gewährleistet. Die österreichische Agentur SDA ist sehr mit Osteuropa vernetzt, sodass insbesondere über diesen Verbreitungsnetzwerkbestandteil eine Verbreitung in dieser Region gewährleistet ist. Hierbei haben die Kunden grundsätzlich keine Wahlmöglichkeit bezüglich der Ausgestaltung des Verteilungsnetzwerkes. Vielmehr werden alle Informationen über dieses eine Netzwerk bekannt gemacht.

Die Abgrenzungen zwischen News Provider und Nachrichtenagenturen erfolgt wie oben dargestellt. News Provider arbeiten nach Ansicht von euro adhoc nicht redaktionell und leiten die Meldung wortgleich an die Medien weiter. Hingegen bearbeiten die Nachrichtenagenturen Meldungen bei Bedarf noch redaktionell, so dass bei Bedarf eine Meldung umfangreicher ausgebaut werden kann.

Des Weiteren erfolgt die Verbreitung über vier elektronisch betriebene Informationsverbreitungssysteme. Hierzu zählen u.a. Reuters, Down Jones und Bloomberg.

Die Internetseiten für den Finanzmarkt werden bei euro adhoc neben der allgemeinen Bedeutung für den Finanzmarkt, insbesondere aufgrund von Statistiken

---

533 Kontakt über: news aktuell GmbH, Mittelweg 144, 20148 Hamburg, www.euroadhoc.com .

534 Siehe hierzu *Wölk* AG 1997, 73 [76], der daraufhin weist, dass die news aktuell GmbH im November 1996 Ad-hoc-Mitteilungen Aktionären kostenlos auf der Internetseite www.newsaktuell.de zur Verfügung gestellt hat. Hierdurch wurde teilweise die Benachteiligung, die durch die Bekanntmachung mittels des elektronisch betriebenen Informationsverbreitungssystems entstand, versucht aufzuheben. Vgl. ebenfalls zur 1989 gegründeten news aktuell GmbH: *Märzheuser/Gutzy* Ad-hoc-Dienstleister in Deutschland S. 17.

535 Vgl. hierzu auch die dargestellten Markteile in den Quartalen 1/2003 bis 1/2004 bei *Märzheuser/Gutzy* Ad-hoc-Dienstleister in Deutschland S. 19.

ausgewählt, die die Anzahl der Besucher pro Internetseite sammelt und diese dann entsprechend auflistet. Euro adhoc achtet darauf, dass die 20 größten Finanzseiten nach dieser Statistik immer im Verteilungsnetzwerk – innerhalb der Medienart Internetseiten für den Finanzmarkt – enthalten sind. Beispielsweise gehört hierzu www.onvista.de mit einer Besucherzahl von 12 Millionen im Januar 2010. Darüber hinaus erhalten über 500 weitere Internetseiten die entsprechenden Informationen. Diese Internetseiten werden auf Antrag beliefert. Allerdings achtet euro adhoc auf die Seriosität dieser Internetseiten und liefert daher nicht zwangsläufig jeder Internetseite entsprechende Informationen.
Besonders zu beachten ist, dass euro adhoc über die gesetzlichen Anforderungen hinaus weitere Transparenz durch ihr Verbreitungsnetzwerk schaffen möchte. Hierzu schließt euro adhoc mit verschiedenen Medien Verträge ab, aufgrund derer diese Medien die ihnen zugeleitete Information – aufgrund der vertraglichen Regelung – veröffentlichen müssen. Euro adhoc leitet somit nicht nur zu, sondern sorgt darüber hinaus für eine Verbreitung der Information über die Medien. Diese mit den Medien vereinbarte Verbreitungspflicht ermöglicht eine bessere Aktionärspublizität.

(2.) Beurteilung der euro adhoc-Bekanntmachung

Positiv hervorzuheben ist, dass euro adhoc nicht zwischen verschiedenen Verbreitungsnetzwerken differenziert, sondern nur ein umfassendes Netzwerk anbietet. Wie die DGAP orientiert sich euro adhoc an den Materialien der CESR und der BaFin sowie an der Gesetzesbegründung. Die Differenzierung seitens euro adhoc zwischen den Medienarten Nachrichtenagentur und News Provider erfolgt – wie in dieser Bearbeitung – anhand des Kriteriums, ob die Informationen vor der Veröffentlichung noch redaktionell bearbeitet werden. Entgegen dieser Bearbeitung wird nicht der News Provider, sondern die Nachrichtenagentur als die Medienart eingeordnet, die eine redaktionelle Bearbeitung vornimmt. Aufgrund den obigen Ausführungen ist dies abzulehnen. Jedoch handelt es sich hierbei nur um einen dogmatischen Streit, der keine praktischen Auswirkungen hat. Scheinbar behält euro adhoc die elektronisch betriebenen Informationsverbreitungssysteme als eigene Medienart bei. Dies ist dogmatisch abzulehnen. Jedoch ist diese Beibehaltung seitens der euro adhoc in der Praxis verständlich, denn euro adhoc will seinen Kunden eine rechtssichere Veröffentlichung gewährleisten. Eine ausdrückliche Aufgabe der Medienart elektronisch betriebenes Informationsverbreitungssystem wäre zu unsicher. Insgesamt scheint euro adhoc die Vorstellung des Gesetzgebers hundertprozentig umgesetzt zu haben.

cc. Hugin IR Services Deutschland GmbH[536]

---

536 Reichenbachstraße 26, 80469 München (Public Relations) oder Salomonstraße 19, 04103 Leipzig (Investor Relations), http://www.hugingroup.com/.

(1.) Dienstleistung

Hugin IR Services Deutschland AG besteht seit 1995 und hat aktuell circa einen Marktanteil von 3-4 Prozent im deutschen Markt[537]. Im Dezember 2006 akquirierte die Börse Eurnext Hugin. Hierbei wurde Comanynews, Directnews und Hugin zu Hugin IR Services Deutschland AG zusammengeführt. Die Hugin Group ist ein Teil von Thomson Reuters. Aktuell hat Hugin 12 Büros in 11 Ländern[538] und nach eigenen Angaben 1.700 Kunden in 26 Ländern.

Hugin verbreitet Informationen über sein Partnernetzwerk. Hierbei arbeitet Hugin mit großen Informationsdienstleistern auf dem Markt zusammen. Zu diesem Netzwerk gehören professionelle Informationssysteme oder Datenbanken, wie Bloomberg, Factiva, Factset oder Thomson Financial, Aggregatoren, wie Atos Origin, Acquire Media, Comtex-Interactive Data oder Newstex, Internetseiten, wie AOL, Yahoo, Lycos, MSN, Tiscali, Barclays, Onvista, NYSE Euronext, Presseagenturen, wie Reuters, AFP-Belga, Down Jones Newswire, dpa-AFX oder Press Association.

Hugin leitet seine Informationen an über 800 Medien weiter. 2004 gehörten hierzu circa 50 Tageszeitungen und 160 Finanzportale[539]. Aktuell leitet Hugin die Informationen über ihre Distributionsplattform weiter. Diese Plattform umfasst einerseits die erforderlichen Mitteilungen an die zuständigen Aufsichtsbehörden, Börsen und zentralen Datenbanken. Andererseits sind Medien zur Erfüllung der Rechtsfolge „Veröffentlichung“ innerhalb dieser Distributionsplattform vorgesehen. Zu diesen Medien gehören Presseagenturen, Suchmaschinen, Portale, Webseiten, Finanzinformationssysteme und Datenbanken[540]. Zusätzliche Distributionsoptionen, wie ein Media-Verteiler sind möglich und können individuell erstellt werden.

Ein Beispiel für ein professionelles Informationssystem ist Bloomberg und Factiva ein Beispiel für eine Datenbank.

---

537 Vgl. hierzu auch die dargestellten Markteile in den Quartalen 1/2003 bis 1/2004 bei *Märzheuser/Gutzy* Ad-hoc-Dienstleister in Deutschland S. 19. Informationen zur Preisstruktur bei Hugin sind bei *Märzheuser/Gutzy* Ad-hoc-Dienstleister in Deutschland S. 21 zu finden.

538 Belgien, Dänemark, Deutschland, Finnland, Frankreich, Großbritannien, Niederlande, Norwegen, Polen, Schweden und Schweiz.

539 *Märzheuser/Gutzy* Ad-hoc-Dienstleister in Deutschland S. 21.

540 Vgl. Präsentation der Hugin-IR-Dienstleistungen, abrufbar unter http://www.hugingroup.com/marketing/HUGIN_GuideServices_German.pdf, S. 4.

(2.) Beurteilung der Hugin-Bekanntmachung

Ersichtlich ist, dass Hugin sich zwar grundsätzlich an den Vorgaben der CESR und der BaFin orientiert hat, diese Vorgaben jedoch teilweise modifiziert hat. Die Rechtsfolge Internetseiten für den Finanzmarkt ist bei Hugin allgemeiner als Webseiten gefasst. News Provider und elektronisch betriebene Informationsverbreitungssysteme sind unter Hugins Begriff Finanzinformationssysteme zu subsumieren. Der Begriff Presseagenturen scheint die Medienarten Nachrichtenagenturen und News Provider zu umfassen. Anstatt einer Differenzierung hat Hugin – ebenfalls wie die DGAP – diese beiden Medienarten in einer neuen Medienart zusammengefasst. Dies ist abzulehnen. Positiv sind die zusätzlichen Medienarten, wie Datenbanken, Suchmaschinen und Portale, zu beurteilen. Ebenfalls kritisch ist die individuelle Gestaltungsmöglichkeit des Media-Verteilers zu beurteilen. Entsprechend den bereits oben angeführten Argumenten ist ein einheitliches Verbreitungsnetzwerk zu befürworten.

dd. Business Wire[541]

Business Wire, 1961 in San Francisco gegründet, ist ein Tochterunternehmen der Berkshire Hathaway Holding Inc. Business Wire ist sehr global aufgestellt und verbreitet nach eigenen Angaben mehr als 1.000 Meldungen täglich. Ihre Nachrichtenverbreitungsnetzwerke umfassen nach eigenen Angaben 150 Länder und 45 Sprachen. U.a. auf dem französischen Markt vertritt Business Wire circa 50 Prozent der CAC 40-Unternehmen, wie beispielsweise Danone. Seit circa zehn Jahre bietet Business Wire auch auf dem deutschen Markt ihre Dienstleistungen als service provider an. Im Gegensatz zu den anderen drei Anbietern hat Business Wire keinen nennenswerten Marktanteil als deutscher service provider. Primäres Ziel von Business Wire ist die Erstellung der Bereichsöffentlichkeit über ihre Nachrichtenverbreitungskanäle. Diese wird ergänzt durch Pull-Services für Suchmaschinen, Mobile und Social Network Bookmarks. RSS-Feeds werden durch Business Wire verwendet. Dieser Feed ist nach Business Wire wichtig, da er eine synchrone Verbreitung gewährleistet. Durch eine Emailverbreitung ist dies nicht möglich. Hier sind Zeitunterschiede im Minutenbereich möglich. Über solche Zeitdifferenzen ärgern sich insbesondere die News Provider, die dies dann auch kritisch sofort anmerken.
Im Überblick hat Business Wire ihr Verbreitungsnetzwerk für die deutsche Region im Internet für Interessenten dargestellt. Circa 575 Medien, an die Business Wire die Unternehmensinformationen weiterleitet, sind hier zu finden. Business Wire hat diese Medien innerhalb dieser Übersicht in die Kategorien Newspapers, News Services, Magazines & Periodicals, Television, Radio, Online und Other untergliedert. Vergleicht man diese Untergliederung mit den laut BaFin

541 Sandweg 94F, 60316 Frankfurt am Main, www.businesswire.com.

geforderten Medienarten in einem Medienbündel, so kann man die Kategorien die Medienarten wie folgt zuordnen.

(1.) Tab. 20: Vergleich Medienarten mit den Kategorien von Business Wire

Medienart	Kategorie
Elektronisch betriebenes Informations-verbreitungssystem	News Services
News Provider	Television, Radio
Nachrichtenagenturen	News Services
Printmedien	Newspapers, Magazines & Periodicals
Internetseiten für den Finanzmarkt	Online

(2.) Newspapers

Laut ihrer Übersicht leitet Business Wire die Unternehmensinformationen an über 200 verschiedene Zeitungen weiter. Zu diesen Zeitungen zählen überregionale Zeitungen, wie Die Welt, Frankfurter Allgemeine Zeitung, Financial Times Deutschland, Frankfurter Rundschau, Handelsblatt und Süddeutsche Zeitung, aber auch regionale Zeitungen wie Kreiszeitung Syke, Ludwigsburger Kreiszeitung und Oranienburger Generalanzeiger. Auch Popularblätter, wie BILD, BILD am Sonntag und Express, erhalten die Unternehmensinformationen von Business Wire.

(3.) Magazines & Periodicals

Neben diesen Tages- und Sonntagszeitungen erhalten auch fast 30 Wochen- und Monatszeitschriften, wie Capital, Der Aktionär, Der Spiegel, Der Stern und Focus die Unternehmensinformationen durch Business Wire zugeleitet.

(4.) News Services

Die Kategorie News Services enthält über zwanzig Medien, an die Business Wire die Unternehmensinformationen weiterleitet. Hierunter fallen u.a. Bloomberg Germany, dpa (Deutsche Presse-Agentur GmbH), Reuters und vwd.
Des Weiteren wird auch die Associated Press (AP) in dieser Kategorie geführt. Die Associated Press ist ebenfalls ein Verbreitungsnetzwerk. Dieses Unternehmen leitet selbst die Informationen an Printmedien weltweit weiter. Somit werden allein mittels dem Medium Associated Press eine Vielzahl von Medien erreicht.

(5.) Television und Radio

Die Kategorie Television enthält circa 25 verschiedene Fernsehsender, u.a. ARD, n-tv, N24, Prosieben und RTL Television. Darüber hinaus werden aber auch spezielle Sender, wie beispielsweise das Deutsche Anleger Fernsehen AG (DAF) seitens Business Wire bedient.

Über 50 verschiedene Radiosender sind in der Kategorie Radio enthalten. Diese sind allerdings grundsätzlich deutschsprachige Programme, wie u.a. Antenne Bayern, Deutsche Welle oder Westdeutscher Rundfunk.

(6.) Online
Die Kategorie Online umfasst circa 130 verschiedene Internetseiten. Innerhalb dieser Auflistung sind bedeutende Internetseiten, wie www.finanznachrichten.de oder www.onvista.de enthalten, jedoch auch wieder eher regionaler Internetseiten, wie Remscheider Generalanzeiger, waiblinger-kreiszeitung.de und Walsroder Zeitung Online. Business Wire liegt in der Kategorie Online sehr viel Wert darauf, dass die wichtigen Internetseiten, die insbesondere von der Bereichsöffentlichkeit regelmäßig abgefragt werden, bedient werden. Diese Internetseiten (u.a. www.onvista.de) sind nach Ansicht von Business Wire in einem Verbreitungsnetzwerk unerlässlich. Festgehalten werden kann, dass Business Wire sich bei der Auswahl der Internetseiten nach der Bereichsöffentlichkeit richtet. Betreibern anderer Internetseiten, die nicht hierunter fallen, werden Unternehmensinformationen jedoch auch zugeleitet. Hierzu ist es nur erforderlich, dass diese Betreiber Business Wire gegenüber einen entsprechenden Wunsch äußern.

(7.) Other
Die Kategorie Other kann nicht einer konkreten Medienart zugeordnet werden. Durch diese Kategorie werden letztendlich interessierte Unternehmen, direkt bedient. Dies geht über die – u.a. von der BaFin gestellten – Anforderungen an ein Medienbündel hinaus. Dies ist im Hinblick auf die gewünschte breite Informationsstreuung zu begrüßen.
Interessierte Unternehmen sind u.a. Bundesverband Deutscher Banken, Bundesverband Öffentlicher Banken, Commerzbank, Deutsche Bank, Deutsche Börse, Deutsche Journalistenschule e.V., Dresdner Kleinwort Wasserstein Research GmbH, HUK-Coburg, LexisNexis, Thomson Reuters, Verbund der Sparkassen und der Verbund der Landesbanken.

(8.) Gebühren
Die Veröffentlichung pro Dokument kostet für Ad-Hoc News, Financial News, Total Voting Rights, Corporate News und Takeover Announcements jeweils 265 EUR. Die Veröffentlichung von Directors' Dealings-Mitteilungen kostet 70 EUR pro Dokument. Gegen eine jährliche Gebühr von 6.750 EUR erfolgt seitens Business Wire eine unbegrenzte Verbreitung in Deutschland.

(9.) Dienstleistungen in anderen europäischen Staaten
Interessant ist, wie Business Wire als global aufgestellter Dienstleister die Veröffentlichungsvorschriften, in den oben aufgeführten europäischen Ländern erfüllt.

In **Frankreich** ist Business Wire als PIP bei der Autorité des Marchés Financiers (AMF) registriert[542]. Business Wire erreicht Agence France Press und Thomson Reuters newsrooms ebenso wie wichtige französische Finanzportale, -internetseiten und weitverbreitete Suchmaschinen, wie Yahoo! Finance. Weitere Veröffentlichungsmedien, an die Business Wire Unternehmensinformationen in Frankreich zuleitet, sind AMF, boursier.com, DowJones, Euroinvestor, Factset, lemonde.fr und ReginfoFrance. Auch hier beträgt die Gebühr pro Veröffentlichung 265 EUR und die jährliche Gebühr 4.725 EUR.
Unternehmensinformationen leitet Business Wire in **Luxemburg** der Commission de Surveillance du Secteur Financier (CSSF) der luxemburgischen Börse und deren Internetseiten zu. Weiterhin erhalten Finanzmedien, -datenbanken und –newsräume diese Informationen. Veröffentlichungsmedien, denen Business Wire Informationen in Luxemburg zuleitet, sind neben den oben genannten u.a. Bloomberg, Dowjones, Factiva und Thomson Reuters. Auch hier beträgt die Gebühr pro Veröffentlichung 265 EUR und die jährliche Gebühr 4.725 EUR.
In den **Niederlanden** leitet Business Wire die Informationen an die niederländische Aufsichtsbehörde Autoriteit Financiële Markten (AFM), Bloomberg, De Financiële Telegraaf, Dow Jones, Het financieele Dagblad und Thomson Reuters weiter. Auch hier beträgt die Gebühr pro Veröffentlichung 265 EUR und die jährliche Gebühr 4.725 EUR.
In **Österreich** sind die elektronisch betriebenen Informationsverbreitungssysteme der wichtigste Verbreitungsweg[543]. Deshalb verbreitet Business Wire die Unternehmensinformationen simultan an Austria Presse Agentur (APA), Bloomberg, Dow Jones, dpa-AFX und Thomson Reuters. Weitere Medien, wie die Zeitungen[544], Newsrooms, Terminals und Finanzwebseiten werden ebenfalls bedient. Die Veröffentlichung pro Dokument kostet für Ad-Hoc News, Financial News, Total Voting Rights, Corporate News und Takeover Announcements jeweils 265 EUR. Die Veröffentlichung von Directors' Dealings-Mitteilungen kostet 70 EUR pro Dokument. Gegen eine jährliche Gebühr von 4.725 EUR erfolgt seitens Business Wire eine unbegrenzte Verbreitung in Österreich. Möchte ein Unternehmen diesen Service in einem weiteren europäischen Staat hinzubuchen, so kostet dies weitere 1.575 EUR pro gewünschten Staat.
Business Wire ist im **United Kingdom** ein anerkannter Regulatory Information Service (RIS)[545]. Unternehmensinformationen werden an Finanzmedien, - Da-

---

542 Siehe *Kap. D. XIII. 6. b. aa.*

543 Vgl. *Kap. XIII. 6. b. ee.*: Hier wird festgestellt, dass zur Veröffentlichung in Österreich nur die Nutzung von elektronisch betriebenen Informationsverbreitungssystemen verbindlich vorgeschrieben ist.

544 Beispielsweise die Wiener Zeitung.

545 Siehe *Kap. D. XIII. 6. b. ff.*

tenbanken und –newsrooms weitergleitet. Hierunter fallen die Secondary Information Providers (SIP) Bloomberg, Digital Look, Dow Jones, Factiva, Financial Express, Perfect Information und Thomson Reuters. Die Gebühren liegen hier bei 495 EUR für Earnings Announcements, 65 EUR für non-forms standard announcement und 35 EUR für form announcements[546]. Die Jahresgebühr für eine unbegrenzte Anzahl dieser Dienstleistungen liegt bei 3.885 EUR. Die europäische Veröffentlichung kostet pro Veröffentlichung 265 EUR. Die jährliche Gebühr liegt hier bei 4.725 EUR.

(10.) Beurteilung der Business Wire-Bekanntmachung

Wie euro adhoc bietet Business Wire ein Verbreitungsnetzwerk an. Zunächst scheint es kritisch zu sein, dass Business Wire primär die Bereichsöffentlichkeit herstellen möchte und eigene Medienarten erstellt hat. Betrachtet man die im Verbreitungsnetzwerk aufgeführten Medien so wird deutlich, dass hierdurch keine Bereichsöffentlichkeit, sondern die allgemeine Öffentlichkeit erreicht werden soll. Dementsprechend folgt Business Wire den Vorgaben der (Transparenz-) RL 2004/109/EG und der (Durchführungs-) RL 2007/14/EG. Die von Business Wire genutzten Medienarten sind nicht mit den Medienarten, die in den Materialien der CESR und der BaFin, sowie in der Gesetzesbegründung genannt sind, direkt vergleichbar. Jedoch können die verschiedenen Medienarten einander ungefähr zugeordnet werden (*vgl. Tab. 20*). Aus dieser Zuordnung wird ersichtlich, dass Business Wire auf eine andere Weise die Vorgaben im Zusammenhang mit § 3a Abs. 1 S. 1 WpAIV erfüllt hat.

ee. Vergleich der praktischen Umsetzung

In der praktischen Umsetzung orientieren sich die service-provider, wie die Bearbeitung, an der historischen Auslegung und folgen nicht der teilweise von der Literatur geforderten Nutzung nur eines Mediums zur Erfüllung der Anforderung aus § 3a Abs. 1 S. 1 WpAIV und § 121 Abs. 4a AktG. Dies kann insbesondere mit der in der Praxis erforderlichen Rechtssicherheit erklärt werden.

d. Zwischenergebnis

Festgehalten werden kann, dass der durch das TUG neu eingeführte Bekanntmachungsweg über ein Medienbündel nicht ausreichend konkretisiert worden ist. Viele für die Praxis sehr relevante Fragen wurden nicht ausreichend durch den Gesetzgeber und durch das Bundesministerium der Finanzen vorbereitet. Insbesondere die Konkretisierung des § 3a Abs. 1 S. 1 WpAIV genügt nicht, um eine

546 Doc.re, Circ.re., Blocklisting Interim Review, Holding(s) in Company Director Shareholding, FRN Variable Rate Fix, Base Rate Change, Net Asset Value(s), Total Asset Value(s), EPT Disclosure, Rule 8.1, Rule 8.3, SAR 3, SAR 5, Notice of Results).

ausreichende Rechtssicherheit zu schaffen[547]. Die bestehenden Literaturansichten zeigen, dass die Rechtsfolge „Veröffentlichung" sehr unterschiedlich verstanden werden. Die – wie hier – vorgeschlagene Befolgung der historischen Auslegung ist strittig. Zur Schaffung von Rechtssicherheit sollte der Gesetzgeber die Rechtsfolge „Veröffentlichung" durch weitere gesetzliche Regelungen verbindlich normieren.

8. Tab. 21: Informationen durch „Veröffentlichung"

§ 121 Abs. 4a AktG[548]	Einberufung der Hauptversammlung
§ 2b WpHG i.V.m. §§ 25, 3a WpAIV	Wahl des Herkunftsstaates
§ 15 Abs. 1 S. 1 1. Halbs. WpHG	Insiderinformationen
§ 15 Abs. 2 S. 2 WpHG	Berichtigung von unwahren Insiderinformationen
§ 15a Abs. 4 S. 1 1. Halbs. WpHG i.V.m. § 13, 3a WpAIV	Geschäfte mit Aktien oder sich darauf beziehende Finanzinstrumente des Emittenten von Personen, die bei einem Emittenten von Aktien Führungsaufgaben wahrnehmen (sog. Directors' Dealing))
§§ 26 Abs. 1 S. 1, 21 Abs. 1 S. 1 WpHG i.V.m. §§ 20, 3a WpAIV	Erreichen, Über- oder Unterschreiten von 3, 5, 10, 15, 20, 25, 30, 50 oder 75 Prozent der Stimmrechte an einem Emittenten durch Erwerb, Veräußerung oder auf sonstige Weise
§§ 26 Abs. 1 S. 1, 21 Abs. 1a WpHG i.V.m. §§ 20, 3a WpAIV	Zustehen von 3 Prozent oder mehr der Stimmrechte im Zeitpunkt der erstmaligen Zulassung der Aktien zum Handel an einem organisierten Markt
§ 26 Abs. 1 S. 1 i.V.m. § 25 Abs. 1 S. 1 WpHG	Erreichen, Über- oder Unterschreiten von 5, 10, 15, 20, 25, 30, 50 oder 75 Prozent (unmittelbar oder mittelbar) an Finanzinstrumenten, die ihrem Inhaber das Recht verleihen, einseitig im Rahmen einer rechtlich bindenden Vereinbarung mit Stimmrechten verbundene und bereits

547 *Zentraler Kreditausschuss* Stellungnahme zum Regierungsentwurf eines Gesetzes zur Umsetzung der EU-Transparenzrichtlinie (TUG) vom 8. September 2006, S. 10.

548 Diese Vorschrift sieht folgende Rechtsfolge vor: „*solchen Medien zur Veröffentlichung zuzuleiten, bei denen davon ausgegangen werden kann, dass sie die Information in der gesamten Europäischen Union verbreiten*". Nach dem Wortlaut normiert sie scheinbar mehr als die Rechtsfolge „Veröffentlichung". Liest man die Rechtsfolge „*Veröffentlichung*" mit deren Konkretisierung nach § 3a WpAIV ergibt sich aber letztendlich das gleiche Ergebnis.

	ausgegebene Aktien eines Emittenten, für den die Bundesrepublik Deutschland der Herkunftsstaat ist, zu erwerben
§ 26a S. 1 WpHG	Gesamtzahl der Stimmrechte am Ende eines jeden Kalendermonats, in dem es zu einer Zu- oder Abnahme von Stimmrechten gekommen ist
§ 30e Abs. 1 S. 1 WpHG i.V.m. §§ 26, 3a WpAIV	Rechtsänderungen bei Wertpapieren nach §30e WpHG, Rechte eigener derivater Wertpapiere bei Aktien (Nr. 1a), Ausstattungsänderungen bei anderen Wertpapieren (Nr. 1b), Rechte mit Umtausch bzw. Bezugsrecht in Aktien bezgl. dieser (Nr. 1c), Aufnahme von Anleihen und Übernahmen v. Gewährleistungen (Nr. 2) und Veröffentlichungen in Drittstaaten (Nr. 3)
§ 30f Abs. 2 WpHG	Informationen über Umstände im Sinne des § 30e Abs. 1 S. 1 Nr. 1 und 2, die nach den gleichwertigen Regeln eines Drittstaates der Öffentlichkeit zur Verfügung zu stellen sind, nach Maßgabe des § 30e Abs. 1 in Verbindung einer Rechtsordnung nach § 30e Abs. 2
§ 37v Abs. 1 S. 2 WpHG	Zeitpunkt und unter welcher Internetadresse die Rechnungslegungsunterlagen nach § 37v Abs. 2 WpHG (u.a. Jahresabschluss, Lagebericht) der Öffentlichkeit zur Verfügung gestellt
§ 37w Abs. 1 S. 2 WpHG	Zeitpunkt und unter welcher Internetadresse der Halbjahresfinanzbericht der Öffentlichkeit zur Verfügung gestellt
§ 37x Abs. 1 S. 2 WpHG	Zeitpunkt und unter welcher Internetadresse der Zwischenmitteilung der Öffentlichkeit zur Verfügung gestellt

XIV. „öffentlich zur Verfügung stellen"

Bei umfangreichen Informationen, wie insbesondere Rechnungsunterlagen, erfolgt keine Bekanntmachung über das Medienbündel. Über das Medienbündel muss nur der Zeitpunkt und die Internetseite der Bekanntmachung dieser Unterlagen publiziert werden.

1. Internetseite und Unternehmensregister

Die umfangreichen Informationen müssen hingegen „öffentlich zur Verfügung gestellt" werden. Fraglich ist, wie diese Rechtsfolge zu verstehen ist. Die Literatur versteht hierunter die Notwendigkeit, die entsprechenden Informationen auf der Internetseite der Aktiengesellschaft und im Unternehmensregister zu veröffentlichen[549]. Sobald die Informationen dort veröffentlicht sind, sind sie öffentlich zur Verfügung gestellt. Weitere Maßnahmen sind nicht notwendig[550].

2. Nur Internetseite als Bekanntmachungsmedium

Die Pflicht der Aktiengesellschaft zur Veröffentlichung der entsprechenden Informationen im Unternehmensregister ergibt sich bereits aus § 8b Abs. 2 Nr. 9 i.V.m. Abs. 3 S. 1 Nr. 2 HGB. Die Speicherung der Informationen im Unternehmensregister muss sich somit schon nicht mehr aus der Rechtsfolge „öffentlich zur Verfügung stellen" ergeben. Problematisch ist jedoch, mittels welchem Mediums bzw. welchen Medien die Bekanntmachung erfolgen soll.

a. Internetseite der Aktiengesellschaft

Entsprechend der obigen Literaturansicht könnte das Internet hierzu genutzt werden. Gerade mittels des Internets können umfangreiche Datenmengen, wie ein Jahresfinanzbericht, problemlos an Aktionäre weitergeleitet werden. Jedoch ist die Rechtsfolge Internetseite als solche bereits ausdrücklich gesetzlich vorgesehen.

b. Anderes Medium

Fraglich ist jedoch, warum hier eine andere Formulierung gewählt wurde. Grundsätzlich bedeuten unterschiedliche Formulierungen auch unterschiedliche Rechtsfolgen. Beispielsweise verbietet sich bei der Rechtsfolge „zugänglich machen" eine pauschale Gleichsetzung mit einer Bekanntmachung über das Internet. Weitere Bekanntmachungswege könnten möglich sein. Beispielsweise könnte die Aktiengesellschaft statt über das Internet die Informationen mittels Printmedien öffentlich zur Verfügung stellen.

c. Eigene Position

Die Rechtsfolge „öffentlich zur Verfügung stellen" ist unglücklich gewählt. Vermutlich wurde die oben beschriebene problematische Abgrenzung zur Bekanntmachungsmöglichkeit über die Internetseite der Aktiengesellschaft im Gesetzgebungsverfahren nicht gesehen. Bereits bezüglich dem zunächst in § 9 Abs. 1 S. 1 InsO a.F. vorgeschriebenen elektronischen Informations- und Kommunikationssystems bestand Einigkeit, dass hierbei nur das Internet gemeint sein kann. Dies wird auch hier gelten. Der Literaturansicht ist zuzustimmen, dass hier eine Bekanntmachung über die Internetseite der Aktiengesellschaft zur Erfüllung dieser Rechtsfolge ausreicht. Die alternative Bekanntmachungsform

---

549 Assmann-*Hösch* § 37v WpHG Rn 11; § 37w WpHG Rn 10; § 37x WpHG Rn 5; KK-*Mock* § 37v WpHG n.F. Rn 13; § 37w WpHG n.F. Rn 7; § 37x WpHG n.F. Rn 10; Fuchs-*Zimmermann* § 37v WpHG Rn 7; § 37w WpHG Rn 7; § 37x WpHG Rn 6.

550 Vgl. u.a. KK-*Mock* § 37v WpHG n.F. Rn 14.

mittels Printmedien ist aufgrund der Entwicklung der formellen Publizität von Printmedien zu elektronischen Medien abzulehnen.
D.h. die Rechtsfolge „öffentlich zur Verfügung stellen" kann wie die frühere Rechtsfolge über das elektronische Informations- und Kommunikationssystem als die Pflicht zur Bekanntmachung über die Internetseite – hier der Aktiengesellschaft – verstanden werden. Weitere Bekanntmachungsmöglichkeiten, wie bei der Rechtsfolge „zugänglich machen" sind nicht vorhanden. Rechtspolitisch kann hier nur gefordert werden, entsprechend der Anpassung des § 9 Abs. 1 S. 1 InsO a.F. die gewünschte Rechtsfolge direkt ins Gesetz zu schreiben und nicht weitere Formulierungen für die gleiche Rechtsfolge zu nutzen. Dies schafft nur eine Rechtsunsicherheit.

3. Tab. 22: Information durch „öffentlich zur Verfügung stellen"

§ 37v Abs. 1 S. 1 WpHG	Jahresfinanzbericht
§ 37w Abs. 1 S. 1 WpHG	Halbjahresfinanzbericht
§ 37x Abs. 1 S. 1 WpHG	Zwischenmitteilung der Geschäftsführung

XV. Freiwillige Bekanntmachungswege

Neben den gesetzlich vorgeschriebenen Bekanntmachungswegen gibt es darüber hinaus gehende freiwillige Bekanntmachungswege[551]. Seitens des Unternehmens stellen diese freiwilligen Wege beispielsweise einen Aktionärsservice dar.

1. Seitens der BaFin

Als weitere Informationsquelle kann die Internetseite der BaFin herangezogen werden[552]. Einerseits kommt die BaFin ihrer Pflicht gemäß § 13 Abs. 4 WpPG nach und veröffentlicht hier die von ihr gebilligten Prospekte. Diese Veröffentlichung seitens der BaFin tritt neben die Veröffentlichungspflicht des jeweiligen Emittenten und ersetzt diese nicht[553]. Darüber hinaus hat die BaFin weitere Datenbanken aufgebaut[554] und pflegt diese. Hierbei handelt es sich um eine freiwillige Maßnahme der BaFin[555]. Eine gesetzliche Pflicht hierzu besteht nicht.

---

551 *Meier-Schatz* Wirtschaftsrecht und Unternehmenspublizität S. 254. Beispielsweise vgl. hierzu *Diehl/Loistl/Rehkugler* Effiziente Kapitalmarktkommunikation S. 2.

552 Vgl. *CESR* 08~514b annex II S. 66.

553 BT-Drucks. 15/4999 S. 35; Holzborn-*Görke/Preuße* WpPG § 14 Rn 16; *Kullmann/Sester* WM 2005, 1068 [1074].

554 *Noack* Infobase für Unternehmensdaten S. 34; *ders.* notar 2005, 14 [15].

555 *Noack* AG 2003, 537 [544]; *Posegga* BKR 2002, 1061.

a. Beteiligungsdatenbank

Zum einen werden die nach §§ 21 ff.WpHG mitteilungspflichtigen Beteiligungsquoten an börsennotierten Aktiengesellschaften nach Name des Anteilsinhabers und nach der Firma des entsprechenden Unternehmens aufgeschlüsselt zum Abruf im Internet dargeboten (u.a. unter dem Stichwort „*Bedeutende Stimmrechte nach § 21 WpHG*").

b. Transaktionsdatenbank

Des Weiteren führt die BaFin seit 2002 online zugängliche Datenbanken über kapitalmarktrechtliche Transaktionen nach dem WpÜG (unter dem Stichwort „*Mindestpreise gemäß WpÜG*"). Erhältlich sind über die Internetseite der BaFin Listen der veröffentlichten Entscheidungen eines Bieters zur Abgabe eines Wertpapier-Erwerbs-Angebotes (§ 10 WpÜG), die veröffentlichte Kontrollerlangung eines Bieters über eine Zielgesellschaft (§ 35 WpÜG) sowie Angebotsunterlagen (§ 14 WpÜG).

c. Dealings-Liste

Die nach § 15a WpHG seit In-Kraft-Treten des 4. Finanzmarktförderungsgesetzes zu meldenden Directors' Dealings werden von der BaFin in einer übersichtlichen Liste zusammengefasst im Internet veröffentlicht (unter dem Stichwort „*Meldungen nach § 15a WpHG*"). Dabei wird nach Gesellschaft, Person, Stellung zur Gesellschaft, An- oder Verkauf, Volumen und Preis gegliedert.

d. Weitere Datenbanken und Übersichten

Neben den oben angeführten Datenbanken hat die BaFin auf ihrer Internetseite weitere Datenbanken und Übersichten aufbereitet. Beispielsweise können mithilfe dieser Datenbanken und Übersichten auch hinterlegte Prospekte und veröffentlichte Angebotsunterlagen recherchiert werden. Diese Veröffentlichungsmöglichkeiten sind grundsätzlich gesetzlich nicht vorgeschrieben, sodass die BaFin diesen Service auf freiwilliger Basis, insbesondere auch den Aktionären, anbietet.

2. Seitens der Unternehmen

Neben den gesetzlich vorgesehenen Bekanntmachungswegen haben die Unternehmen auf freiwilliger Basis weitere zusätzliche Bekanntmachungswege entwickelt, auf denen Informationen teilweise parallel zu den zwingenden Bekanntmachungswegen an den Aktionär weitergeleitet werden[556]. Viele dieser freiwilligen Bekanntmachungswege nutzen soziale Netzwerke im Internet, wie

556 Bereits 1962 stellte *Hundhausen*, in: *Barz, u.a.* Das Frankfurter Publizitätsgespräch S. 17 [27] fest, dass Aktiengesellschaften neben den gesetzlich vorgeschriebenen Publizitätswegen weitere freiwillig anbieten..

Xing, Facebook oder Twitter[557]. Diese Medien werden als Web 2.0 oder Social Media bezeichnet[558]. Bei der Recherche wurde deutlich, dass die meisten Unternehmen die freiwillige Publizität aktuell weiterentwickeln und in Erwägung ziehen, weitere Bekanntmachungswege in Zukunft anzubieten.

a. Vorgehensweise bei dieser Recherche

Zunächst wurden die Internetseiten der DAX-30-Unternehmen überprüft. Da die freiwillige Publizität ein Service ist, war zu erwarten, dass die Unternehmen einen solchen Service offen auf ihren Internetseiten darstellen. Im zweiten Schritt wurde bei den Unternehmen angerufen und kontrolliert, ob die Recherche korrekt erfolgt ist bzw. ob das Unternehmen freiwillige Publizität anbietet, die nicht auf der Internetseite aufgeführt sind. Verlief das Telefonat erfolgreich, so war die Recherche bezüglich dieses Unternehmens beendet. Alternativ wurde mit dem entsprechenden Unternehmen per Email Kontakt aufgenommen. Die antwortenden Emails wurden in die Recherche aufgenommen. Erfolgte auch auf die Email keine Reaktion, so wurde noch einmal eine telefonische Kontaktaufnahme versucht. Verlief auch diese negativ, so wurden die Daten allein anhand der Internetseite des entsprechenden Unternehmen in die Grafik aufgenommen[559].

b. Auswahl der Unternehmen

Eine Betrachtung der freiwilligen Publizität aller Aktiengesellschaften, SEs und KGaAs mit Sitz in Deutschland wäre praktisch sehr schwer möglich. Wahrscheinlich wäre eine solch umfangreiche Betrachtung auch nicht nötig, da viele Unternehmen gleiche Bekanntmachungswege freiwillig anbieten. Daher reicht eine Auswahl an Unternehmen aus. Bereits oben wurde festgestellt, dass die großen Unternehmen mit einer Vielzahl von Aktionären besonders auf eine große Publizität als Kommunikationsmöglichkeit angewiesen sind. Gerade die Unternehmen, die als DAX-30-Unternehmen bezeichnet werden, sind solche Unternehmen, die aufgrund einer Gesamtbetrachtung als die größten börsennotierten Unternehmen gelten. Daher wird im Folgenden nur die freiwillige Publizität der DAX-30-Unternehmen[560] betrachtet.

---

557 Auch die service provider haben dies erkannt und bieten die Unterstützung bei der freiwilligen Publizität an (vgl. hierzu u.a. den IR-Newsletter Nr. 8 [Mai 2010] von *euro adhoc*).

558 Vgl. *Bönig* GoingPublic 06/10 S. 32 [33]; *Müller* GoingPublic 06/10 S. 46.

559 Dies erfolgte nur bei drei der DAX-30-Unternehmen.

560 Eine Studie der Hochschule für Technik und Wirtschaft in Berlin zeigt, dass 90 Prozent der DAX-Unternehmen Social-Media nutzen (vgl. Grafik in GoingPublic 06/10 S. 33).

c. Emailbenachrichtigung

Circa 90 Prozent der DAX-30-Unternehmen bieten freiwillig eine Benachrichtigung der Aktionäre per Email an. Hiermit ist diese Art der Benachrichtigung innerhalb der DAX-30-Unternehmen am verbreitesten. Dies liegt voraussichtlich an der einfachen Nutzbarkeit dieses Benachrichtigungsweges. Die an die Medien weitergeleiteten Informationen können ebenfalls an die Aktionäre weitergeleitet werden. Hierbei sind gegebenenfalls nur bedingt Anpassungen am Layout erforderlich. Des Weiteren werden die Emails sehr regelmäßig abgerufen, sodass auch mit einer sehr schnellen Information der Aktionäre zu rechnen ist.

d. RSS-Feeds

Die Benachrichtigung über RSS-Feeds ist ebenfalls sehr sinnvoll[561]. Circa 70 Prozent der Unternehmen bieten diesen Service ihren Aktionären an. Vergleicht man dies mit den anderen prozentualen Anteilen der Unternehmen pro Bekanntmachungsweg, so kann man feststellen, dass der RSS-Feeds zwar klar hinter der Emailbenachrichtigung innerhalb der freiwilligen Publizität auf Platz 2 liegt, jedoch deutlich vor den weiteren freiwilligen Bekanntmachungswegen, die mit einem prozentualen Anteil von circa 20 – 30 Prozent mit einem deutlichen Abstand folgen.

(1.) Technische Ausgestaltung

Internet-Browser und Mailprogramme können auch RSS-Feeds in der Regel verwalten und anzeigen. Hierzu muss der Aktionär nur den gewünschten RSS-Feed abonnieren. Wird eine Information veröffentlicht, so wird diese über den RSS-Kanal zum Abonnenten geschickt.

Teilweise werden individuelle Startseiten von den jeweiligen Internetbrowsern, wie Google oder Yahoo, angeboten. Hierdurch können bereits auf dieser Startseite die neuesten Informationen, die über die abonnierten RSS-Feeds veröffentlicht wurden, gelesen werden.

(2.) Angebot der Unternehmen

Die Anzahl der RSS-Feeds variiert je nach Unternehmen. Teilweise haben manche Unternehmen einen, andere Unternehmen bieten verschiedene RSS-Feeds an. Beispielsweise bietet die Deutsche Post AG acht verschiedene RSS-Feeds an.

e. Mobiles Internet

30 Prozent der DAX-30-Unternehmen bieten dem Aktionär einen Service an, der in der folgenden Übersicht unter dem Begriff „Mobile Internet“ zusammen-

---

561 Ebenso *Spindler* WM 2006, 109 [112].

gefasst ist[562]. Durch dieses „Mobiles Internet" wird eine Informationsansicht für den kleinen Bildschirm eines Handy, Blackberry, Palm oder Smartphone bereitgehalten, sodass der Aktionär auch unterwegs sich aktuell mittels der Internetseite der Aktiengesellschaft über die Aktiengesellschaft informieren kann.

f. Sonstiges Web 2.0

Neben dem RSS-Feeds und dem Mobilen Internet werden noch weitere Bekanntmachungswege im Web 2.0 freiwillig von manchen Unternehmen angeboten. Hierzu gehören Twitter[563] (prozentualer Anteil bei den DAX-30-Unternehmen circa 27 Prozent), Podcasts (circa 27 Prozent), Youtube (circa 13 Prozent) und Facebook (10 Prozent). Auf Twitter werden kurze Mitteilungen an Abonnenten versandt. Dies bieten die Daimler AG[564] und die Deutsche Telekom AG an. Die SAP AG hat auch einen Twitter-Kanal, dieser bietet Informationen jedoch nur auf Englisch an. Für professionelle Marktteilnehmer sollten englische Informationen unproblematisch sein, jedoch werden manche private Marktteilnehmer diese Informationen aufgrund sprachlicher Probleme nicht verarbeiten können. Es wäre hier auch ein deutscher Twitter-Kanal sicher wünschenswert. Zu beachten ist jedoch, dass Twitter zur freiwilligen Publizität gehört. Hier ist allein das Angebot eines englischen Twitter-Kanal als zusätzlicher Bekanntmachungsweg sehr positiv. Auf Facebook haben die Daimler AG und die Deutsche Telekom AG sich Firmenseiten eingerichtet, über welche diese Unternehmen Informationen ebenfalls publizieren können.

Zu beachten bei diesen Bekanntmachungswegen, die hier unter sonstiges Web 2.0 zusammengefasst sind, ist, dass die Unternehmen dies teilweise erst ausprobieren bzw. erst beobachten, wie die anderen DAX-30-Unternehmen hiermit umgehen. Viele DAX-30-Unternehmen finden eine Kommunikation über diese Medien nur sinnvoll, wenn eine entsprechende Kommunikationsstrategie entwickelt worden ist. Dies würde jedoch weitere Ressourcen erfordern. Viele Unternehmen sind sich nicht sicher, ob die Bereitstellung solcher Ressourcen für die freiwillige Publizität sinnvoll ist.

Mittels Podcasts werden aktuelle Informationen als Audio-Datei übermittelt.

U.a. hat die Daimler AG sogar einen Youtube-Channel eröffnet. Hier sind jedoch vielmehr Unternehmenspräsentationen als Unternehmensinformationen vorzufinden. Ebenso listet die Daimler AG ihre über das Web 2.0 veröffentlichten Informationen auf friendfeed zusammenfassend auf, sodass der Aktionär nicht alle Quellen parallel verfolgen braucht, sondern sich auf diese Quelle be-

---

562 Beispielsweise http://wap.allianz.de, http://mobil.basf.com, www.mobi.beiersdorf.de oder http://mobil.eon.com.

563 Hierzu beispielsweise *Kiss* GoingPublic 12/09 S. 34.

564 Die Daimler AG bietet auf ihrer deutschsprachigen Homepage acht verschiedene Twitterchannel an.

schränken kann. Jedoch verzichten viele Unternehmen auf eine Facebook-Seite oder einen Youtube-Channel, da diese Kommunikationswege nach Angaben der entsprechenden Unternehmen nicht als Informationsquelle für Aktionärsinformationen effektiv und seriös sind.

g. SMS-Benachrichtigung

Ein weiterer Bekanntmachungsweg ist die Information mittels SMS-Benachrichtigung. Diese ist ebenfalls sehr wünschenswert, jedoch verursacht dieser Bekanntmachungsweg im Gegensatz zu den anderen Bekanntmachungswegen Transportkosten. Circa 23 Prozent der DAX-30-Unternehmen bieten ihren Aktionären einen solchen Service an.
Bei der Einführung des RSS-Feeds befragte die Deutsche Lufthansa AG ihre Aktionäre, ob diese auch eine SMS-Benachrichtigung nutzen möchten. Interessanterweise lehnten die Aktionäre dies mehrheitlich ab und wollten höchstens in seltenen und dringenden (Not-)fällen über diesen Kommunikationsweg erreicht werden. Die Umfrage ergab, dass die Emailbenachrichtigung als Standard angesehen wird, der eine darüber hinaus gehende SMS-Benachrichtigung entbehrlich mache.

h. Sonstiges

Des Weiteren präsentieren Unternehmen ihre Unterlagen auf Analystenkonferenzen und Roadshows[565]. Diese Kommunikationswege sind jedoch nur bedingt nutzbar, denn oft entscheidet das Unternehmen, wer an solchen Veranstaltungen teilnehmen kann. Auch ist zu beachten, dass wesentliche unveröffentlichte Informationen nicht ausgegeben werden, um eine Ungleichbehandlung zu vermeiden[566].

i. Zwischenergebnis

Festgestellt werden kann, dass die Mailbenachrichtigung ein freiwilliger Standardbekanntmachungsweg ist, den fast alle DAX-30-Unternehmen anbieten. Darüber hinaus bieten die meisten Unternehmen noch einen oder mehrere RSS-Feeds an. Weitere Bekanntmachungswege existieren, jedoch ist hier keine einheitliche Entwicklung festzustellen. Zu beachten ist jedoch, dass bei vielen Unternehmen die freiwillige Publizität noch ausgebaut wird und insbesondere der Aktionärsservice, wie das mobile Internet, demnächst wahrscheinlich von deutlich mehr Unternehmen angeboten wird.

---

565 Vgl. *Diehl/Loistl/Rehkugler* Effiziente Kapitalmarktkommunikation S. 11.
566 Vgl. *Müller-Michaels* GoingPublic 05/2010, S. 8.

3. Tab. 23: Freiwillige Bekanntmachungswege bei den DAX-30-Unternehmen

Dax-30 Unternehmen	Freiwillige Bekanntmachungswege[567]							
	Mailbenachrichtigung	SMS-Benachrichtigung	Web 2.0					
			RSS-Feeds	Twitter	Facebook	Youtube	Mobiles Internet	Podcasts
Adidas AG	X	X	X	---	---	(X)[568]	X	---
Allianz SE	X	X	X	---	---	---	X	X
BASF SE	X	X	X	X	---	---	X	X
Bayer AG	X	X	X	---	---	---	X	X
BMW AG	X	---	X	---	---	---	---	X
Beiersdorf AG	X[569]	---	---	---	---	---	X	---
Commerzbank AG	X	---	---	---	---	---	---	---
Daimler AG	X	---	X	X	X	(X)[570]	X	X
Deutsche Bank AG	X	---	X	X	X	X	---	X
Deutsche Börse AG	X	---	---	---	---	---	---	---
Deutsche Lufthansa AG	X	---	X	---	---	---	---	---
Deutsche Post AG	X	---	X	---	---	---	X	---
Deutsche Telekom AG	X	X	X	X	X	---	---	---
E.ON AG	X	---	X	---	---	---	X	X
Fresenius Medical Care KGaA	---	---	---	---	---	---	---	---
Fresenius SE	X	---	---	---	---	---	---	---
HeidelbergCement	X	---	---	---	---	---	---	---
Henkel AG & Co. KGaA	X	---	X	X	---	(X)	---	---
Infineon Technologies AG	---	---	X	---	---	---	---	---
K+S AG	X	---	X	---	---	---	X	X
Linde AG	X	---	X	---	---	---	---	---

567 Eigene Recherche; Stand: August 2010.

568 Dieses Medium wird für Recruiting- und Werbemaßnahmen genutzt. Für die Aktionärspublizität wird dieses Medium nicht genutzt.

569 Diese Benachrichtigung enthält als Reminder nur die Information, wo und wann die gesetzliche Veröffentlichung erfolgt.

570 Auch hier erfolgt eher eine Konzernpräsentation, als eine Information der Aktionäre.

MAN SE	X	---	X	---	---	---	---	---
Merck KGaA[571]	---	---	---	---	---	---	---	---
Metro AG	X	---	X	---	---	---	---	---
Münchener Rück AG	X	---	X	---	---	---	---	---
RWE AG	X	---	X	(X)[572]	---	---	---	---
SAP AG	X	X	X	X[573]	---	---	---	---
Siemens AG	X	---	---	---	---	---	---	---
ThyssenKrupp AG	X	---	X	X	---	---	---	---
Volkswagen AG	X	X	---	---	---	---	---	---
Prozentualer Anteil der Unternehmen pro Bekanntmachungs-weg	**90**	**23**	**70**	**27**	**10**	**13**	**30**	**27**

571 Auf der Internetseite http://www.merck.de/de/investoren/investoren.html werden keine der in der Tabelle aufgeführten freiwilligen Bekanntmachungswege angeboten. Auch auf telefonische Nachfrage hin wurden keine solche Medien genannt.

572 Die Presseabteilung nutzt einen Twitterkanal.

573 Englische Sprache.

Kapitel E.
Sanktionen

Wie gerade gezeigt, besteht eine Vielzahl von unterschiedlichen Publizitätspflichten. Das theoretische Bestehen solcher Pflichten reicht dem Aktionär jedoch nicht. Es ist viel wichtiger, dass diese Pflichten auch in der Praxis befolgt werden[574]. Gerade im Rahmen der Rechnungslegung war es sehr lange bei den Unternehmen üblich – entgegen der bestehenden Rechtslage – Jahresabschlüsse nicht zu publizieren[575]. Entscheidendes Kriterium für die praktische Durchsetzung der Publizitätspflichten ist letztendlich die drohende Sanktion, die sich aus der Verletzung ergeben kann[576]. Hierbei gibt es abstrakt betrachtet eine Vielzahl von unterschiedlichen Möglichkeiten. Einerseits könnte man zivilrechtlich die Wirksamkeit bestimmter Handlungen bei einer Verletzung der Pflichten oder eine Schadensersatzpflicht anordnen. Dies müsste dann jeweils von dem einzelnen Aktionär selbstständig geltend gemacht werden. Jedoch kommt diesem Aktionär dann auch die Kompensation in der Regel zu gute. Andererseits sind hoheitliche Maßnahmen, wie ein Buß- oder Ordnungsgeld, denkbar. Dieses Bußgeld erhält der Aktionär jedoch nicht. Vielmehr erleidet er mittelbar durch seine minimierte Dividende sogar einen Verlust durch diese Sanktion.

I. Hoheitliche Maßnahmen

Eine Verletzung der Publizitätspflichten wurde traditionell mit öffentlich-rechtlichen Mitteln sanktioniert[577]. Entsprechende Regelungen sind nicht zentral geregelt, sondern finden sich grundsätzlich am Ende der Gesetze, in denen die entsprechenden Publizitätspflichten begründet werden.

Interessant ist zunächst die Negativnormierung des § 407 Abs. 2 AktG, wonach manche Anmeldungen zum Handelsregister nicht durch Zwangsgeld erzwungen werden können. Dies ist jedoch mit dem konstitutiv wirkenden Charakter dieser Anmeldung zu erklären. Ohne die Anmeldung wird beispielsweise die Satzungsänderung nicht wirksam. Der unterbliebene Eintritt des gewünschten Er-

574 *Noack* EHUG S. 42; *Seibt* ZGR 2006, 501 [524]; *Wittich* AG 1997, 1 [2].

575 *Liebscher/Scharff* NJW 2006, 3745 [3750]. Vgl. hierzu *Noack* notar 2005, 14 [19], der feststellt, dass im Jahr 2001 weniger als 5 Prozent der zur Offenlegung verpflichteten Unternehmen das Gesetz achteten. Ähnlich *Gernoth* BB 2004, 837; Christ/Müller-Helle-*Müller-Helle* Veröffentlichungspflichten nach dem neuen EHUG S. 17 und *Schlauß* DB 2010, 153, die von 10 Prozent sprechen.

576 Ähnlich *Möllers* ZBB 2003, 390 [396].

577 *Brellochs* Publizität und Haftung von Aktiengesellschaften S. 1.

folges ist für den Gesetzgeber die ausreichende Sanktionierung, ein darüber hinausgehendes Zwangsgeld hielt er richtigerweise für unnötig[578].
Als „höchste" öffentlich-rechtliche Sanktion ist eine Freiheitsstrafe von bis zu drei Jahren für Mitglieder des Vorstandes oder des Aufsichtsrates vorgesehen[579]. Diese deutliche Sanktion ist jedoch auf wenige Veröffentlichungsvorschriften beschränkt. Dies ist mit der grundlegenden Bedeutung der entsprechenden Informationen für den Aktionär zu erklären. Beispielsweise sind die bilanziellen Berichte über die Verhältnisse der Aktiengesellschaft grundlegend wichtig für die Investitionsentscheidung[580] des Aktionärs.
Eine weitere schwerwiegende Sanktion für die Aktiengesellschaft bei der Verletzung von Publizitätspflichten ist in einigen Konstellationen die Anfechtungsmöglichkeit von Beschlüssen der Hauptversammlung[581]. Eine entsprechende Pflichtverletzung von Mitgliedern des Vorstandes oder des Aufsichtsrates können über die entsprechenden Haftungsnormen der §§ 93 Abs. 2, 116 S. 1 AktG ebenfalls sanktioniert werden, indem die Aktiengesellschaft Schadensersatzansprüche gegen die Mitglieder ihrer Organe geltend macht.
Weiterhin sind Geldbußen bei manchen Publizitätspflichtverletzungen vorgesehen[582]. Die Sanktionierung dieser als Ordnungswidrigkeiten eingeordneten Pflichtverletzungen ist nach der Schwere der Verletzung gestaffelt. Manche Verletzungen können mit Geldbußen bis zu einer Million EUR sanktioniert werden; für andere Pflichtverletzungen sind Geldbußen bis zu 100.000 EUR, bis zu 200.000 EUR oder bis zu 500.000 EUR möglich[583].

II. Zivilrechtliche Ansprüche der Aktionäre

Hingegen sind zivilrechtliche Ansprüche der Aktionäre gegen die Aktiengesellschaft nicht oft als Sanktion vorgesehen. Vielmehr ist die zivilrechtliche Sanktionierung von Publizitätspflichtverletzungen eher eine Entwicklung der neueren Zeit[584]. Zivilrechtliche Sanktionen können teilweise sogar praktisch hilfreicher sei, da sie teilweise einfacher als öffentlich-rechtliche Sanktionen vollstreckt

578 MüKo-*Hüffer*, 2. Aufl., 2006, § 407 Rn 2. Zu der Bedeutung dieser Sanktion vgl. *auch Clausnitzer/Blatt* GmbHR 2006, 1303 [1308].

579 Beispielsweise in § 399 Abs. 1 Nr. 4 AktG und § 331 Nr. 1 HGB.

580 In jeglicher Weise: Ein potentieller Aktionär muss sich entscheiden, ob er investieren möchte. Ein Aktionär muss sich entscheiden, ob er sein Investment in der Aktiengesellschaft verkaufen, halten oder erhöhen möchte.

581 U.a. sind Verstöße gegen § 121 Abs. 4a AktG gemäß § 243 Abs. 3 Nr. 2 AktG von der Anfechtung ausgenommen und können „nur" mit einer Geldbuße gemäß § 405 Abs. 3a AktG sanktioniert werden.

582 Beispielsweise in § 60 Abs. 1 Nr. 1 WpÜG, § 39 Abs. 2 Nr. 5 WpHG, § 30 Abs. 1 Nr. 6 WpPG.

583 Vgl. § 39 Abs. 4 WpHG, § 30 Abs. 3 WpPG, § 60 Abs. 3 WpÜG.

584 *Brellochs* Publizität und Haftung von Aktiengesellschaften S. 1.

werden können[585]. Bei den zivilrechtlichen Ansprüchen fehlt ebenfalls eine zentrale Norm. Vielmehr bestehen vereinzelt Regelungen in den Gesetzen. Schadensersatzansprüche ergeben sich beispielsweise aus den §§ 37b und c WpHG. Teilweise ist ein Schadensersatzanspruch aus § 826 BGB oder nach § 823 Abs. 2 BGB mit dem entsprechenden Schutzgesetz begründet[586]. Beispielsweise sind § 20 Abs. 6 AktG und § 246 AktG als Schutzgesetze anerkannt. Ob § 20a WpHG ein Schutzgesetz ist, ist umstritten[587]. § 10 WpÜG und auch § 15 WpHG a.F.[588] sind nicht als Schutzgesetze anerkannt.
Als weitere zivilrechtliche Haftungsgrundlage kann die allgemeine Prospekthaftung, die zur culpa in contrahendo gemäß § 311 Abs. 2 entwickelt wurde, betrachtet werden[589]. Zu beachten ist jedoch, dass diese allgemeinen Regelungen des Zivilrechts nur herangezogen werden können, wenn keine spezialgesetzlichen Informationshaftungsbestände eingreifen, denn ansonsten würde die vom Gesetzgeber bewusst gewählten Haftungsmodifikationen gegenüber dem allgemeinen Zivilrecht ignoriert[590].

---

585 So *Ringe* AG 2007, 809 [814].

586 *Beurskens* EHUG S. 123; *Büche* Die Pflicht zur Ad-hoc-Publizität S. 148ff.; *Buck-Heeb* Kapitalmarktrecht Rn 174; *Möllers* ZBB 2003, 390 [398]; Fuchs-*Zimmermann* Vor §§ 37v bis 37z WpHG Rn 25f.

587 Vgl. *Grüger* BKR 2008, 101 [107] m.w.N.; Palandt- *Sprau*, 68. Aufl., 2009, § 823 Rn 71.

588 BGH NJW 2004, 2664.

589 BGH, Urteil vom 24. April 1978, Akz.: II ZR 172/76, BGHZ 71, 284 = BB 1978, 979 = DB 1978, 1490 = JuS 1978, 783 = NJW 1978, 1625 = WM 1978, 705; BGH, Urteil vom 06. Oktober 1980, Akz.: II ZR 60/80, BGHZ 79, 337 = BB 1981, 865 = DB 1981, 1274 = NJW 1981, 1449 = WM 1981, 483 = ZIP 1981, 517; *Möllers* ZBB 2003, 390 [397].

590 *Brellochs* Publizität und Haftung von Aktiengesellschaften S. 100 m.w.N.

Kapitel F.
Beurteilung der formellen Publizität

In *Kap. B. V.* wurden die Grundsätze der Aktionärspublizität und anschließend in *Kap. D.* die verschiedenen Bekanntmachungswege dargestellt. Es stellt sich anschließend die Frage, inwieweit diese Bekanntmachungswege jeweils diesen Grundsätzen entsprechen. Basierend auf dieser Beurteilung wird in *Kap. G.* die mögliche weitere zukünftige Entwicklung der formellen Aktionärspublizität skizziert.

I. Tab. 24: Bewertung der Medien zur Bekanntmachung anhand der Publizitätsgrundsätze

	Grundsatz der einfachen Verwertbarkeit der Information	Grundsatz der seriösen Informationsquelle	Grundsatz der informationellen Gleichbehandlung	Grundsatz der günstigen Informationsbeschaffung	Grundsatz der aktuellen Informationsbeschaffung	Grundsatz der internationalen Informationsverbreitung
Hauptversammlung	(+)	(+)	(-)	(-)	(-)	(-)
Handelsregister	(+)	(+)	(+)	(-)	(-)	(+)
elektronischer Bundesanzeiger	(+)	(+)	(+)	(-)	(+)	(+)
elektronisches Informationsmedium	(-)	(+)	(-)	(-)	(-)	(-)
Printmedien						
- überregionale Börsenpflichtblätter	(-)	(+)	(-)	(-)	(-)	(-)
- Wirtschafts- und Tageszeitungen	(-)	(+)	(-)	(-)	(-)	(-)
elektronisch betriebenes Informationsverbreitungssystem	(-)	(+)	(-)	(-)	(+)	(+)
elektronisches Informationsverbreitungssystem	(-)	(+)	(+)	(+)	(+)	(+)
Internetseite						
- unbestimmt	(-)	(-)	(+)	(+)	(+)	(+)
- der insolvenzrechtlichen Bekanntmachung	(-)	(+)	(+)	(+)	(+)	(+)
- der Aktiengesellschaft	(+)	(+)	(+)	(+)	(+)	(+)

- der Banken	(-)	(+)	(+)	(+)	(+)	(+)
- der Zahlstellen	(-)	(+)	(+)	(+)	(+)	(+)
- des organisierten Marktes	(+)	(+)	(+)	(+)	(+)	(+)
- der BaFin	(+)	(+)	(+)	(+)	(+)	(+)
zugänglich machen	(-)	(-)	(+)	(+)	(+)	(+)
Schalterpublizität						
- Börsen	(+)	(+)	(-)	(+)	(-)	(-)
- Aktiengesellschaft	(+)	(+)	(-)	(+)	(-)	(-)
- Banken	(-)	(+)	(-)	(+)	(-)	(-)
- Zahlstellen	(-)	(+)	(-)	(+)	(-)	(-)
Veröffentlichung	(-)	(-)	(-)	(+)	(+)	(+)
„öffentlich zur Verfügung stellen“	(-)	(+)	(+)	(+)	(+)	(+)

II. Grundsatz der einfachen Verwertbarkeit der Information

Der Grundsatz der einfachen Verwertbarkeit der Information wird von einer Vielzahl der Bekanntmachungsmedien eingehalten. Problematisch ist dieser Grundsatz teilweise nur in Form des Bestandteils des einfachen Auffindens der Information. Deutlich wird die Problematik, wenn man sich die einzelnen Bekanntmachungswege anschaut. Die Hauptversammlung, das Handelsregister oder der elektronische Bundesanzeiger als solcher existieren nur einmal, sodass dem Aktionär eine Zuordnung des Bekanntmachungsweges zum Medium möglich ist. Die Bekanntmachungswege Internetseite (unbestimmt) oder Veröffentlichung beispielsweise sind hingegen zu unbestimmt. Woher soll der Aktionär wissen, mittels welchen Mediums das Unternehmen gerade eine Information veröffentlicht? Denkbar ist es, dass ein Unternehmen beispielsweise bisher immer über www.onvista.de veröffentlicht hat, jetzt jedoch eine schwierige Information über eine weniger bekannte Internetseite veröffentlicht und hierdurch versucht, einerseits seinen gesetzlichen Veröffentlichungspflichten nachzukommen, jedoch andererseits die Informationsverarbeitung durch den Markt bzw. durch die Aktionäre zu verhindern. Diesem Gedanken könnte man scheinbar entgegenhalten, dass faktisch die Aktionäre es nicht tolerieren werden, wenn ein Unternehmen eine solche Informationspolitik betreibt. Dem kann aber nicht gefolgt werden. Unternehmen, die aufgrund ihrer – veränderten – Informationspolitik versuchen Informationen im Rahmen der gesetzlichen Möglichkeiten zu verstecken haben in der Regel schon große wirtschaftliche Probleme, da sie ansonsten das Risiko des dauerhaften Imageschadens nicht eingegangen wären. Gerade aber vor solchen Unternehmensrisiken soll die Publizität schützen und dem Aktionär den rechtzeitigen Verkauf seiner Aktien ermöglichen. Wie soll jedoch die Publizität effektiv wirken, wenn selbst die rechtlichen Möglichkeiten teilweise das Verstecken einer Information zulassen. Zwar gibt es aktuell eine Vielzahl von Bekanntmachungswegen, sodass dieses Risiko durch den Gesetz-

geber zwar nicht behoben, jedoch minimiert wurde. Offen bleibt aber die Frage, warum dieses Risiko durch mehr Quantität minimiert, statt mit mehr Qualität behoben wird.
Ist als Rechtsfolge nur die Veröffentlichung, die Nutzung überregionaler Börsenpflichtblätter, Wirtschafts- und Tageszeitungen oder einer Internetseite, die nicht konkret bestimmbar ist, genannt, so hängt es letztendlich vom Glück des Aktionärs und der vermeintlichen Bedeutung der zu veröffentlichenden Information ab, ob der Aktionär von der Information Kenntnis erlangt. Dies widerspricht dem Grundsatz der einfachen Verwertbarkeit der Information. Auch die Veröffentlichungsmedien Internetseite der Banken oder Zahlstellen als Rechtsfolgen sind für die Aktionäre nur bedingt sofort auffindbar. Neben dieser Problematik sind manche Bekanntmachungsmedien nur eingeschränkt nutzbar und entsprechen somit nicht den Gedanken der einfachen Verwertbarkeit der Information.
Die Internetseite www.insolvenzbekanntmachungen.de erscheint zunächst sehr benutzerfreundlich zu sein. Die Suchmaske umfasst eine Vielzahl von verschiedenen Suchmöglichkeiten. Versucht man allerdings praktisch Informationen über ein Unternehmen herauszufinden, so stellt man schnell die Grenze der Suchfunktionen fest. Gibt man zu unbestimmt einen Unternehmensnamen ein, so erhält man keine Ergebnisse. Der Aktionär ist somit aufgefordert die genaue Unternehmensbezeichnung der Gesellschaft zu nennen. Inwieweit diese einem Aktionär wirklich bekannt ist, ist mehr als fraglich. Versucht der Aktionär mithilfe anderer Angaben nach Informationen zu suchen, so kann man schnell feststellen, dass hier zu viele Informationen auf den Aktionär einwirken. Beispielsweise ergibt die Suche auf zwei Tage begrenzt über 4.300 Meldungen[591]. Daher kann festgehalten werden, dass der Aktionär, wenn er weiß, was er sucht, auf dieser Internetseite gut informiert werden kann. Jedoch eignet sich diese Seite nicht, um sich allgemein über bestimmte Unternehmen zu informieren.
Positiv hervorzuheben ist hingegen das Handelsregister. Mithilfe der vielen Suchmöglichkeiten gelangt der jeweilige Aktionär schnell zu den gewünschten Informationen.

III. Grundsatz der seriösen Informationsquelle

1. Allgemeine Beurteilung

Die Seriosität der Informationsquellen ist grundsätzlich gegeben. Nur die Bekanntmachungswege (unbestimmte) Internetseite und Veröffentlichung sind nicht zwangsläufig seriös. Dies ergibt sich aus dem Grundsatz der einfachen Verwertung der Information in Form des einfachen Auffindens der Information. Es ist eine Vielzahl von möglichen Medien zu beachten. Innerhalb der Vielzahl der Medien besteht die Möglichkeit, dass das Unternehmen seriöse und nicht seriöse Medien auswählt. Sobald aber die Möglichkeit besteht, dass die Unter-

---

591 Siehe *Kap. D. X. 3.*

nehmen nicht seriöse Medien auswählen können, kann der Veröffentlichungsweg insgesamt nicht als seriös angesehen werden, da den Unternehmen eine nicht wünschenswerte Handlungsalternative gesetzlich möglich ist.
Und selbst, wenn der Aktionär die gewünschten Informationen gefunden hat, so stellt sich gerade bei dem allgemeinen Bekanntmachungsmedium Internet die Frage nach der Seriosität der gefundenen Information. Gerade über das Internet lassen sich – bewusst oder unbewusst – zeitnah und effektiv – fehlerhafte Informationen verbreiten[592]. Zum Teil wird sogar ausdrücklich behauptet, dass das Internet ein ideales Medium zur Manipulation des Kapitalmarktes und zur Täuschung insbesondere von privaten Aktionären ist[593]. Der Grund hierfür ist, dass durch das Internet eine breite Zielgruppe anonym und ohne großen Aufwand erreicht werden kann. Diese Kritik gilt jedoch nur für wenige der Bekanntmachungsmedien. Die meisten dieser Medien entsprechen dem Grundsatz der seriösen Informationsquelle.

2. Problem der Informationsmanipulation
Ein weiterer zu problematisierender Aspekt innerhalb des Grundsatzes der seriösen Informationsquelle ist die Informationsmanipulation durch nachträgliche Veränderungen der Information. Beispielsweise legt § 8a Abs. 1 HGB für das Handelsregister fest, dass die Daten auf Dauer unverändert in lesbarer Form wiedergegeben werden müssen. Eine nachträgliche Manipulation der Daten ist nicht mehr möglich. Oben wurde davon ausgegangen, dass eine nicht existierende Information publiziert worden ist. Jedoch kann eine nicht seriöse Informationsmanipulation auch durch eine nachträgliche Veränderung der vormals gegebenenfalls korrekten Information erreicht werden[594].
Hierbei stellt sich gerade bei Internetseiten der Aktiengesellschaft die Frage der seriösen Informationsbekanntmachung[595]. Wenn eine Aktiengesellschaft große wirtschaftliche Risiken hat, würde sie unter Umständen das Risiko des Imageschadens eingehen und die Information zu ihren Gunsten unter Umständen nachträglich ändern. Hierdurch bestehen Möglichkeiten zur Kursmanipulation[596]. Sieht ein Aktionär dieses Risiko und vertraut den auf der Internetseite der Aktiengesellschaft dargestellten Informationen nicht, so ergeben sich für diesen Aktionär auch wieder Zeit- und Kostennachteile bei der eigenen Recherche. Hierbei ist es sogar wahrscheinlich, dass der Aktionär möglicherweise nicht alle benötigten Informationen erhält, sodass er auch die eigene Recherche nicht ausrei-

---

592 *Schilling* Informationen zum Kapitalmarkt im Internet S. 2.
593 *Lenzen* WM 2000, 1131 [1132].
594 Vgl. hierzu *Spindler* WM 2006, 109 [113].
595 Kübler/Prütting/Bork (Hrsg.) – *Prütting* § 9 InsO Rn 8 RWS Kommentar zur Insolvenzordnung, (Stand: 29. Lfg. 7/07).
596 Zur Kursmanipulation: *Lenzen* WM 2000, 1131 m.w.N.

chend abschließen kann. Daher kann festgehalten werden, dass die Internetseite der Aktiengesellschaft auch als Bekanntmachungsmedium nicht geeignet ist. Die Information muss den Einflussbereich des Emittenten verlassen[597].

IV. Grundsatz der informationellen Gleichbehandlung

Im Rahmen der Betrachtung des Gleichmäßigkeitsgrundsatzes ist noch deutlicher als bei der bisherigen Betrachtung zwischen der Beurteilung des einzelnen Bekanntmachungsweges und der Beurteilung der Bekanntmachungswege insgesamt zu differenzieren.

1. Beurteilung des einzelnen Bekanntmachungsweges

Betrachtet man die Tab. 24, so stellt man fest, dass auch hier wieder circa die Hälfte der Bekanntmachungen als gleichmäßig und die andere Hälfte als nicht gleichmäßig eingestuft worden sind. Beispielsweise ist jedem Aktionär die Teilnahme an der Hauptversammlung möglich, jedoch handelt es sich hier um ein problematisches Medium, denn der Aktionär muss zunächst die An- und Abreise bezahlen. Zudem muss der Aktionär sich unter Umständen Urlaub nehmen. D.h. der Aktionär, der Rentner ist und beispielsweise nur 20 km von der Hauptversammlung entfernt wohnt, wird eher zu der Hauptversammlung gehen, als der Aktionär, der an diesem Tag eigentlich arbeiten müsste und circa 400 km entfernt wohnt. Durch das ARUG wurden hier Möglichkeiten geschaffen, diese Problematik zu entschärfen, jedoch muss der Aktionär für die Teilnahme an der Online-Hauptversammlung satzungsbedingt auf manche seiner Rechte verzichten. Dies wird der Aktionär zum Teil nicht wollen. Des Weiteren wird ein potentieller Aktionär im Vergleich zum Aktionär benachteiligt. Ein potentieller Aktionär hat kein gesetzlich normiertes Teilnahmerecht an der Hauptversammlung und ist somit auf die Bereitschaft der Aktiengesellschaft angewiesen, ihn als Gast an der Hauptversammlung teilnehmen zu lassen. Die (Transparenz-) RL 2004/109/EG wollte gerade durch eine umfangreiche Veröffentlichungspflicht auch Investitionen von insbesondere potentiellen Aktionären fördern[598]. Aber auch die Printmedien sind zu einer gleichmäßigen Verbreitung nicht heranzuziehen. Idealerweise sollten die Aktionäre Informationen zeitgleich erhalten. Dies ist aber bei einem Printmedium, das morgens durch Boten oder vielleicht sogar im Laufe des Tages durch einen Zustellungsdienst, wie die Deutsche Post AG, geliefert wird, nicht möglich, denn der eine Aktionär wird seine Zeitung bereits morgens um 03:10 Uhr im Briefkasten haben, beispielsweise, wenn er der erste Abonnent auf der Route des Zustellers ist, und ein anderer Aktionär erst kurz vor 6 Uhr, weil er vielleicht der letzte Abonnent ist. Durch solche Printmedien kann keine gleichmäßige Bekanntmachung gewährleistet werden.

---

597 *Büche* Die Pflicht zur Ad-hoc-Publizität S. 230.

598 Vgl. insbesondere Erwägungsgründe 24 und 25 dieser (Transparenz-) RL 2004/109/EG.

2. Informationsasymmetrien

Betrachtet man alle Bekanntmachungswege, so werden auch aus der Vielzahl von Informationsquellen Informationsasymmetrien bei den Aktionären entstehen, die einer gleichmäßigen Bekanntmachung widersprechen. Als Beispiel hierzu können die (unbestimmten) Internetseiten herangezogen werden. Wie viele muss ich als Aktionär beobachten? Im Zweifel alle. Wenn ich aber nur eine Auswahl betrachte, dann hängt es nur vom Zufall ab, ob ich die Informationen erhalte.

Die Medienvielfalt führt daher entgegen ihrem Zweck zu Informationsasymmetrien[599]. Die Auswertung dieser Vielzahl von Bekanntmachungsquellen ist einem Aktionär nicht zuzumuten. Es ist zu erwarten, dass die Aktionäre dies auch so sehen und deshalb in der Praxis gegebenenfalls nur ein Bekanntmachungsmedium regelmäßig überprüfen. Dies bedeutet allerdings auch, dass viele private Aktionäre somit eine Vielzahl von Informationen nicht erhalten, da diese auf den nicht von dem jeweiligen Aktionär kontrollierten Bekanntmachungsweg publiziert worden sind. Professionelle Aktionäre mit gegebenenfalls entsprechenden Auswertungsabteilungen hingegen können die Vielzahl der Bekanntmachungswege überprüfen. Dies ist zwar umständlich, sorgt aber unter Umständen für einen Informationsvorsprung, die diese dann am Kapitalmarkt gewinnbringend umsetzen können, sodass sich die Auswertungsabteilung letztendlich finanziell wieder lohnt. Dieser Weg der professionellen Aktionäre ist praktisch verständlich, allerdings hat der europäische und durch die Umsetzung der Richtlinien auch der deutsche Gesetzgeber genau eine solche Informationsasymmetrie beseitigen wollen. Es scheint, als ob sie genau das Gegenteil erreicht haben.

V. Grundsatz der günstigen Informationsbeschaffung

Publizität ist sehr wichtig, jedoch sollte diese in einem angemessenen Kosten-Nutzen-Verhältnis stehen[600]. Es besteht jedoch die Gefahr des Übermaßes der Kosten in dieser Relation[601]. Bereits 1962 zeigte *Hofstätter* dieses Problem auf, indem er provozierend in einem Beispiel feststellt, dass der Aktionär sich in seiner spärlich verbliebenen Zeit, die aufgrund der gewissenhaften Informationsbeschaffung minimiert worden ist, *„seinem Beruf, der ihm erlaubt, die erheblich über die ausgeschütteten zehn Dividenden hinausgehenden Kosten seiner Aktionärstätigkeit zu tragen“*, widmet[602]. Wie die folgende Tabelle veranschaulicht,

---

599 *Zetzsche* Aktionärsinformation S. 46.

600 Diese Forderung stellt auch *Fahrenschon* Plenarprotokoll 16/70 S. 7034 (D) auf. Für das TUG beurteilt er die Balance als gelungen.

601 Ähnlich *Assmann* AG 1993, 549 [555].

602 *Hofstätter*, in: *Barz, u.a.* Das Frankfurter Publizitätsgespräch S. 74 [77]. Auch aktuell ist die persönliche physische Teilnahme an einer Hauptversammlung vielen Aktionären zu teuer (vgl. *Ratschow* DStR 2007, 1402).

muss der Aktionär für eine bestmöglichste Information mindestens circa 20.000 EUR jährlich ausgeben. Die Berechnung dieses Betrages ist zum Teil theoretischer Natur, da in der Praxis der jeweilige Aktionär sich nur eine Auswahl von Bekanntmachungswegen zusammenstellt, bezahlt – falls der Bekanntmachungsweg nicht kostenlos ist – und regelmäßig abruft. Jedoch ergibt sich aus dem Gesetz letztendlich die Aussage: Wenn das Unternehmen entsprechend den gesetzlichen Vorschriften die entsprechende Information publiziert hat, dann ist es das Verschulden des Aktionärs, wenn er sich über diesen Bekanntmachungsweg nicht informiert hat. Der ideelle Aktionär, quasi der Homo oeconmicus des Rechts, ruft alle Informationsquellen ab, um nie eine veröffentlichte Information nicht zu erhalten. Die Berechnung der Kosten, die einem solchen ideellen Aktionär entstehen, ist abschließend abstrakt nicht möglich.
Auch die Darstellung mancher Rechnungsposten innerhalb der Tab. 25 ist abstrakt nicht immer möglich. Eine abstrakte Berechnung des Durchschnitts ist nur schwer möglich, sodass auf eine Berechnung der Posten An- und Abreise zur Hauptversammlung und Anschaffung, Anschluss und Grundgebühr für das Internet verzichtet worden ist. Die Berechnung der An- und Abreise ist nicht möglich, da die Fahrt zwischen Wohnort und Veranstaltungsort zu unterschiedlich ist. Des Weiteren wird oft eine Fahrkarte für den Nahverkehr zur Eintrittskarte gelegt bzw. die Eintrittskarte ist oft die Fahrkarte für den Nahverkehr. Daher wurde auf eine Auflistung verzichtet. Trotzdem sollte unbedingt beachtet werden, dass die Aktionäre global verteilt sind und vielen die persönliche Teilnahme an der Hauptversammlung zu teuer ist[603]. Im Rahmen der Nutzung des Internets müsste theoretisch in dieser Auflistung auch die Anschaffung eines Computers, sowie die Kosten für den Internetanschluss und die monatliche Grundgebühr fürs Internet – zumindest anteilig – aufgeführt werden. Zum einen wäre die Berechnung der Kosten ungenau und zum anderen existiert oft beim Aktionär ein mit dem Internet verbundener Computer, sodass eine entsprechende Investition verzichtbar ist. Aufgrund dieser Aspekte wird auf eine Auflistung verzichtet.
Dies gilt auch für die Schalterpublizität. Hier ist zu beachten, dass Aktionäre zu dem entsprechenden Ausgabeschalter gelangen müssen um Informationen zu erhalten. Das setzt einerseits eine große Aktivität des Aktionärs voraus und zudem müssen andererseits die Kosten hierfür auch bezahlt werden. Welcher Aktionär würde beispielsweise von Berlin aus zur Frankfurter Börse fahren, um sich dort die entsprechenden Informationen abzuholen? Auch im Falle der postalischen Versendung muss der Aktionär zunächst seinen Informationswunsch äußern, bevor er die Sendung erhält. Gegebenenfalls ist es sogar noch nötig, dass der Aktionär die angeforderten Informationen bei der Post oder bei einem Paket-

603 Vgl. *Ratschow* DStR 2007, 1402.

stadion abholen muss. Die zeigt deutlich, dass bei der Schalterpublizität ebenfalls Kosten entstehen. Jedoch können auch diese nicht genau beziffert werden.
Für den Abruf von Informationen beim elektronischen Bundesanzeiger entstehen grundsätzlich keine Kosten. Möchte der Aktionär jedoch statt regelmäßig den elektronischen Bundesanzeiger abzurufen, die entsprechenden neuen Bekanntmachungen zugeschickt bekommen, so muss der Aktionär den kostenpflichtigen Info-Dienst nutzen. Die Kosten für die Nutzung dieses Info-Dienstes des Bundesanzeigers betragen 1.927,50 EUR. Der Rabatt in Höhe von 15 Prozent auf alle nachgelagerten Abonnements ist in obiger Summe bereits berücksichtigt. Der Premiumdienst *„eBAnz direkt plus“* inkl. Firmenselektion ist in dem obigen Betrag noch nicht enthalten, da hier keine zusätzlichen Informationen publiziert werden. Es handelt sich bei diesem Dienst um eine Recherchevereinfachung.
Bei den Printmedien wurden nur die Zeitungen angesetzt, die als überregionale Börsenpflichtblätter bekannt sind. Hierbei wurden die Jahreskosten berechnet ohne Sonderangebote und Aktionen zu berücksichtigen. Zu beachten ist daher, dass der Punkt Printmedien nicht abschließend ist und weitere Zeitungen gegebenenfalls zu kaufen sind.
Die konkrete Berechnung der Kosten für die elektronisch betriebenen Informationsverbreitungssysteme sind schwer zu recherchieren. Grundsätzlich werde solche Systeme selten für private Aktionäre angeboten. Das Bloomberg Terminal ist für circa 1.500 US-Dollar im Monat zu erhalten. Hierbei handelt es sich um die Grundversion. Weitere Zusatzfunktionen sind darüber hinaus zu bezahlen. Beispielsweise kostet Bloomberg-Anywhere circa 2.500 US-Dollar. Die Vertragslaufzeit beträgt oft mindestens zwei Jahre, wobei die oben genannten Gebühren individuell gesenkt werden können. Basierend auf dem aktuellen Wechselkurs beträgt der Preis für die Grundversion circa 1.185 EUR im Monat und somit 14.220 EUR im Jahr. Aufgrund dieser ungenauen Preisangaben wurde auf eine weitere Auflistung der Kosten für elektronisch betriebene Informationsverbreitungssysteme und Terminals von Reuters, Telerate und VWD verzichtet. Zu beachten ist hierbei nur, dass die Gebühr für die Nutzung von elektronisch betriebenen Informationsverbreitungssystemen in der Tab. 25 sich voraussichtlich mindestens vervierfachen wird, würde der ideelle Aktionär alle ihm möglichen Informationsquellen nutzen.
Die obigen Ausführungen und die unten aufgeführte Tab. 25 zeigen, dass eine abstrakte Berechnung der Kosten, die ein Aktionär für seine Informationen aufbringen muss, nicht möglich ist. Selbst die Berechnung für einen ideellen Aktionär ist nicht möglich, da viele Kriterien nur im Einzelfall, wie An- und Abfahrt, festzustellen sind. Die Tab. 25 ist trotz dieser Problematik nicht entbehrlich, da sie sehr deutlich zeigt, dass die Informationskosten noch zu hoch sind.

VI. Tab. 25: Übersicht: Jahresbetrag für die Nutzung der Veröffentlichungsmedien

		basierend auf den Tarifen für das Jahr 2010
Bekanntmachungsmedium	**Posten**	**Jahresbetrag**
Hauptversammlung	An- und Abreise	---
Handelsregister	Abfrage	*nicht berechenbar*
elektronischer Bundesanzeiger	(Info-Dienst)	(1.927,50 EUR)
Internet	Anschaffung, Anschluss und Grundgebühr	*nicht berechenbar*
Elektronisches Informationsmedium	elektronisches Bundesanzeiger und sonstige Gesellschaftsblätter	siehe oben (und) *nicht berechenbar*
Printmedien	1. Börsen-Zeitung: 1.124,4 EUR 2. Financial Times Deutschland: 478,80 EUR 3. Frankfurter Allgemeine Zeitung: 514,80 EUR 4. Frankfurter Rundschau: 399 EUR 5. Handelsblatt: 499 EUR 6. Süddeutsche Zeitung: 526,80 EUR 7. Die Welt: 466,80 EUR 8. Weitere	4.009,60 EUR
Elektronisch betriebenes Informationsverbreitungssystem	Bloomberg	14.220 EUR
Elektronisches Informationsverbreitungssystem	Anschaffung, Anschluss und Grundgebühr	*nicht berechenbar*
Internetseite (allgemein oder speziell)	Anschaffung, Anschluss und Grundgebühr	*nicht berechenbar*
„zugänglich machen"		*nicht berechenbar*
Schalterpublizität	An- und Abreise	*nicht berechenbar*
Veröffentlichung (Medienbündel)		
elektronisch betriebenes Informationsverbreitungssystem		*siehe oben*

Nachrichtenagenturen	Anschaffung, Anschluss und GEZ-Gebühr	*nicht berechenbar*
News Provider		*siehe oben*
Printmedien		*siehe oben*
Internetseiten für den Finanzmarkt	Anschaffung, Anschluss und Grundgebühr	*nicht berechenbar*
Gesamt (Bekanntmachung)		**20.157,10 EUR**
Unternehmensregister		0 EUR[604]
Gesamt (Bekanntmachung)		**20.157,10 EUR**

VII. Grundsatz der aktuellen Information

Des Weiteren sollte der zeitliche Aufwand nicht unterschätzt werden. Die Aktionärspublizität ist nur sinnvoll, wenn der Aktionär auch die Zeit hat, sich zu informieren. Gerade bei der Hauptversammlung ist dies allerdings nicht immer möglich, da viele an demselben Tag stattfinden, sodass der Aktionär sich für eine Informationsquelle in Form einer Hauptversammlung entscheiden muss[605]. Darüber hinaus ist es auch mehr als fraglich, wie ein Aktionär die ganzen Informationen, die er von den verschiedenen Unternehmen erhält, verarbeiten soll. Praktisch erscheint dies nicht möglich zu sein[606].
Somit ist eine aktuelle Verarbeitung der publizierten Informationen nur eingeschränkt möglich[607].

VIII. Grundsatz der internationalen Informationsverbreitung

Die Bekanntmachungswege sind überwiegend als international zu beurteilen. Gerade die Gesetzesänderungen aus den letzten zwanzig Jahren haben hierzu deutlich beigetragen, dass verstärkt die elektronischen Kommunikationswege im Rahmen der Publikation genutzt werden. Die noch vorhandende Publizität in den Printmedien und die Schalterpublizität scheint langsam nur noch eine Übergangslösung darzustellen.

---

604 Die Finanzierung erfolgt über eine pauschale Kostenumlage auf die Unternehmen (siehe hierzu *Kap. C. I.*).

605 *Hofstätter*, in: *Barz, u.a.* Das Frankfurter Publizitätsgespräch S. 74 [76].

606 Zu diesem Problem der Überinformation bzw. information overflow vgl. oben *Kap. B. IV: 2. a.*, sowie *Noack* AG 2003, 537 [551], *Wilde* ZGR 1998, 423 [427ff; 453ff.] und *Zöllner*, in: *Noack/Spindler* Unternehmensrecht und Internet S. 69 [83]

607 Zu diesem Ergebnis kommt auch *Noack* AG 2003, 537 [551]. Ähnlich auch *Zöllner*, in: *Noack/Spindler* Unternehmensrecht und Internet S. 69 [91].

IX. Sonstige Auswirkungen

Ein weiterer Kritikpunkt an dem aktuellen Publizitätssystem, der nicht ausdrücklich einem Grundsatz zugeordnet werden kann, ist der faktisch bestehende Zwang der Aktionäre zur regelmäßigen Fortbildung über neue Bekanntmachungswege. Wie die Abbildung Nr. 3[608] zeigt, haben sich die Bekanntmachungsmedien seit dem 20. Jahrhundert immer wieder deutlich verändert und der jeweilige Aktionär musste sich immer wieder neu darauf einstellen. Dies ist aber sehr schwer möglich, wenn selbst Juristen, die im Kapitalmarktrecht tätig sind, sich über das Verständnis des Begriffes „Medien" im Sinne von § 3a WpAIV derart streiten, dass hierunter sowohl ein Medienbündel von mindestens vier bzw. fünf verschiedenen Medienarten oder aber auch nur die einzelne Medienart elektronischer Bundesanzeiger zu subsumieren ist. Wie soll sich ein Aktionär in diesen Fällen ausreichend und möglichst günstig fortbilden können?

XI. Zwischenergebnis

Zunächst kann festgehalten werden, dass die Publizität in den letzten Jahrzehnten teilweise an die technische Entwicklung angepasst worden ist[609]. Hierbei wurde jedoch eine große Reform vermieden und statt reformiert nur neue Bekanntmachungswege hinzugefügt. Die aktuelle Situation im Rahmen der formellen Aktionärspublizität ist somit ein Schritt in die richtige Richtung, jedoch ist diese Situation für die privaten Aktionäre nicht tragbar. Maximal die professionellen Aktionäre sind in der Lage die oben genannten finanziellen, zeitlichen und informationellen Anforderungen zu erbringen, um einerseits zu wissen, wo welche Informationen zu finden sind und andererseits diese Informationen auch tatsächlich abrufen zu können. Primäres Ziel der Investition ist der Gewinn[610]. Sind die finanziellen Anforderungen zur notwendigen Informationsbeschaffung so hoch, dass hierdurch der Gewinn wieder minimiert wird, so stellt sich die Frage, ob man überhaupt investieren sollte. Bei minimalem Gewinn würde man dann das Verlustrisiko und die zeitlichen Auswirkungen minimieren. Dies widerspricht dem erklärten Ziel der Stärkung der Kapitalmärkte.

---

608 Siehe *Kap. D. I.*

609 So auch *Liebscher/Scharff* NJW 2006, 3745.

610 Realisiert durch Dividende und Kursveränderung.

Kapitel G.
Zukünftige Entwicklung

Das gesetzliche Leitbild ist der umfassend informierte Aktionär. Es wird erwartet, dass der einzelne Aktionär alle Informationsmedien nutzt, um einen vollständiges Eindruck von der Aktiengesellschaft zu erlangen. Noch 1990 beschrieb *Burgard* das System der gesetzlichen Publizitätsmittel als auf den ersten Blick wohl durchdacht[611]. Aktuell kann bereits dies dem Publizitätssystem nicht mehr bescheinigt werden. Bereits auf den ersten Blick ist der Aktionär mit der Vielzahl von Informationsquellen überfordert[612]. Dies resultiert aus den unterschiedlichen Ansätzen des deutschen und des europäischen Systems. Jedoch stellte bereits 1990 *Burgard* fest, dass damals das System nicht perfekt war, da das Handelsregister und der Bundesanzeiger grundsätzlich nicht gelesen wurden[613]. Mit der Umstellung auf elektronische Medien versucht der Gesetzgeber diese Problematik zu lösen. Leider wurde das System nur punktuell durch Hinzufügen weiterer Bekanntmachungsmedien modifiziert, während eigentlich ein neues System insgesamt und somit auch die Abschaffung einer Vielzahl von den bisherigen Bekanntmachungsmedien erforderlich wäre. Auch aktuell fehlt ein einfaches Publizitätssystem. Wichtigstes Kriterium für ein solches System ist ein einheitlicher und für den jeweiligen Aktionär erkennbarer Veröffentlichungsweg. Ob die zukünftige Entwicklung ein solches System bringt, ist mehr als fraglich. Zwar sind in der Literatur viele Stimmen vertreten, die diese Zersplitterung kritisieren und ein gesetzgeberisches Eingreifen verlangen[614], jedoch bestehen hier verschiedene Ansichten über das ideale zukünftige Medium.
Hierbei stellen sich grundsätzlich zwei Fragen: Wie viele Bekanntmachungsmedien sollen bestehen? Welche Bekanntmachungsmedien oder welches Bekanntmachungsmedium sind bzw. ist am geeignetsten?

I. Anzahl der Bekanntmachungsmedien

Wie bereits vielfach oben gezeigt, ist die Vielzahl von Bekanntmachungsmedien ein großes Problem für den jeweiligen Aktionär. Für den durchschnittlichen Aktionär ist es nur schwer erkennbar, welches Medium seine gesuchte Information

---

611 Die Offenlegung von Beteiligungen S. 41.

612 Ähnlich vgl. *Zöllner* AG 2000, 145 [152]; *ders.*, in: *Noack/Spindler* Unternehmensrecht und Internet S. 69, der offen fragt, ob der Gesetzgeber *„nicht des Guten zu viel getan hat“*.

613 *Burgard* Die Offenlegung von Beteiligungen S. 41; *Windbichler* CR 1988, 447.

614 BT-Drucks. 14/7515 S. 21f.; *Burgard* Die Offenlegung von Beteiligungen S. 42; *Gernoth* BB 2004, 837; *Noack* AG 2003, 537 [551]; *ders.* Elektronische Unternehmenspublizität S. 42; *ders.* EHUG S. 21 [22]; *Scholz* EuZW 2004, 172 [175]; *Spindler/Kramski* NZG 2005, 746 [749].

bekannt macht. Die 23 verschiedenen Bekanntmachungswege sind schwer zu verstehen. Hierbei ist insbesondere zu beachten, dass bei dem Bekanntmachungsweg Veröffentlichung eine Vielzahl von Medien zu beachten ist, die die gesuchten Informationen unter Umständen bekannt machen. Zwingend ist dies aber aufgrund der Pflicht „zuleiten" nicht. Ein Wettbewerb zwischen den einzelnen Informationsanbietern, wie er durch die (Transparenz-) RL 2004/109/EG und das TUG eingeführt wurde, macht keinen Sinn. Er schafft auf Seiten der Aktionäre nur Verwirrung und Unsicherheit und steht daher einem effektiven Kapitalmarkt entgegen. Vielmehr sollte ein zentrales Bekanntmachungsmedium geschaffen werden[615]. Dieses zentrale Medium zur Bekanntmachung sollte die Aktionäre in der gesamten Europäischen Gemeinschaft informieren. Nationale zentrale Medien stehen einer effektiven Information entgegen, denn eine Vergleichbarkeit der verfügbaren Informationen als Grundlage einer ökonomischen Investitionsentscheidung ist ohne einen solchen einheitlichen (Rechts-) Hintergrund nicht möglich[616].

II. Bestimmung des Bekanntmachungsmediums

Gegebenenfalls muss der Gesetzgeber auch keinen neuen Bekanntmachungsweg entwickeln, sondern sich auf einen der bereits existierenden Bekanntmachungswege beschränken. Hierzu müssen die bestehenden Bekanntmachungswege angemessenen bewerten und der sinnvollste als zwingende Rechtsfolge für alle zu publizierenden Informationen festgelegt werden[617]. Basierend auf den bisherigen Bearbeitungsergebnissen soll dies im Folgenden vorgenommen und ein mögliches zukünftiges Medium herausgearbeitet werden.

---

615 *Kommission der Europäischen Gemeinschaften* KOM (2003) 138 S. 8; *Kögel* BB 2004, 844 [847]; *Noack* Infobase für Unternehmensdaten S. 20; *ders.* notar 2005, 14 [19]; *ders.* FS Ulmer S. 1245 [1251] ; *ders.* Elektronische Unternehmenspublizität S. 42; *ders.* WM 2007, 377 [381] *Spindler/Kramski* NZG 2005, 746 [749]. Ähnlich *Spindler* WM 2006, 109 m.w.N. und *Windbichler* CR 1988, 447. Bereits für das Handelsregister stellte u.a. *Müller* CR 1992, 71 [75] fest, dass dieses nur „funktioniert", wenn ein geeigneter Publizitätsweg zur Verfügung steht. Ebenso hielten *Köhler/Pünder* in der ersten Ausgabe des Öffentlichen Anzeigers für das Vereinigte Wirtschaftsgebiet 1948, S. 1 bereits fest, dass die Verfolgung der zahlreichen (landesrechtlichen) Veröffentlichungsblätter für Wirtschaft und Rechtspflege sehr mühevoll ist und daher sinnvoller Weise im oben genannten Anzeiger zusammenzufassen sind. *Dauner-Lieb* DStR 2004, 361 [363] hingegen sieht es nicht als erforderlich an, die Vielzahl der Bekanntmachungswege auf eine Quelle zu reduzieren.

616 *Brecht* Das Pflichtenprogramm börsennotierter Aktiengesellschaften S. 38.

617 Die Umsetzung ist unter Umständen problematisch, da zunächst eine Änderung der Transparenzrichtlinie erforderlich ist. Jedoch muss der Gesetzgeber zunächst sein Ziel herausarbeiten, auf welches er anschließend auf der europäischen Ebene hinwirken möchte.

Die Grundsätze der aktuellen Information, der internationalen Informationsverbreitung und der günstigen Informationsbeschaffung sprechen deutlich für ein elektronisches Medium[618]. *Noack* stellte dies bereits 1998 mit folgender Bemerkung plakativ fest: „*Vor Fünfhundert Jahren war der Papierdruck ein modernes Kommunikationsmittel; vor hundert Jahren kam der Telegrafenapparat auf; seit über fünfzig Jahren ist das Telefon in allgemeinen Gebrauch, und seit zehn Jahren sind Faxgeräte weit verbreitet. Ein Einfluss dieser technischen Neuerungen auf das Unternehmensrecht ist schlicht nicht erkennbar.*“[619]
Hier ist natürlich die von Teilen der Literatur[620] geäußerte Kritik zu beachten, dass in dieser Berechnung die Anschaffungs- und Unterhaltungskosten für das Internet nicht beachten werden. Weiterhin ist es richtig, dass manche Personen nicht mit dem Computer umgehen können und sich hieraus Informationsdefizite ergeben können. Jedoch verdeutlicht *Zetzsche*, dass zugunsten eines effektiven Informationsweges Kompromisse eingegangen werden müssen. In seinem hierbei gezogenen Vergleich bezieht sich *Zetzsche* auf eine kurzsichtige Person[621]. Auch diese muss sich eine Brille selber anschaffen. Es besteht keine Pflicht für das Unternehmen ihren Aktionär bei dieser Anschaffung zu unterstützen. Dieser Argumentation ist unbedingt zu folgen. Personen, die mit den Informationswegen nicht einverstanden sind, sollten lieber in einen anderen Bereich investieren. Dem steht scheinbar der Wille des Gesetzgebers entgegen den Kapitalmarkt für ein breites Publikum zu öffnen. Dem ist aber nicht so. Nur einem funktionierenden Markt werden Personen letztendlich vertrauen und investieren. Die Informationswege sind hierbei ein Teil der Infrastruktur des Marktes. Es ist unerlässlich, dass diese Wege funktionieren. Daher muss primär ein geeigneter Informationsweg geschaffen werden, der dann letztendlich für einen funktionierenden Markt sorgt. Ob Aktionäre auf diesem Markt investieren, ist dann ihre Entscheidung.

---

618 *Baums (Hrsg.)* Bericht der Regierungskommission Corporate Governance Rn 88. Im Ergebnis so auch § 2.3.2 DCGK, *van Hulle* EWS 2000, 521 [523]; *Kögel* BB 2004, 844 [847]; *Noack* ZGR 1998, 592 [593 + 616]; *ders.* AG 2003, 537; *ders.* notar 2005, 14; *Schilling* Informationen zum Kapitalmarkt im Internet S. 1. Auch Christ/Müller-Helle-*Müller-Helle* Veröffentlichungspflichten nach dem neuen EHUG S. 20 verweist auf die diesbezüglichen Vorteile der elektronischen Bekanntmachung. Auch *Stubenrath/Löbig* DB 2002, 1333 [1337] fordern ausdrücklich, dass die Regulierung der elektronischen Medien keine künftige Innovation behindern darf.

619 *Noack* ZGR 1998, 592. Vgl. für das historische Verständnis die Auflistung von Dauses-*Weber* [1993] F. III. Rn 61.

620 *Dauner-Lieb* DStR 2004, 361 [362].

621 *Zetzsche* Der Konzern 2008, 321 [324].

Aufgrund dieser Gedanken ist es erforderlich, dass ein elektronisches Medium als Informationsmedium genutzt wird[622]. Als elektronische Informationsmedien kommen der elektronische Bundesanzeiger, ein elektronisch betriebenes Informationsverbreitungssystem, die Internetseite des Emittenten, das Internet (allgemein) und verschiedene (nach bestimmten Kriterien) festzulegende Internetseiten, wie beispielsweise der Banken, Börsen oder entsprechend den Anforderungen für das Medienbündel Internetseite für den Finanzmarkt in Betracht.

1. Unternehmensregister

Als erstes könnte man an das Unternehmensregister als geeignetes elektronisches Medium denken. Jedoch ist die Publizität eine aktive Bekanntmachung. Das Unternehmensregister arbeitet hingegen passiv. Daher bezweifelt *Beurskens* zu Recht, ob das Unternehmensregister tatsächlich ein geeignetes Ad hoc-Informationssystem in seiner aktuellen Ausgestaltung ist[623]. Das Unternehmensregister als Speichermedium ist zum Informieren über eine Aktiengesellschaft geeignet. Eine aktive Verbreitung ist bisher den Bekanntmachungsmedien überlassen worden. Diese Differenzierung zwischen Speicherung und Bekanntmachung ist sinnvoll, denn diese beiden Bereiche haben unterschiedliche Intentionen und bedürfen auch einer unterschiedlichen Darstellungsweise. Eine Verbindung der Bereiche Speicherung und Bekanntmachung sollte nur durch eine – technische – Verlinkung und nicht durch einen Zusammenschluss dieser beiden Bereiche in nur einem Medium erreicht werden. Das Unternehmensregister sollte daher in der zukünftigen Entwicklung als Speichermedium beibehalten werden, jedoch zur Bekanntmachung ein anderes Medium genutzt werden.

2. Elektronisch betriebenes Informationsverbreitungssystem

Gegebenenfalls könnte das elektronisch betriebene Informationsverbreitungssystem diese Aufgabe übernehmen. Für das elektronisch betriebene Informationsverbreitungssystem spricht zunächst, dass es bei professionellen Aktionären weit verbreitet ist und bei einer rechtsvergleichenden Betrachtung viele Staaten diesen Bekanntmachungsweg primär vorschreiben. Problematisch an diesem Bekanntmachungsweg ist allerdings, dass es sich bei dem elektronisch betriebenen Informationsverbreitungssystem um ein geschlossenes System handelt, für dessen Benutzung Kosten anfallen. Dies widerspricht den Grundsätzen der informa-

622 *Pavlova* Anlassbezogene Informationspflichten S. 206. Zu einem ähnlichen Ergebnis kommt *Schlauß* DB 2010, 153 [156] im Zusammenhang mit der Rechnungspublizität, in dem er feststellt, dass die Möglichkeit, Unternehmensinformationen im Internet abzurufen zu einer enormen Verbesserung der Transparenz im Wirtschaftsleben führt.

623 *Beurskens*, in: EHUG S. 98 [102].

tionellen Gleichbehandlung und der günstigen Informationsbeschaffung[624]. Ein solches Bekanntmachungsmedium würde neue potenzielle Aktionäre vielleicht sogar abschrecken. Daher sollte dieses Medium nicht der gesetzliche Regelfall sein. Dieses Medium könnte höchstens ein zusätzliches Medium sein, auf das professionelle Aktionäre freiwillig zurückgreifen. Als zentraler Bekanntmachungsweg sollte dieses Medium gesetzlich jedoch nicht vorgeschrieben werden.

3. Internet (allgemein) oder spezielle Internetseiten

Als weiteres Medium zur Bekanntmachung käme das Internet[625] in Betracht. Das Internet hat sich zu einem der wichtigsten Kommunikationsmedien entwickelt[626]. Allerdings sind die allgemeine Rechtsfolge Internet und auch die Bekanntmachung mittels spezieller Internetseiten problematisch. Das Internet als solches ist viel zu umfassend, als dass man dies als effektive Rechtsfolge in Betracht ziehen kann. Kein Aktionär wüsste hinreichend sicher, ob er alle Informationen erhalten hat. Diese Unsicherheit steht einem effektiven Kapitalmarkt entgegen. Grenzt man das Internet auf bestimmte Seiten, wie die der Börsen oder Zahlstellen, ein, so ist noch immer eine Vielzahl von Bekanntmachungswegen vorhanden. Auch dies sollte vermieden werden.
Noack sieht diese Problematik und weist bereits 1998 auf die in Internetbrowsern eingebaute Push-Funktion hin, wodurch es dem jeweiligen Aktionär möglich ist, die einschlägigen Internetseiten zu abonnieren und damit automatisch über Neueintragungen und Veränderungen unterrichtet zu werden[627].

4. Internetseite der Aktiengesellschaft

Daher könnte man die Internetseite der Aktiengesellschaft als zentrales Bekanntmachungsmedium vorschreiben[628]. Vorteilhaft wäre dies, da die Pflege und

---

624 Ebenso sieht *Noack* Infobase für Unternehmensdaten S. 23 keine Rechtfertigung für die Ungleichbehandlung von (an ein solches System) angeschlossenen professionellen und (nicht an einem solchem System) angeschlossenen privaten Aktionären.

625 *Hauer* Plenarprotokoll 16/70 7032 (B) fordert Internetplattformen als Bekanntmachungsmedien. Auch *Noack* (ZGR 1998, 592 [insbesondere 616]; *ders.* Elektronische Unternehmenspublizität S. 42) sprach zunächst erst allgemein vom Internet als Bekanntmachungsweg, bevor er den elektronischen Bundesanzeiger – den es erst seit 2003 gibt – als besseren Bekanntmachungsweg befürwortete.
Auch Ringleb/u.a.-*von Werder* DCGK-Kommentar § 6.8 Rn 1269 und *Rodewald/Unger* BB 2006, 1917 [1919] bezeichnen die Internetpublizität als zentrales Element moderner Unternehmensführung.

626 U.a. *Stubenrath/Löbig* DB 2002, 1333.

627 Vgl. *Noack* ZGR 1998, 592 [605].

628 Dies fordernd: Begründung des Referentenentwurfs eines Schuldverschreibungsgesetzes ZBB 2008, 200 [208], *Bredow/Vogel* ZBB 2008, 221 [228], *Ratschow* DStR 2007, 1402

Zurverfügungstellung der technischen Möglichkeiten bei der Aktiengesellschaft bleiben. Die Aktiengesellschaft erlangt durch die Ausgabe von Aktien Vorteile, indem sie Kapital aufnehmen kann, so soll sie auch die Nachteile, die sich aus der Teilnahme am Kapitalmarkt in Form der Publizität als Kontrollfunktion ergeben, tragen. Weiterhin müssten wenige Informationsmittler zwischen die Aktiengesellschaft und den Aktionär geschaltet werden, sodass Zeitverluste und mögliche inhaltliche Missverständnisse auf dem Informationsweg vermieden werden. Des Weiteren ist die Internetseite einer Aktiengesellschaft eine der naheliegenen Informationsquellen, die in Betracht kommen. Jedoch bestehen gegen die Internetseite als zentrales Bekanntmachungsmedium in zwei Punkten auch ernsthafte Bedenken. Zum einen müsste der Aktionär sämtliche Internetseiten aller Aktiengesellschaften regelmäßig kontrollieren, wodurch für den Aktionär ein enormer Verwaltungsaufwand entstehen würde[629]. Dies zeigt deutlich, dass die Internetseite der Aktiengesellschaft ein passives und kein aktives Bekanntmachungsmedium ist[630]. Das Medium zur Bekanntmachung sollte jedoch ein aktives sein[631]. Zum anderen widerspricht der Grundsatz der seriösen Informationsquelle dem Bekanntmachungsmedium Internetseite der Aktiengesellschaft. Es ist schwer kontrollierbar, ob die Aktiengesellschaft die auf ihrer Internetseite zur Verfügung gestellten Informationen nicht zwischenzeitlich geändert hat. Selbstverständlich werden Aktiengesellschaften von einer solchen Manipulation grundsätzlich absehen, da der drohende Vertrauensverlust bei einer Aufdeckung einer solchen Manipulation voraussichtlich immens wäre und die Aktiengesellschaft nachhaltig schädigen könnte. Jedoch werden wahrscheinlich nur die Aktiengesellschaften ihre Unternehmensinformationen manipulieren, die bereits große – egal ob wirtschaftliche oder rechtliche – Probleme haben und

[1408], *Zetzsche* Der Konzern 2008, 321 [324]. Auch § 6.8 S. 1 DCGK zeigt, dass die DCGK-Kommission die Internetseite der AG als Hauptinformationsquelle ansieht (vgl. hierzu Ringleb/u.a.-*von Werder* DCGK-Kommentar § 6.4 Rn 1233, der jedoch auch weitere geeignete Kommunikationsmedien auflistet). Tendenziell auch BT-Drucks. 16/9568 S. 2 und *von Nussbaum* GWR 2009, 215. Weiterhin führt *Noack* Elektronische Unternehmenspublizität S. 36ff. Argumente an, die für die Internetseite der Aktiengesellschaft als zentrales Bekanntmachungsmedium sprechen. Des Weiteren zeigt *Noack* Infobase für Unternehmensdaten S. 50ff. welche rechtlichen Probleme sich aus der Internetseite der Aktiengesellschaft als zentrales Bekanntmachungsmedium ergeben, insbesondere mit dem Hinweis auf S. 53, dass die Internetseite der Aktiengesellschaft nicht die offizielle Datenerfassung ersetzen kann.

Auch der Kommissionsentwurf zur Transparenzrichtlinie wollte die Internetseite der AG zunächst als zentrales Medium, gekoppelt mit einem elektronischen Benachrichtigungssystem, einführen (vgl. *Pavlova* Anlassbezogene Informationspflichten S. 75).

629 Aus diesem Grund wurde auch die Konzeption des Kommissionsentwurfs zur Transparenzrichtlinie geändert (vgl. *Pavlova* Anlassbezogene Informationspflichten S. 75).

630 *Stubenrath/Löbig* DB 2002, 1333 [1338].

631 So bereits 15. Erwägungsgrund der (Durchführungs-) RL 2007/14/EG.

somit aus ex-tunc-Sicht vermeintlich nicht mehr viel verlieren können. Gerade in solchen Situationen muss aber die Aktionärspublizität gerade als Kontrollmöglichkeit greifen. Daher sollte aus diesen Gründen die Aktiengesellschaft nicht direkte Zugriffs- und Änderungsmöglichkeiten auf die veröffentlichten Unternehmensinformationen haben. Die Internetseite der Aktiengesellschaft als zentrales Bekanntmachungsmedium ist daher auch abzulehnen.
Während der Umsetzung der (Transparenz-) RL 2004/109/EG wurde diskutiert, ob die Internetseite der Aktiengesellschaft als Publikationsort gewählt und nur ein darüberhinausgehendes elektronisches Bekanntmachungssystem gesetzlich festgelegt wird[632]. Aus den oben genannten Gründen gegen die Internetseite der Aktiengesellschaft hat man sich dann jedoch gegen eine solche Bekanntmachungsvariante entschieden.

5. Elektronischer Bundesanzeiger

Des Weiteren wird der elektronische Bundesanzeiger als zukünftiges Publikationsmedium vorgeschlagen[633].

6. Eigene Position

Die aktuelle formelle Aktionärspublizität ist ein Zwischenschritt, der schnell verbessert werden muss. Die Zersplitterung der Bekanntmachungsmedien nimmt immer mehr zu und der Aktionär findet seine Informationen nur noch[634], wenn er weiß, in welchem Medium er nach dieser Information suchen soll[635]. Die Unterscheidung zwischen Speicherung und aktiver Verbreitung nach dem TUG bzw. EHUG ist sinnvoll.

---

632 *Kommission der Europäischen Gemeinschaften* KOM (2003) 138 S. 8.

633 *Noack* Elektronische Unternehmenspublizität S. 27; *ders.* WM 2007, 377. Eine ähnliche Tendenz ist *Noack* AG 2003, 537 [541]; *ders.* EHUG S. 28 zu entnehmen. So scheinbar auch *Zetzsche* Der Konzern 2008, 321 [323].

634 *Zöllner* NZG 2003, 354 [357] spricht zutreffend von einer „*Zersplitterung*". Ebenso Christ/Müller-Helle-*Müller-Helle* Veröffentlichungspflichten nach dem neuen EHUG S. 17 und *Liebscher/Scharff* NJW 2006, 3745 [3746] zu der alten Rechtslage vor EHUG und TUG. Diese Aussagen sind jedoch bezüglich der Bekanntmachung auch nach der neuen Rechtslage weiter gültig, da nur die Speicherung im Unternehmensregister als zentralen Medium zusammen gefügt worden ist.

635 So auch *Zetzsche* Aktionärsinformation S. 45, der es für den „*professionelle Marktteilnehmer* [... als] *hinnehmbar, wenn auch nicht wünschenswert* [...] *für den Privatanleger* [...als] *unzumutbar*" beschreibt; wobei *Zetzsche* Besserung durch das EHUG, d.h. insbesondere durch das Unternehmensregister, sieht; dies kann allerdings nur für die gespeicherten Informationen gelten; für aktuelle Informationen ist die Situation unverändert.

a. Abstrakte Beschreibung der Medien

Es sollte nicht allein ein Medium sowohl für die Speicherung als auch für die aktive Verbreitung genutzt werden, denn die Aufgaben dieser beiden Medien sind zu verschieden. Aufgabe des Speichermediums ist die Sammlung und die Aufbereitung der Informationen. Aufgrund der Informationsdichte ist es hierzu wichtig, dass der Aktionär das Speichermedium entsprechend seinen Wünschen gliedern bzw. mithilfe einer entsprechenden Suchfunktion die entsprechenden Aspekte herausfinden kann[636]. Das Bekanntmachungsmedium hingegen soll kurz und übersichtlich nur auf die Veränderung im Speichermedium hinweisen. Hierzu sollte ein Hinweis in Stichworten, was geändert wurde, genügen. Idealerweise könnten das Speicher- und das Bekanntmachungsmedium mithilfe eines Links verbunden werden, sodass der Aktionär durch einen Klick von der Hinweisbekanntmachung zur gespeicherten (neuen) Information wechseln kann. Durch diese einmalige zentrale Bekanntmachung wird eine Mehrfachinformation vermieden. Dies fördert die effektive Aktionärspublizität. Ein Wettbewerb innerhalb der formellen Publizität ist nicht zweckdienlich und sollte daher vermieden werden. Hier kann deutlich die europäische Ebene aufgefordert werden diesen Gedanken zu revidieren und auch die nationale Ebene kann aufgefordert werden, schnellstmöglich auf die europäische Ebene einzuwirken, um diese Problematik zu beenden.

---

636 Hierbei sollte dem Aktionär eine Sortierung nach seinen Wünschen möglich sein, beispielsweise nach Datum aller Änderungen eines bestimmten Zeitraumes bezüglich eines bestimmten Unternehmens, etc.

b. Abb. 4: Mögliches Informationssystem

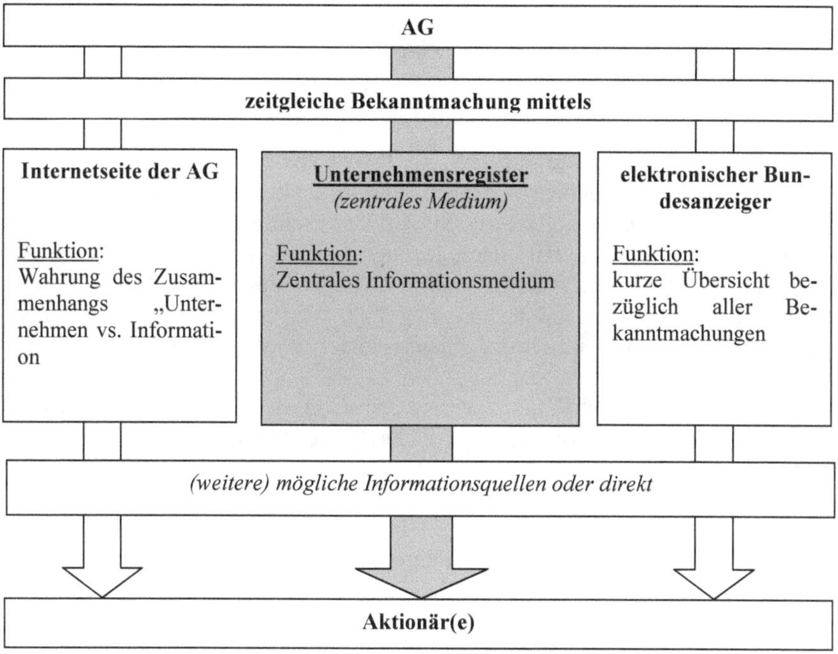

c. Benennung der Medien

aa. Unternehmensregister als zentrales Speichermedium

Das Unternehmensregister als zentrales Speicherregister ist ein sehr gutes Konzept. Die bisherige Führung als Metaregister sollte jedoch aufgehoben werden und stattdessen durch eine zentrale Stelle, beispielsweise eine Behörde, die dem Bundesministerium für Wirtschaft und Technologie unterstellt ist, ersetzt werden. Die Kosten für eine Abfrage sollten hierbei insgesamt, also beispielsweise auch für das Unternehmensregister, aufgehoben werden und diese Stelle sollte vielmehr durch eine Umlage, entsprechend der bisherigen Praxis beim Unternehmensregister, finanziert werden. Hierdurch wird das momentane Unternehmensregister zu dem zentralen Informationsmedium weiterentwickelt. Dieses zentrale Unternehmensregister sollte durch eine Hinweisbekanntmachung im elektronischen Bundesanzeiger und einer weiteren Veröffentlichung auf der Internetseite der Aktiengesellschaft unterstützt werden[637].

---

637 In dem Kommissionsentwurf zur Transparenzrichtlinie wurde noch auf das Unternehmensregister als zentrales Speichersystem verzichtet. Jedoch wurde aufgrund praktischer Probleme dieses System des Kommissionsentwurfs geändert (*Pavlova* Anlassbezogene Informationspflichten S. 75). Durch das Unternehmensregister und der hier ge-

Zudem sollten die Hinweisbekanntmachung und die Bekanntmachung mittels der Internetseite der Aktiengesellschaft durch einen Link zum Unternehmensregister verbunden sein, sodass der Aktionär mit nur einem Klick weitere Infos über das Unternehmen erhalten kann.

bb. elektronischer Bundesanzeiger als amtliche Hinweisbekanntmachung

Die Bekanntmachung sollte nur noch als Hinweisbekanntmachung über den elektronischen Bundesanzeiger erfolgen. Hierbei sollte sich diese Bekanntmachung auf wenige Daten konzentrieren. Als Konstrukt kann hierzu die Hinweisbekanntmachungen im WpHG herangezogen werden, die als Rechtsfolge „der Öffentlichkeit zugänglich machen“ beschrieben ist. Diese Form der Bekanntmachung sollte für alle Bekanntmachungen gelten. Hierbei sollte durch den Einsatz von Hyperlinks auf das im Unternehmensregister veröffentliche Dokument verwiesen werden.

Zwar wird die Hinweisbekanntmachung teilweise aufgrund des Fehlens eines eigenständigen Informationswertes kritisiert[638], jedoch bezieht sich die Kritik nur auf die Hinweisbekanntmachung gemäß § 14 Abs. 3 S. 3 WpPG. Zu beachten ist, dass hier sämtliche Informationen, die durch die Aktiengesellschaft veröffentlicht werden müssen, durch die Hinweisbekanntmachung übersichtlicher aufbereitet werden sollen und dass nicht mehr eine Hinweisbekanntmachung in irgendeinem von mehreren Printmedien sondern im elektronischen Bundesanzeiger erfolgen soll. Durch die Konzentration der Bekanntmachung auf eine Stelle müsste eine Verfahrensstandardisierung schnell möglich sein, so dass auch die Kosten deutlich niedriger ausfallen werden. Darüber hinaus sollte die Hinweisbekanntmachung im elektronischen Bundesanzeiger einen Link zur Internetseite der Aktiengesellschaft und zu den entsprechenden Informationen im Unternehmensregister beinhalten, sodass ein praktisch schnelles Auffinden der Informationsstelle gewährleistet ist.

cc. Internetseite der Aktiengesellschaft als weiteres Informationsmedium

Die daneben bestehende Pflicht zur Bekanntmachung der Informationen auf der Internetseite der Aktiengesellschaft ist nicht unbedingt erforderlich[639], da das Unternehmensregister als zentrales Veröffentlichungsmedium eine Bekanntmachung, sowie die Speicherung gewährleistet. Jedoch sollte eine Veröffentlichung

---

wählten Bekanntmachung mittels dem elektronischen Bundesanzeiger sollten diese Probleme in dem hier vorgeschlagenen System nicht mehr auftreten.

638 Vgl. BT-Drucks. 16/9568 S. 2; *Groß* § 14 WpPG Rn 7.

639 Vgl. hierzu *Noack* Elektronische Unternehmenspublizität S. 36f. Ebenfalls die Regierungskommission Corporate Governance sieht eine Sammlung der Informationen auf der Internetseite der Aktiengesellschaft als sinnvoll an (vgl. *Baums (Hrsg.)* Bericht der Regierungskommission Corporate Governance Rn 97).

auch auf der Internetseite der Aktiengesellschaft erfolgen, da der Aktionär dies aktuell noch erwartet[640]. Ob sich zukünftig das Unternehmensregister als zentrales Veröffentlichungsmedium durchsetzt und eine daneben stehende Veröffentlichung auf der Internetseite der Aktiengesellschaft entbehrlich wird, sollte auch erst in der Zukunft beurteilt werden.

d. Konstruktion dieser Medien

Das wichtigste an einem Speichermedium ist eine geeignete Recherchemöglichkeit[641]. Gerade die verschiedenen Sortierungsmöglichkeiten sind ein klarer Vorteil der elektronischen Medien. Diese Vorteile sollten auch zugunsten der Aktionäre genutzt werden.

Weiterhin sollte zentral die Grundstruktur der Veröffentlichungsmitteilung geregelt werden, damit die Aktionäre die Infos schnell auffinden und vergleichen können. Die BaFin könnte durch eine Verordnung entsprechende Grundstrukturen vorgeben. Eine gesetzliche Ermächtigung wäre hierzu erforderlich. Die Einhaltung könnte dann ebenfalls von der BaFin überwacht und sanktioniert werden. Wichtig hierbei ist jedoch, dass nur die Grundstrukturen geregelt werden und die detaillierte Gestaltung den Aktiengesellschaften überlassen wird. Zu den Grundstrukturen gehören beispielsweise die grundlegende Gliederung sowie der Umfang der dargestellten Information. Grafische Elemente, wie Farben oder Schrifttypen, sollten grundsätzlich nicht zentral geregelt werden. Dies kann unproblematisch von der Aktiengesellschaft selbst übernommen werden. Vermutlich möchte die Aktiengesellschaft dies auch selbst übernehmen um eine Anpassung an das jeweilige Corporate Design zu ermöglichen.

---

640 Auch *Dauner-Lieb* DStR 2004, 361 [366] vermutet, dass ein privater Aktionär auf der Internetseite der Aktiengesellschaft Informationen suchen würde.-

641 *Noack* Elektronische Unternehmenspublizität S. 41; *ders.* FS Eisenhardt S. 475 [477].

Kapitel H.
Zusammenfassung

Festhalten kann man, dass die aktuelle Veröffentlichung von Unternehmensinformationen für die Aktionäre nicht effektiv ist. Dies ist zu kritisieren. Jedoch ist hierbei zu beachten, dass gerade in den letzten Jahren elektronische Medien verstärkt genutzt werden. Dieser Umbruch[642] in der formellen Publizität ist wünschenswert[643]. Daher sollte die aktuelle Ausgestaltung der (formellen) Aktionärspublizität nur als ein Zwischenschritt verstanden werden[644]. Weitere Schritte, insbesondere die Konzentration der Vielzahl der Medien auf ein bzw. wie hier vorgeschlagen auf drei zentrale Medien, sollte vorangetrieben werden, um die gewünschte Markttransparenz für den Aktionär durch die Aktionärspublizität zu schaffen.
Diese Konzentration wird jedoch gerade im Hinblick auf die europäische Ebene problematisch sein, da diese Ebene vom Grundsatz des Wettbewerbs zwischen den verschiedenen Bekanntmachungsmedien ausgeht. Dieses europäische Verständnis steht daher der Konzentration entgegen. Weitere gesetzliche Anpassungen sind daher sowohl auf europäischer und auf nationaler Ebene erforderlich.

---

642 Bezüglich dem Wandel der Hauptversammlung: *Noack* WM 2009, 2289 [2294]. *D'Arcy/Meyer* Der Konzern 2005, 151 [158] sehen die (Transparenz-) RL 2004/109/EG auch nur als einen wichtigen Meilenstein und nicht als die endgültige legislative Maßnahme zur Schaffung eines perfekten Informationssystems an.

643 *Liebscher/Scharff* NJW 2006, 3745; *Noack* Elektronische Unternehmenspublizität S. 3.

644 Ähnlich *Nießen* NZG 2007, 41 [46].

Kolibri 360 GmbH
Ferdinand-Jühlke-Straße 7
99095 Erfurt, Deutschland
produktsicherheit@kolibri360.de